행복한

지식

배달부

행복한 지식 배달부

제1판 1쇄 찍음 2007년 12월 05일
제1판 1쇄 펴냄 2007년 12월 10일

지은이 오승현
펴낸이 신성모
펴낸곳 북 & 월드

등록번호 제10-2073호(2000. 11. 23)
주   소 서울특별시 마포구 동교동 153-18 2층
대표전화 326-1013 팩시밀리 322-9434
e-mail   booknworld@paran.com
I S B N 978-89-90370-68-6(04300)

행복한 지식 배달부

글 · 오승현

북&월드

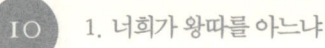

차
례

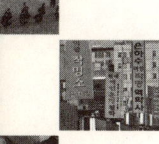

세상은 하나의 커다란 입이다. 그 입으로 수많은 말이 쏟아져 나온다. 모두가 알아듣는 큰 소리의 말도 있고, 누군가만 알아듣는 작은 소리의 말도 있다. 자연과 사물이 소곤거리는 작은 소리를 들을 줄 아는 커다란 귀를 가진 사람은 시인이 된다. 우주와 시간이 속삭이는 작은 소리를 들을 줄 아는 커다란 귀를 가진 사람은 현인이 된다. 시인이나 현인이 되지 못한 많은 사람이 타고난 재능과 운명을 탓하지만 실은 귀가 작아서 그리 된 것이다. 시인이나 현인은 못 되더라도, 세상이 건네는 작은 소리를 들을 줄 알아야 한다. 우리에게 필요한 것은, 자기 말만 하는 커다란 입이 아니라 남의 말을 듣는 커다란 귀다. 커다란 귀는 세상을 살아가는 데 꼭 필요하다. 책이 들려주는 이야기를 잘 들으려 해도, 사람의 마음이 전하는 이야기를 잘 들으려 해도 커다란 귀는 꼭 필요한 것이다. 이 책은 커다란 귀에 관한 책이다.

많은 논술책이 배경 지식과 글쓰기 요령을 나열한다. 그런 책이 백해무익하다고 말하지는 않겠다. 그런 책을 절실히 필요로 하는 학생들도 있다. 내일 당장 논술 시험을 앞둔 수험생이라면 불안한 마음을 달래기 위해서라도 그런 책을 쥐어줘야 한다.(사실은 쥐봤자 아무 도움도 되지 않겠지만 말이다. 그런 책이 도움이 되지 않는다는 말이 아니다. 시험 전날에 읽은 내용이래봤자 얼마나 되겠는가. 그런 점에서 아무 도움이 되지 않는다는 것이다.) 그러나 대부분의 학생에게는 자기와 무관한 배경 지식과 글쓰기 요령은 별 도움이 되지 않는다. 뿐더러, 큰맘 먹고 시작한 논술 공부를 더욱 멀어지게 할 뿐이다.

이 책에는 배경 지식의 나열도, 글쓰기 요령이나 기술의 전수도 없다.(짤막하게 관련 내용을 '지식상자'라는 이름으로 소개하는 부분은 있지만.) 그런 걸 기대한 친구라면 얼른 다른 책을 알아보시길. 이 책은 넓은 의미에서 논술책이고, 좁은 의미에서 일종의 비평서이다. 비평의 대상은 일상이다. 이 책은 일상에 밀착된 주제들을 통해 발상을 전환하고 논리를 벼리는 연습을 하도록 구성되어 있다. 되도록이면 학생들이 친근하게 여길만한 주제들을 골랐고, 그렇지 않은 주제들 역시 일상에서 멀지 않은 주제들을 뽑았다. 흥미를 위해서도 그렇게 했지만, 논술이라는 것이 무엇보다 사고를 중요하게 다룬다는 점에서, 그리고 그 사고라는 것이 일상에 기반을 두어야만 구체성과 심층성(파고드는 힘)을 가질 수 있다는 점에서 그렇게 했다.

책에는 여러 기능이 있다. 지식을 전달하는 책도 있고 감동을 선사하는 책도 있다. 어떤 책들은 지식이나 감동의 울타리를 훌쩍 뛰어넘기도 한다. 세상을 변혁하는 책. 책이 세상을 움직이고 세상을 만드는 것이다. 드물게나마 그런 위대한 책들이 있었다. 세상을 변혁하는 책은 이미 있는 세상의 끄트머리에서 아직 오지 않은 세상을 준비한다. 새로 도래할 세상을. 그러나 대부분의 책은 세상을 변혁하기는커녕 세상에 기생한다. 그런 책은 이미 있는 세상의 질서를 공고히 하는 데 복무할 뿐이다. 세상에 기생하는 책 못지않게 세상을 낭비하는 책도 많다. 읽히기 위해서가 아니라 진열하기 위해서 찍힌 책들. 그런 책들은 그저 장식으로서 책의 기능을 다한다. 그런 책은 인간에게 무익하고 자연에는 해롭다. 그런 책 한 권을 만들기 위해 애꿎은 나무만 쓰러진다.

이 책이 세상을 변혁하는 책은 못 되더라도, 적어도 세상에 기생하거나 세상을 낭비하는 책은 되지 않길 바란다. 책을 쓰는 내내 그런 마음이었다. 세상에 기생하거나 세상을 낭비하지 않고 세상을 사유하는 책을 쓰고 싶었다. 이 책에 실린 입장과 의견은 가능한 여러 입장과 의견 중의 하나다. 이 책에 담긴 입장과 의견은 유일한 정답이 아니라 하나의 물음이고자 한다. 정답은 없다. 다만, 물음이 있을 뿐이다. 물음이 없는 곳에는 답도 없다. 이 책에 실린 물음을 디딤돌로 삼아 새로운 물음을 던지고 새로운 답을 찾아가는 것은 온전히 독자의 몫이다. 건투를 빈다. 중요한 것은 답을 쌓아두는 게 아니라 새로운 물음을 던지는 것이다. 쌓이면 썩는다.

책을 쓰는 내내 곁을 떠나지 않았던 두 명의 여성에게 감사드린다. 새벽까지 작업하는 아들이 몸은 상하지 않을까 늘 걱정하신 어머니, 이 책에 실린 모든 원고를 최초의 독자로서 읽어준 슬기, 그 두 사람에게 이 책을 바친다. 가족들에게 더 없는 기쁨을 주는 조카 기주에게도 감사한다. "태어나줘서 고마워." 원고를 검토하고 다듬어주신 고훈석 선생님과 부족한 원고에 번듯한 몸을 입혀주신 신성모 사장님께도 감사드린다.

2007년 11월 15일

행복한

지식

배달부

너희가 왕따를 아느냐?

홍윤표, 『십시일반』(창비), 116~118쪽

생각  맛 보 기

만화에서 백조가 오리들에게 왕따를 당한 이유는 무엇인가요?

(만화에 나와 있지 않지만) 백조가 오리들에게 왕따를 당한 또 다른 이유가 있나요?

다르게 생기면 왕따시켜도 될까요?

집단 따돌림을 당하는 친구를 두고 흔히 "성격이 이상하다", "행동이 유별나다", "모난 구석이 있다"는 등의 말을 합니다. 행동이 다르고 성격이 특이하다는 것으로 차별을 정당화할 수는 없습니다. 행동과 성격, 그리고 생각이 다르다고 해서 차별한다면 이 세상은 '만인에 대한 만인의 차별'로 넘쳐나겠죠? 우리는 모두 다르게 태어났습니다. 다른 모습과 다른 성격을 지니고 태어났죠. 다르다는 것이 차별의 이유가 될 수는 없습니다. 이는 혹여 따돌림을 당하는 친구들 중에 우리보다 조금 더 다른 친구들이 있다고 해도 마찬가지입니다. 게다가 따돌림을 당하는 학생들이 특별히 더 다른 것도 아니랍니다.

생각 키우기

초·중·고교생 10명 중 4명 '집단 따돌림' 경험

초·중·고교생 10명 가운데 4명 가량은 집단 따돌림을 당한 경험이 있으며, 8명은 학교 내 따돌림 현상이 심각한 수준水準이라고 생각하는 것으로 조사됐다.

서울 시립 청소년 문화 센터가 지난 달 13일부터 최근까지 학교 폭력 전문 상담 사이트 왕따 닷컴

(www.wangtta.com)을 통해 초·중·고교생 410명을 대상으로 인터넷 설문 조사를 실시한 결과, 전체 응답자의 39.5%가 집단 따돌림을 당한 경험이 있다고 답했다고 23일 밝혔다.

또 응답자의 42.4%는 교내에서 일어나고 있는 집단 따돌림이 '심각하다'고 대답했고 '매우 심각하다'는 응답도 38.0%에 달해 따돌림 현상이 심각하다고 생각하는 학생이 80.4%에 달하는 것으로 나타났다.

집단 따돌림을 가하는 이유(중복 응답)로는 '피해 학생이 마음에 안 들어서'가 68.3%로 가장 많았고, '별 생각 없이 장난삼아'(30.7%), '괴롭히는 것을 즐기고 스트레스를 풀려고'(28.8%) 순으로 드러났다.

또 집단 따돌림 문제가 해결되지 않고 있는 이유에 대해서는 '선생님과 학교의 대처 능력 부족 때문'(39.5%), '가정·학교·사회 간 협조 체제가 구축되지 않아서'(24.4%), '가해 학생·피해 학생의 개인적 문제 때문'(19.5%)으로 파악됐다.

〈소년 한국일보〉, 2006. 7. 23.

• 기사에 따르면, 초·중·고교생 10명 중 4명이 왕따를 경험했다고 합니다. 이들은 모두 성격이 이상하고 행동이 유별나서 왕따를 당했을까요?

우리 중에 4명은 성격 이상異常?

여러분은 집단 따돌림을 당하는 당사자에게 문제가 있다고 생각하나요? 그럼, 여러분 가운데 4명은 본질적으로 성격의 결함이나 행동의 결함을 지니고 있다고 생각할 수 있겠네요? 초·중·고교생 10명 가운데 4명 가량이 집단 따돌림을 당했다고 했으니까요.

성격에 문제가 있어서 집단 따돌림을 당하는 친구도 있을 것입니다. 그러나 집단 따돌림을 당하는 학생들이 모두 성격에 문제가 있는 것은 아닙니다. 많은 경우에 성격의 문제가 아니라, 다른 이유 때문에 집단 따돌림을 당합니다. 초·중·고교생 10명 가운데 4명 가량이 집단 따돌림을 경험했다는 사실에서 집단 따돌림이 결함과 문제를 지닌 소수의 친구들에게만 해당되는 것이 아님을 확인할 수 있습니다. 누구나 집단 따돌림의 대상이 될 수 있는 것입니다.

돼지가 다시 입을 열었다.
"불은 꺼뜨리지 말았어야 했어. 연기를 올리겠다고 해놓고서는……."
이런 말이 돼지 입에서 나오고 거기 호응하듯 사냥 부대의 몇몇이 울음을 터뜨리자 잭은 사나워졌다. 그의 파란 눈은 째리는 눈길이 되었다. 그는 한 발짝을 내디뎠다. 누군가를 치고 싶은 기분이 되어 돼지의 배때기에다 주먹을 내질렀다. 돼지는 어이쿠 소리를 내며 주저앉았다. 잭은 그를 내려다보며 서 있었다. 그의 목소리는 수모감으로 떨리고 있었다.

"너 또 그럴 테냐? 이 뚱뚱보야?"

랠프는 한 발짝 내디뎠다. 잭은 돼지의 머리를 쳤다. 안경이 떨어져나가 바위에 부딪혀 소리를 내었다. 겁에 질려 돼지가 소리쳤다.

"내 안경."

돼지는 기어가서 손으로 바위를 더듬었다. 먼저 간 사이먼이 안경을 집어주었다. 가지가지 격정이 산정에 서 있는 사이먼의 주위를 무서운 날개소리를 내면서 퍼덕였다.

"한쪽이 깨졌어."

돼지는 안경을 잡아채서 썼다. 그는 잭을 노려보았다.

"난 안경을 써야 보여. 이제 한 쪽밖에 안 보여. 좀 기다리면……."

잭은 돼지 쪽으로 달려갔다. 돼지는 기듯이 해서 큰 바위 뒤로 달아났다. 바위 꼭대기로 얼굴을 내밀고 그는 번쩍이는 안경알 너머로 잭을 노려보았다.

"이제 한 눈밖에 안 보여. 조금 기다리면……."

잭은 그의 하소연과 도망 행각을 흉내내보였다.

"조금 기다리면…… 어어?"

돼지의 모습이나 잭의 흉내가 아주 우스꽝스러워 사냥 부대들은 모두 웃었다. 이에 잭은 기운이 났다. 그는 바위 타는 시늉을 계속하여 모두의 웃음소리는 히스테릭한 홍소로 변하였다.

윌리엄 골드윙, 「파리 대왕」(민음사), 103~104쪽

• 『파리 대왕』은 무인도에 난파된 소년들이 구조되기 전까지 벌이는 사건에 대한 소설입니다. 소설에서 잭은 거칠고 강한 소년으로, 돼지는 똑똑하고 나약한 소년으로 그려집니다. 소설 내내 돼지는 잭을 비롯한 다른 소년들에게 놀림과 조롱을 당합니다. 성격이 괴팍하기로는 잭이 더한데, 잭이 아닌 돼지가 왕따를 당하는 이유는 무엇일까요?

결함이 있어서 왕따시키는 것이 아니라, 왕따시키면서 결함을 찾아내는 것입니다. 보통 아이들과 다르다고 해서 모두 왕따를 당하는 것은 아닙니다. 만약 힘이 세거나 똑똑한 아이라면 집단 따돌림을 당하지 않을 것입니다. 따돌림을 당하는 것은 그저 힘 없고 약한 아이일 뿐입니다. 결국 따돌림을 당하는 더 중요한 이유는 '다르기' 때문이 아니라 '약하기' 때문입니다. 우리가 차별하는 이유로 생각했던 왕따들의 결함이란 애초에 없는 것인지도 모릅니다. 결함이 있어서 따돌리는 것이 아니라, 따돌리는 과정에서 결함을 찾아내고 '딱지'('재수 없어!')를 붙이는 것입니다. 백보 양보해서 따돌림을 당하는 아이에게 일정한 결함이 있다고 해도, 그런 정도의 결함은 그 아이뿐만 아니라 다른 아이들도 가지고 있는 결함임에 틀림없습니다. 중요한 것은 결함 그 자체가 아닙니다. '결함'이 있어서가 아니라 '힘'이 없어서 왕따를 당한다는 것이 문제의 본질입니다.

이와 비슷한 맥락에서 이해할 수 있는 문제가 바로 외국인 노동자들에 대한 차별입니다. 흔히들 외국인 노동자들에 대한 차별이 '단일 민족'에 대한 강조에서 비롯된다고 지적합니다. 한민족이라는 단일 민족, 단일 핏줄에 대한 지나친 강조가 외국인을 배척하는 태도로 드러난다는 거죠. 물론 그런 측면이 없는 것은 아닙니다. 하지만 '외국인 차별' 역시 순혈주의만의 문제는 아닙니다. 단지 피부색이 달라서 차별한다면, 미국인과 같은 서양인도 동일하게 차별해야 할 것입니다. 과연 한국인들은 피부색이 다르다고 배타적인가요? 다니엘 헤니나 하인즈 워드를 떠올려봅시다. 그들은 배척의 대상이기는커녕 오히려 흠모의 대상입니다. 혼혈아에 대한 사회적 편견과 차별이 만연한 한국 사회에서 하인즈 워드는 왜 그토록 환영받았을까요? 그가 슈퍼볼의 영웅이었기 때문이죠. 결국, 한국인들이 피부색이 다르다고 무조건 배척하지 않는 것을 알 수 있습니다. 순혈주의 때문이니, 피부색에 대한 배타성 때문이니 하는 말은 현실을 정확하게 진단하지 못하고 있습니다. 외국인 노동자들을 차별하는 이유는 외국인을 대하는 한국인의 이중적인 태도에서 찾을 수 있습니다. 동남아시아인과 서양인을 다른 기준으로 바라보고 달리 대우하는 태도 말입니다. 서양은 강하며 우월하고 동양은 약하며 열등하다는 시각에서 서양인은 무조건 좋게 동양인은 무조건 나쁘게 바라보는 것입니다. 왕따와 비슷하죠. 동양인은, 특히 동남아시아인은 약소국에 속하기 때문에 차별받는 겁니다. 그들이 강자라면, 그들이 강대국에 속한다면 차별하지 않을 것입니다. 차별하는 이유는 그들의 피부색이 다르기 때문이 아니라 그들이 약소국에서 왔기 때문입니다.

왕따에서 벗어나는 방법

1. 원인을 파악하고 변신을 시도한다.
2. 문자를 자주 보내고 쪽지도 써서 우정을 표현하자.
3. 마음이 넓고 착한 친구와 먼저 사귀기를 시도한다.
4. 나를 괴롭히는 친구에게 당당히 내 주장을 한다.
5. 혼자만 튀려고 하지 말고 분위기를 파악하고 나선다.
6. 평소에 요즘 유행하는 말이나 유머 시리즈를 많이 알아둔다.
7. 친구들의 관심사가 무엇인지 알아둔다.
8. 자신감을 가지려고 노력한다.

— 왕따 닷컴(www.wangtta.com))에서

• 왕따를 당하는 중요한 이유가 '다르기' 때문이 아니라, '약하기' 때문이라는 사실을 배웠습니다. 이런 관점에서 제시된 방법 중 1과 5를 비판해보세요.

"왕따 피해, 학생 성격으로 책임 물을 수 없다"

학교 내 집단 따돌림(왕따) 사건과 관련, 피해 학생에게도 원인 제공 등 일부 책임을 물어왔던 기존 판례와 달리 대인 기피증과 같은 성격적 요인을 이유로 피해 학생에게 책임을 물을 수는 없다는 판결이 나왔다.

대전 고법 민사 1부(김영란 부장 판사)는 11일 "왕따를 당해 자퇴까지 한만큼 피해를 배상하라"며 이모(당시 고1) 군의 부모가 대전시와 가해 학생 가족 등을 상대로 낸 손해 배상 청구 소송에서 "피해자인 이 군과 부모에게도 50%의 책임이 있다"는 1심 판결을 깨고 "이 군의 부모에게는 보호 소홀로 인한 20%의 책임만 물을 수 있을 뿐, 피해자인 이 군에게는 책임이 없다"고 판결했다. 재판부는 이에 따라 이 사건 피고들에게 80%의 책임을 물어 1억 1600여 만원을 배상하라고 주문했다.

재판부는 "피고들은 대인 기피증 등 이 군의 성격이나 기질도 왕따 발생 및 확대의 원인이 됐다고 주장하나 학교는 어느 조직보다 약자에 대한 보호와 배려가 절실히 필요한 곳으로, 피해자의 성격을 이유로 책임을 묻는 것은 교육의 이념 내지 학교의 존재 이유에 비추어 적절하지 않다"고 밝혔다. 재판부는 또 "성격적 요인을 객관적 증거도 없이 배상액 산정에 감안하는 것은 손해 배상의 법리에도 어긋난다"고 덧붙였다. 그러나 재판부는 이런 판단을 피해 학생이 왕따를 유발할만한 '적극적인 가해 행위'를 하지 않은 경우만으로 한정했다. 초등학교 때부터 내성적인 성격과 잦은 전학으로 학교 생활에 어려움을 겪었던 이군은 1998년 고교 입학 후 같은 반 친구들로부터 수술로 비음이 섞인 목소리와 머리가 크다는 이유 등으로 집단 왕따를 당하자 같은 해 8월 등교를 거부하고 99년 9월 자퇴한 뒤 소송을 냈다.

〈한국일보〉, 2003. 5. 11.

• 기사에서 언급한 판결은 2003년에 내려진 판결입니다. 그렇다면 그 이전까지 왕따 학생과 관련해서 내려진 판결에서는 피해 학생에게도 일정한 책임을 물었다는 뜻이 됩니다. 왕따가 발생하는 원인에 대해서 두 판결은 어떤 다른 입장에 서 있나요?

피해자 비난은 이제 그만!

세상에는 두 가지 시선이 있습니다. 하나는 문제의 원인을 가해자에서 찾는 시선이고, 다른 하나는 문제의 원인을 피해자에게서 찾는 시선입니다.

피해자는 말 그대로 문제로 인해 '해'를 입은 사람인데, 문제의 원인을 피해자에게서 찾다니요? 어째 이상하지 않나요? 그럼에도 불구하고 우리 사회에서는 피해자에게서 문제의 원인을 찾으려는 고약한 태도를 심심치 않게 볼 수 있습니다. 가령, 다음과 같은 경우를 봅시다.

법조인 39% "성 폭력은 남성들 충동 탓"

법조인 10명 중 4명은 여전히 성 폭력은 남자들의 '억제할 수 없는 충동' 때문에 생긴다고 생각하는 것으로 나타났다. 한국 성 폭력 상담소가 6일 발표한 판사, 검사, 변호사 등 법조인 351명 대상의 성 폭력 및 성별 의식 설문 조사 결과에 따르면 응답자의 38.7%가 '성 폭력은 남자들의 억제할 수 없는 성 충동 때문인가' 라는 질문에 '그렇다'

여자들의 야한 옷차림과 행동이 성 폭력의 원인이라고요? 그렇다면 어린이, 청소년, 할머니, 장애인 등에 대한 성 폭력은 어떻게 설명할 수 있을까요? 수영장은 무수한 성 폭력의 도가니여야 하지 않을까요?

대부분의 경우에 성 폭력은 피해자와 가해자가 아는 사이에서 발생합니다. 이는 성 폭력이 성 충동에 따른 우발적 범죄라기보다는 사전에 준비된 계획적 범죄라는 점을 뒷받침합니다. 성 폭력의 원인을 성 충동으로 설정하게 되면 여러 문제를 낳게 됩니다. 우선, 가해자의 처벌이 어려워집니다. 충동을 본능의 영역으로 본다면 그만큼 개인이 책임질 부분은 적어질 수밖에 없습니다. 본능은 개인의 의지와 결단에 따라 좌우될 수 없기 때문입니다. 다음으로, 범죄 재발 방지를 위한 노력이 불가능하게 됩니다.

타고난 본능을 완전하게 제거하는 것은 어려울 뿐더러, 본능을 억제한다는 명목 아래 인위적으로 약물을 주입한다면 인권 침해 등의 문제를 낳을 수 있기 때문입니다. 여자들의 야한 옷차림을 원인으로 몰고가면 피해자 스스로 조심하는 것이 최선의 예방책이라는 엉뚱한 결론에 이르고 맙니다. 결국 사회, 문화적인 환경의 문제는 덮어지게 됩니다.

여성의 성을 사고파는 것, 성적 만족을 위한 수단으로 여성을 바라보는 것, 성차별적 인식이 일상 깊이 자리 잡은 것, 남성의 공격적이고 폭력적인 (성) 행동을 용인하는 것 등 우리 사회를 감싸는 사회적 분위기는 온데간데없이 사라지고 맙니다. 이렇게 되면 결론은? 성 범죄는 '참을 수 없는 성 충동'을 못 이긴 '소수의 비정상인'의 범죄가 됩니다. 그리고 재수 없이 그런 비정상인을 만나지 않는 게 상책입니다. 물론 그런 비정상인을 만나더라도 그들의 '성 충동'이 동하지 않게끔 여자들 스스로 몸 매무시를 단정히 하는 것은 필수겠죠.

이 얼마나 어이없는 결론인가요? 성 폭력범 중에는 일부 그런 사람들도 있겠지만 대부분은 정신적으로 정상이라고 합니다. 애초부터 '남자의 억제할 수 없는 성 충동'은 없습니다. 문제는 '남자는 충동을 억제할 필요가 없다'는 사회, 문화적 인식에서 발생합니다. 남성의 성은 무조건 강하고 공격적이어야 한다는 인식 말입니다. 그 같은 인식에서 여성을 성적 도구로 바라보고 여성에게 성 폭력을 가하는 것입니다.

결국 성 폭력 피해자들은 이중의 폭력을 당하고 있다고 볼 수 있습니다. 하나의 폭력이 성 폭력 가해자에게서 발생한다면, 또 다른 폭력은 이 같은 사회적 편견에서 발생합니다.

시사 엿 보 기

학교 폭력 피해 학생에 '경호 서비스'
교육부, 폭력 근절책 마련 — 소년원 7곳 '대안 교육 센터'로 전환

불량 학생 등쌀에 등·하굣길이 두려운 청소년 등에 대해 정부가 '신변 보호' 서비스를 제공키로 했다. 또 비행 청소년 수용 기관인 소년원의 절반이 '대안 교육 센터'로 탈바꿈해 학교 폭력 가해 학생에 대한 교육을 맡게 된다. 이밖에 가해 학생뿐만 아니라 그 보호자도 판사의 명령이 있으면 가해 학생과 함께 특별 교육을 받도록 관련법이 개정된다. 정부는 26일 김신일金信一 교육 부총리 주재로 열린 '5대 폭력 관계 장관 회의'에서 이 같은 '학교 폭력 근절 대책'을 내놨다.

◆ 요청하면 무료 신변 보호=3월 중순부터 시작한다. 경찰은 물론, 전국에 지점망이 있는 민간 경호업체 1~2곳, 체육관 협회 등이 참여할 예정이다. 피해 학생이나 보호자가 학교나 교육청에 신청하면 어떤 기관에서 해당 학생을 '경호'할지 결정해 기관에 요청한다는 것이다. 교육부는 앞으로 1년 간 1,600명에게 이 서비스가 제공될 것으로 추산했다. 그러나 한 일선 교사는 "집단 따돌림을 당하는 학생이 신변 보호를 요청할 경우 '나는 왕따'라고 공언하는 것과 다름없어 신변 보호 신청이 얼마나 들어올지 모르겠다"고 했다. 교육부는 이에 대해 "비밀 노출이 되지 않도록 하겠다"고 말했다.

3개 시·도에서 학교 폭력이 심하다고 교육 기관이 판정한 학교 75곳을 지정해 15명의 학교 폭력 전담 경찰관을 배치해 1인당 5곳씩 맡게 한다는 계획도 있다. 이들 전담 경찰관은 학교 주변을 수시로 순찰하면서 '불량해 보이는' 청소년들을 불심 검문하는 등 '범죄 예방'에 나선다. 하지만 "어린 학생들을 상대로 사법권이 남용될 소지가 있어 세부 규정이 마련되어야 한다"는 지적도 만만치 않다. 이 때문에 경찰은 3개월 간 이 제도를 시범 실시하고, 성과와 여론에 따라 하반기에 확대 여부를 결정키로 했다.

◆ 소년원 절반이 대안 교육 센터로=현재 14곳인 소년원 중 7곳이 올 7월까지 대안 교육 센터로 바뀐다. 상담 교사와 교육학·심리학·사회복지학 전공자들을 채용하고, 교실과 숙소, 식당, 강당 등 일반 학교와 같은 시설을 갖춰 캠프 형식으로 운영될 예정이다. 정도가 심각한 가해 학생, 학교 부적응 학생들은 이곳에서 3일에서 1~2주짜리 교육 과정을 마친 후 학교로 복귀하게 된다.

법무부는 부산·광주·청주·안산의 경우, 지금의 소년원 시설을 활용하고 창원·의정부·인천은 별도의 장소에 대안 교육 센터를 만들기로 했다. 이밖에 휴대폰으로 찍은 학교 폭력 동영상을 사이버 경찰청으로 전송하는 시스템, 개별 학교에서 해결이 어려운 사안이 있으면 시도 교육청이 전문가들로 구성된 지원단을 파견하는 제도도 마련된다.

〈조선일보〉, 2007. 02. 27.

• 왕따와 학교 폭력이 오죽 심각했으면 이런 방법이 나왔을까요. 왕따와 학교 폭력은 가해 아이들의 잘못만으로 발생하는 문제가 아닙니다. 학교와 사회를 중심으로 왕따와 학교 폭력의 원인을 분석해보세요.

왕따와 학교 폭력 등의 문제는 심각한 수준에 이르렀습니다. 이러다가 '유치원생, 왕따 때문에 자살' 같은 기사가 나오지 않을까 두렵습니다. 가해 학생에게만 왕따의 책임이 있는 것은 아닙니다. 우선 교사와 학교의 문제를 지적할 수 있습니다. 교사는 아이들 간의 폭력과 왕따를 수수방관합니다. 학급당 학생 수가 많아서 학생 지도가 어려운 것은 이해합니다. 그러나 교사에게는 학생 수의 많고 적음을 떠나 학생을 보호하고 지도할 책임이 있습니다. 학교는 이런 문제가 터지면 감추기에 급급합니다.

학교 이미지가 나빠진다는 이유로 미온적으로 대처하는 거죠. 왕따나 학교 폭력은 교사의 무관심과 학교의 무책임으로 인해 더욱 확산되고 있는 것입니다. 더 중요한 것은 왕따와 학교 폭력이 단지 학교 공간의 문제가 아니라는 사실입니다. 왕따와 학교 폭력에는 우리 사회의 어두운 현실이 고스란히 반영되어 있답니다. 강자 중심의 사회, 승자 독식獨食의 사회에서 약자와 패자는 설 자리가 없습니다. 강한 것이 선이고, 승자가 모든 것을 독차지하는 사회에서 힘을 얼마만큼 가지고 있느냐가 중요할 뿐입니다. 아이들의 세계에서도 마찬가지입니다.

힘 있고 강한 아이가 힘 없고 약한 아이를 괴롭히고 왕따시킵니다. 여기서 힘은 물리적 힘뿐만 아니라 지적, 경제적 능력도 포함합니다. 입시 중심의 교육 풍토에서 공부 못하는 아이, 머리가 좀 떨어지는 아이도 왕따당하기 일쑤입니다. 학교에서 선생님은 성적순으로 아이들을 평가하고 대우합니다. 공부 잘하는 아이가 잘못을 하면 '용서'가 되고, 공부 못하는 아이가 같은 잘못을 하면 '혼'이 납니다. 마찬가지로 아이들 사이에서 공부 잘하는 아이는 왕따당하지 않습니다. 그 아이가 싸움을 못하고 약해도 그렇습니다.

청소년 폭력은 가정 폭력이나 학교 폭력과 같은 일상화된 폭력 문화 속에서 생겨납니다. 학생들은 어릴 때부터 훈육을 목적으로 한 체벌에 길들여집니다. "미운 자식 떡 하나 더 주고 귀한 자식 매 한대 더 때린다"는 속담이 있을 정도니까요. 가정에서 부모님은 아이를 독립적 인격체로 여겨 대화하고 설득하기보다는 '때려서라도' 일방적으로 가르치려 합니다.

학교의 상황도 이와 다르지 않습니다. 아이들끼리의 폭력도 문제거니와, 선생과 학생 사이의 폭력도 문제가 됩니다. 학교는 제도화된 폭력으로 가득합니다. '사랑의 매'라는 이름으로 이루어지는 체벌은 물론이거니와 두발 규제라는 이름으로 행해지는 '바리캉 세례', 그리고 위계질서라는 이름의 폭력적 질서까지. 그곳은 자율적 시민市民이 아니라 순종적 신민臣民을 길러내는 곳인지도 모르겠습니다. 이런 제도화된 폭력에 익숙해진 아이들은 폭력의 문화를 몸에 익히고 그것을 내면화합니다. 일진회를 비롯한 학교 폭력은 제도화된 폭력에서 파생된 측면이 큽니다. 폭력의 근본적 해결을 위해서는 '학교에서의' 폭력만이 아니라 '학교에 의한' 폭력도 논의되어야 합니다. 문제는 여기서 끝나지 않습니다. 사회를 돌아봅시다. 사회는 장애인과 외국인 노동자, 그리고 동성애자와 같은 사회적 소수자를 배제하고 차별합니다. 이 역시 제도화된 폭력으로서 깊이 뿌리 박혀 있습니다. 폭력적인 사회와 문화가 우리를 지배하고 있는 한, 청소년들은 폭력적일 수밖에 없습니다.

나와 다르게 생긴 사람에 대한 비난, 나보다 약한 사람에 대한 공격이 사회에 널리 퍼져 있는 상황에서, 학교에서만 아이들끼리 화목하게 지내길 바랄 수는 없겠죠? 약자에 대한 사회적 차별과 배제의 논리가 학교라는 공간에서 재생산되고 있는 것입니다. 왕따 피해 학생이 오히려 왕따 가해 학생이 된다고 합니다.

결국 왕따의 경험이 또 다른 폭력을 낳고 있는 것입니다. 이와 같은 악순환의 고리를 끊기 위해서라도 사회적인 차별을 뿌리 뽑아야 합니다. 어른들이 먼저 약자를 배려하고 약자와 더불어 사는 모습을 보여줄 때 아이들도 그렇게 할 것입니다. 뿐만 아니라 돈이나 성적과 같은 획일적인 가치로 학생들을 평가해서는 안 됩니다. 가난해도, 성적이 좀 떨어져도 하나의 인격체로 인정받을 때 아이들 역시 힘이 없어도, 조금 다르게 행동해도 하나의 인격체로 다른 아이들을 인정할 겁니다.

• 왕따 문제를 바라보는 사람들의 시선에서 문제의 원인을 피해자에게서 찾는 태도를 엿볼 수 있습니다. 피해자를 문제의 원인 제공자로 여기는 다른 사례를 찾아보세요.

• 극빈층, 노숙자, 동성애자, 장애인, 여성 등은 사회적으로 왕따당하는 존재들입니다. 이들을 흔히 사회적 약자, 사회적 소수자라고 부릅니다. 수적으로 꼭 소수여야 소수자인 것은 아닙니다. 여성을 통해 이를 확인할 수 있습니다. 여성의 수가 남성의 수와 비슷함에도 불구하고 여성은 사회적 소수자로 간주됩니다. 극빈층, 노숙자, 동성애자, 장애인, 여성처럼 소수자로 분류되는 사람들의 특징을 바탕으로 소수자의 개념을 정리해보세요.

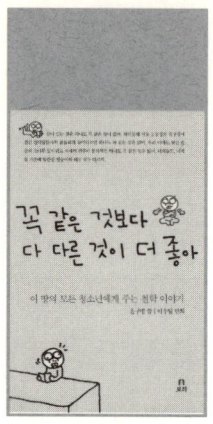

윤구병, 『꼭 같은 것보다 다 다른 것이 더 좋아』, 보리,

54쪽~63쪽, 〈꼭 같은 것보다 다 다른 것이 더 좋아〉를 읽어보세요.

차이와 다양성의 소중함을 생생하게 확인할 수 있습니다.

96~166쪽, 〈2부 가장 훌륭한 교과서는 이 세상이란다〉를 읽어보세요.

왕따 문제가 결국 몇몇 학생들만의 잘못 때문에 생기는 게 아니라 학교와 사회의 구조적 문제

때문에 생긴다면, 학교와 교육에 대해서 근본적으로 고민해봐야 하지 않을까요?

가우디, 『왕따 리포트』, 우리교육,

90~167쪽, 〈3장 집단 따돌림의 원인〉, 〈4장 집단 따돌림의 해결 방안〉을 읽어보세요.

사회, 문화, 교육, 가정, 개인 등 다양한 측면에서 왕따 문제의 원인을 제시하고,

여러 측면에서 다양하고 구체적인 해결 방안을 제시하고 있습니다.

국가는 어디에 있나

– 잃어버린 국민의 권리를 회복하기 위하여

생각 맛 보 기

이러한 방송 프로그램에 대해서 어떻게 생각하나요?

이러한 방송 프로그램이 존재하는 이유는 무엇인가요?

국가 대신에 총대 맨 개인들

— 국가여, 국민들의 호주머니를 터는가?

KBS의 〈사랑의 리퀘스트〉, MBC의 〈산 넘고 물 건너〉, SBS의 〈세상에서 가장 아름다운 여행〉. 어려운 이웃에게 관심을 갖고 사랑을 실천하는 좋은 프로그램들입니다. 이웃 사랑은 좋은 일이고 많은 이들에게 권장할 일입니다. 방송이 나서서 이웃 사랑을 실천하는 데 이보다 더 좋은 일이 어디 있겠습니까? 평소 소외된 이웃들에게 아무 관심도 없는 사람들이 우리 사회의 그늘을 들여다보게 하고, 적게나마 도움의 손길을 보낼 수 있게 하는 것은 분명 가치 있는 일입니다. 자선과 기부의 활성화라는 긍정적 측면은 결코 부정할 수 없을 것입니다. 이런 프로그램들 앞에서 우리는 언뜻 이렇게 좋은 점들만을 떠올리기 쉽습니다.

하지만 이런 프로그램이 생겨나는 이유는 무엇일까요? 한국 사회가 아직 인간미를 잃지 않아서요? 그럴 수도 있겠죠. 하지만 다른 측면이 더 크지 않을까요? 한국 사회가 인간미가 넘친다고 말하려면 애초에 이렇게 어려운 처지에 놓인 사람들이 있어선 안 되지 않을까요? 인간미가 넘치는 사회라면 방송이 나설 때까지 이런 상황을 방치해두지 않을 테니까요. 이런 프로그램이 절실하게 필요할 만큼 아직 우리 사회는 해결해야 할 문제들이 가득합니다. 그리고 문제를 해결하는 데 적극적으로 나서야 할 국가가 제 일을 제대로 하지 않은 것입니다.

이런 프로그램을 통해 현실의 그늘을 죄다 거둘 수 있다고 생각하면 큰 오산입니다. 이들 프로그램은 국가가 책임져야 할 구조적인 문제를 개인의 선의에 맡겨버리는 결정적 한계를 안고 있습니다. 개인의 선의는 아름다운 것이지만 지극히 가변적이고 유동적인 것이기도 합니다. 감동의 정도에 따라, 눈물의 양에 따라 모금되는 성금은 올라가기도 하고 내려가기도 하기 때문입니다. 뿐만 아니라 한국 사회에는 개인의 십시일반+匙一飯으로 해결하기 어려운 문제들이 버티고 서 있습니다. 개인의 도움이란 지극히 적은 부분에, 고작 방송에 출연한 몇몇 사람에게만 이로울 뿐입니다. 더 중요한 문제는 이렇게 실시일반의 정성에 눈길을 돌릴 때, 문제의 원인에 대한 근본적인 진단과 처방이 실종될 수 있다는 점입니다.

IMF 때를 떠올려봅시다. 대다수의 국민이 금 모으기 운동에 동참했습니다. 다들 장롱을 뒤져서 금붙이를 꺼내들고 거리로 나섰습니다. 온 나라를 뒤덮었던 애국의 물결은 거대했습니다. 해마다 되풀이되는 수재민 돕기를 생각해봅시다. 엄청난 수재 의연금이 모금됩니다. 하지만 이 문제는 국가의 책임이지 시민 개개인의 책임은 아닙니다. 국가는 자기가 마땅히 져야 할 책무를 저버리고, 은근슬쩍 국민에게 자신의 책무를 떠넘기고 있는 것입니다. 왜 해마다 막대한 수재 의연금을 거둬야 하는 걸까요? 수재를 대비하여 범람이 예상되는 하천을 정비하고 보수가 필요한 제방을 보강하며 도로 절개지나 산간 계곡 등 산 사태가 예상되는 곳을 손본다면 이런 일은 일어나지 않을 것입니다. 뿐더러 재난 관리 시스템을 확실하게 정비하고, 예상되는 재난에 대해 정부 자금을 어느 정도 비축해두어야 하지 않나요? 결국 재해는 예방 투자가 미비한 지역에서 상습적으로 발생합니다. 병든 사람, 돈이 없어 치료받지 못하는 사람, 혼자 살아갈 수 없는 사람, 일할 수 없는 사람에 대해서도 마찬가지입니다. 그들을 위한 최소한의 사회적 안전망이 확보되어야 하는 것 아닌가요?

물론 이러한 한계가 프로그램들의 문제는 아니겠죠. 그것은 우리 사회의 문제입니다. 여기서 강조하고 싶은 것은 프로그램 뒤에 가려진 이러한 문제를 사람들이 모르고 지나친다는 점입니다. '그저 좋은 프로그램이다!' 라고만 생각할 것이 아니라 '왜 그런 프로가 나오게 되었을까?' 하고 생각할 줄 알아야 합니다. 게다가, 그 프로그램들이 무조건 좋기만 한 것도 아니랍니다.

생각 키 우 기

〈사랑의 리퀘스트〉라는 프로그램을 보셨나요? 그거 보고 눈물 질질 흘리며 ARS 누르러 전화통 붙잡는 경험을 해보셨나요? 좋은 프로그램입니다. 병석에 누운 사람들, 가정 형편이 어려워 치료도 못 받는 사람들, 방송에서 나서서 도와주는 나라가 세상에 또 어디에 있습니까? 방송에서 참 좋은 일을 하고 있고, 그런 방송을 가진 우리 나라, 참 좋은 나라입니다. 하지만, 혹시 이게 얼마나 잔인한 게임인지 생각해보신 적 있습니까?

진중권, 진보 누리(www.jinbonuri.com)에서 2004. 1. 18.

• "우리 나라, 참 좋은 나라입니다"라는 문장은 반어적 표현입니다. 아래 자료를 참고하여 그렇게 말한 이유를 설명해보세요.

OECD 국가의 사회 복지 지출

(단위 : GDP 내 비율)

국 가 별	1 9 9 9	2 0 0 0	2 0 0 1
오스트레일리아	18.4	19.5	18.9
오스트리아	27.0	26.8	26.8
벨기에	27.2	26.7	27.2
캐나다	17.4	17.3	18.2
덴마크	30.2	29.2	29.5
핀란드	26.2	24.6	24.9
프랑스	28.9	28.3	28.5
독일	28.7	28.5	28.8
그리스	23.6	23.6	24.3
헝가리	20.8	20.0	20.1
아이슬란드	20.9	21.1	21.3
아일랜드	14.2	13.6	13.8
이탈리아	25.6	25.6	25.8
일본	15.6	16.6	17.5
한국	9.8	9.1	8.7
멕시코	9.0	9.9	11.8
네덜란드	23.3	22.5	22.4
뉴질랜드	19.5	19.2	18.5
노르웨이	27.0	24.3	25.2
폴란드	22.2	21.9	23.0
포르투갈	20.2	20.9	21.5
슬로바키아	19.4	18.5	18.2
스페인	19.9	19.9	19.6
스웨덴	30.4	29.2	29.5
스위스	26.7	26.0	27.0
터키	13.2	13.2	13.2

– OECD 홈페이지(www.oecd.org)에서

• 이 글에서는 〈사랑의 리퀘스트〉를 '잔인한 게임'이라 하고 있습니다. 아래 제시한 한비야의 글과 우리 나라 헌법을 참고하여 그렇게 말한 이유를 설명해보세요.

이런 '외면당한 현장'을 구호하려면 우선은 대중 매체를 통해 현장의 어려움을 될 수 있는 대로 많은 사람들에게 알리는 것이 급선무다. 그것도 전방위에서 동시다발적으로 해야만 사람들이 '아, 그런 일이 있구나' 하는 정도니. 나 혼자만으로는 당연히 역부족이다. 그러나 아무리 육중한 쇳덩이로 만든 문도 작은 열쇠 하나에 열린다. 그 문을 여는 것은 힘이 아니라 꾀다. 그래서 이번에는 방송국 PD, 신문 기자와 함께 현장을 방문하는 작전을 세웠다. ……

"아주 비참해야 해요. 한 마을 사람들이 다 굶어 죽어가면 더 좋고"

"아이들이면 더 좋고."

"같은 아이라도 어릴수록, 예쁠수록 더 좋고."

착하게 생긴 PD들이지만 하는 주문마다 이렇게 잔인(?)하다.

"솔직하게 눈 앞에서 숨이 꼴딱 넘어가는 걸 찍고 싶다고 하시지."

내가 짐짓 나무라는 척하면, 자기들은 화면으로 사람을 설득해야 하기 때문에 '보이는 것'이 중요하다는 것을 이해해 달란다. 그래서 우리 단체가 이미 식량 배분을 한 마을로 가려던 계획을 바꿔 아직 아무런 도움도 받지 못한 좀더 '비참한' 마을로 가기로 했다.……

다음 날 찾아간 치료 급식소에서 PD들은 물 만난 고기처럼 이리저리 파닥파닥 튕겨 다녔다. 소위 '그림'이 되는 '독한 케이스'를 찾은 것이다. 저 바싹 마른 아이 옷 한번 벗겨보자. 저 여자 아기 체중을 다시 재보자 등등 주문이 많아졌다. 영양 실조 상태가 너무 심각해서 오늘을 넘기기 어렵다는 아이의 엄마에게, "그 말을 들으니 기분이 어떠세요?" 라고 묻고는 기진해 있는 아이와 눈물 흘리는 엄마 얼굴에 바싹 카메라 렌즈를 들이댄다. 그렇게 하는 게 그들의 일이고 그것을 통역해야 하는 게 내 일이기는 하지만, 그 가 없는 사람들의 피가 철철 나는 상처 위에 굵은 소금을 뿌리는 것만 같아서 마음이 쓰리고 괴롭다.

한비야, 『지도 밖으로 행군하라』(푸른숲), 71쪽, 77쪽

대한민국 헌법

제10조 / 모든 국민은 인간으로서의 존엄과 가치를 가지며, 행복을 추구할 권리를 가진다. 국가는 개인이 가지는 불가침의 기본적 인권을 확인하고 이를 보장할 의무를 진다.

제34조 / ① 모든 국민은 인간다운 생활을 할 권리를 가진다.

⑤ 신체 장애자 및 질병·노령 기타의 사유로 생활 능력이 없는 국민은 법률이 정하는 바에 의하여 국가의 보호를 받는다.

진중권의 글은 다음과 같이 이어집니다.

입장을 바꾸어놓고 생각해봅시다. 당신이 만약 죽을 병에 걸렸다고 합시다. 덕분에 직장도 잃고, 오랜 병력에 치료비로 집도 날리고, 비가 샐 것 같은 좁고 낡은 셋방에 누웠다고 합시다. 자신의 비참한 모습을 여러분은 남들에게 보여주고 싶겠습니까? 그것도 공중파 방송을 통해 전국에 "나 이렇게 비참해요" 알리고 싶겠습니까? 하지만 카메라는 잔인합니다. 병들어 죽어가는 나와 내 가정의 온갖 처절한 모습을 담아, 그대로 전파에 띄워 전국으로 내보냅니다. 모든 인간은 존엄합니다. 모든 인간은 자신의 비참한 모습을 남에게 보이지 않을 권리가 있습니다. 내 삶이 아무리 궁상맞아도, 나는 그것을 남들에게 동정받지 않을 권리가 있습니다. 하지만 카메라는 그 권리를 짓밟아버립니다. 그러잖아도 비참한 사람, 가능하면 더 비참하게, 가장 비참하게 보이게 하려 합니다. 왜 그럴까요? 더 많은 눈물을 짜내기 위해서입니다. 그건 또 왜 그럴까요? 그렇게 짜낸 눈물의 양은 성금의 양과 정비례하게 때문입니다. 우리는 남의 비참한 모습을 보고 눈물 질질 흘리며 거기서 모종의 감동을 먹습니다. 도대체 이 빌어먹을 감동의 정체는 뭘까요? 그 감동에 못 이겨 전화기 버튼을 누르며, 우리는 한편으로는 내가 저 처지가 아니라는 데에 안도감을 느끼고, 다른 한편으로는 알 수 없는 죄책감을 덜어내는 겁니다. 알 수 없는 죄책감? 그것의 정체는 뭘까요? 아담 이래로 인간이 가져온 원죄 의식? 아닐 겁니다. 그 죄책감의 정체는 아마 우리가 ARS 후원 몇 푼으로 쉽게 떨쳐버리고 싶은 '사회적 책임감'일 것입니다. 원래 그 분들, 국가에서 돌봐야 합니다. 더 이상 일할 수도 없는 사람들 돌보는 것은 사회의 책임입니다. 국가의 책임입니다. 하지만 우리의 '국가'는 가진 자들의 위원회가 되어, 이런 책임을 지려 하지 않습니다. 장애인 최옥란 씨가 견디다 견디다 못해 자살할 때 그 잘난 국가는 어디서 뭐하고 있었습니까? 그래서 할 수 없이 방송사가 나서서 저런 짓을 하는 것입니다. 저렇게라도 하지 않으면 어쩌겠습니까? 저들을 그 밖의 어떤 방식으로 돌볼 수 있을까요? 그거라도 하지 않으면 어쩔 겁니까?

살려거든 얼굴을 팔아라?

어떻게 보면 그들의 고통과 아픔이 우리의 눈물을 위해서 소비되는 것은 아닐까요? 우리는 그들의 비참한 모습을 보며 우리의 현재 처지를 위로받는지도 모릅니다. 그리고 그 대가로 ARS를 눌러주는지도 모릅니다. 방송은 방송 나름대로 날 것 그대로의 비참함을 여지없이 보여주려고 노력합니다. 공익적 명분을 내세운 '가학적 시청률' 높이기인지도 모르겠습니다.

그들에게는 동정받지 않을 권리가 있습니다. 카메라의 촬영을 허락한 것은 그들이라고요? 동정은 그들이 원한 것이라고요? 그렇게라도 하지 않으면 안 될 그들의 절박한 사정은 온데간데없어지고 그저 카메라 앞에 선 것이 그들의 선택이라고 주장하는 것은 온당치 못합니다. 그렇게라도 하지 않으면 굶어죽고, 얼어죽고, 약 한번 제대로 못 쓰고 병들어 죽는 형편을 생각해봅시다. '선택'이라는 표현은 선택 가능한 다른 방법들이 존재할 때 의미 있게 쓰일 수 있는 말이 아닐까요? 죽을 수밖에 없는 상황에서 죽음을 택하는 것을 삶과 죽음 사이의 선택이라고 말할 수 없듯이, 애초에 다른 선택지가 주어지지 않은 상황에서 촬영을 허락한 것을 그들의 선택이라고 말할 수는 없을 것입니다. 그 방법 이외에 그들이 달리 선택할 길은 전혀 없었죠. 그들은 동정받지 않을 권리를 지킬 수 없었습니다. 인간으로서의 존엄을 지키지 못했습니다. 동정받지 않으면서도, 자신의 비참을 날 것으로 드러내지 않고서도 그들이 자신의 존엄을 유지할 수 있는 방법은 정녕 없었을까요? 아니, 있었습니다. 국가가 헌법 제10조("모든 국민은 인간으로서의 존엄과 가치를 가지며, 행복을 추구할 권리를 가진다.")만 확실히 보장했더라도 이런 일은 벌어지지 않았을 것입니다.

물론 그 방송의 선의善意를 전면 부정할 수는 없을 것입니다. 또한 벼랑 끝에 서 있는 그들에게 그 방송이 준 것은 새로운 삶의 가능성이었을 것입니다. 그러나 이렇게 아름답고 정겨운 이야기들이 오가는 가운데도 또 다른 누군가는 끝나지 않을 비참함의 강물에서 허우적거리고 있습니다. 방송의 도움을 받을 수 있는 사람은 그나마 선택받은 사람입니다. 도움의 손길이 미치는 곳보다 도움의 손길이 미치지 못하는 곳이 한국 사회에는 더 많이 있습니다. 우리가 방송에 기대어 '개인적 선행'을 실천하는 순간에 수많은 이들은 삶의 벼랑 끝에서 절망하는 것입니다. 우리에게 필요한 것은 '개인적 선행' 뿐만 아니라 '공적 부조'˙입니다. 우리가 파고들어야 할 지점이 바로 여기입니다.

˙ 공적 부조 : 국가 또는 지방 자치 단체가 가득 능력稼得能力이 없는 빈곤층 주민에게 최저한도의 생활을 보장해주기 위해 일정한 보호 기준에 따라 실시하는 사업.

사회 복지 선진화, 소비 아닌 미래를 위한 투자

기획예산처 강완구 복지 전략 팀장

우리 나라는 세계 10위권의 경제 대국이다. 그러나 우리 나라 복지의 현주소는 어떠한가? 경제 대국이라는 위상에 걸맞지 않게 복지 수준은 OECD 국가 중 최하위 수준이다. 국가 간의 복지 수준을 비교하는 대표적 지표인 GDP 대비 공공 사회 지출(중앙 정부와 지방 정부의 복지 지출, 사회 보험 지출 포함)을 보면 2001년 6.1%로 미국, 일본의 1/2에도 못 미치고, 우리보다 소득 수준이 낮은 멕시코, 터키보다도 낮은 수준이다. 이러다보니 국민들의 삶의 질도 OECD 국가 중 최하위권(2005년 60개 국 중 41위, IMD : 국제 경영 개발 대학원)에 머물러 있고, 20대 80의 그늘진 사회 속에서 하위 80%가 점점 동력을 상실해가고 있다. ……

그 결과 여전히 광범위한 복지 비수혜층이 존재하고, 비효율적인 전달 체계 등으로 국민들이 피부로 느끼는 복지 체감도는 매우 낮은 수준에 머물러 있다.

특히 보육, 의료, 노인 수발 등 여성, 노인과 같은 사회적 취약 계층이 필요로 하는 복지 서비스의 공급은 크게 부족한 수준이다. 과다한 교육 · 주거 · 의료비 부담으로 가족 중 한 사람이 아프거나 노인이 치매 · 중풍 등에 걸리면 개인의 삶은 물론 가족들의 삶이 통째로 파괴되는 사례를 주위에서 흔히 볼 수 있다. 일반 국민의 59.6%가 교육비 · 의료비 등 생활비 부담을, 38.6%가 노후 대비 부담을 주요 불안 요인으로 생각하고 있는 것으로 응답한 설문 조사(2006. 1, KDI, 복수 응답) 결과가 이를 뒷받침해준다.

〈국정 브리핑〉, 2006. 8. 30.

제시한 자료를 보면 OECD 국가 중에서 한국의 사회 복지 지출이 얼마나 적은지 알 수 있습니다. 사회 복지 지출의 규모를 통해 국가가 자신의 책무(국민의 인간다운 삶을 보장)를 얼마나 벗어던지고 있는지를 확인할 수 있다. 60개 국 중에서 41위라니? 결국, 대한민국의 행복도가 41위 정도밖에 안 된다는 말 아닌가? 아니, 복지 지출이 41위이니, 지나친 경쟁에서 오는 스트레스, 급격한 사회 변동으로 인한 불안감, 사회적 약자에 대한 차별, 양극화로 인한 상대적 박탈감 등을 감안하면 대한민국 국민의 행복은 41위보다 못할지도 모르겠다.

돈 벌러 떠났던 아버지의 무거운 두 어깨에 70년대부터 강행되었던 경제 개발은 사회적 부의 균등한 분배는커녕 '고개 숙인 남자'의 그림자를 드리우게 했고, 가족의 생존권을 담당하던 남자들을 실업자로 만들었다. 물론 실업자의 숫자가 3백만 명을 넘던 시절에 여자들은 전통적인 가부장제에서 안으로는 자식 양육을 하고, 밖으로는 없어진 가정 수입을 채우거나 보충하기 위해 이중적으로 일을 해야 했다. 그러나 어쨌든 가족이라는 입장에서 보면 남녀를 떠나서 국가의 공공성과 사회의 부재에서 비롯하는 모든 부담으로부터 가족이 자유로울 수 없었다.

그런데 문제는 바로 여기에 있다. 우리는 가족이 사회나 국가가 해야 할 일을 전적으로 떠맡고 있는데도 이것을 우리는 국가의 폭력이라고 의심하지 않고 가족이라는 공동체의 어떤 운명 쯤으로 당연하게 받아들이고 있다. 가령 노동자들이 직장에서 해고된 것을 팔자타령으로 돌리는 것처럼 말이다. 가족 공동체는 그 자체가 신성하고 귀중한 가치를 지니고 있다. 그런데 바로 이러한 가족에 대한 원초적인 관념이 가족에 대한 국가의 억압을 직시하지 못하게 만든다. 가족의 해체가 사회적 안전망의 부재, 국가의 공공성 부재, 사회의 부재 탓인데도 IMF 때 우리 국민은 집집마다 장롱 속의 금을 모아서 외채를 갚겠다고 하지 않았던가. '제2의 국채 보상 운동'이라고 하면서 말이다.

　이것은 우리가 가족을 동원하는 국가 권력의 이데올로기에 길들여져 있기 때문이다. 국가의 책임을 가족에게 전부 떠넘기는 것 자체가 일종의 가족에 대한 국가의 폭력인데도 그것을 폭력으로 보지 못하고 나의 책임, 가족의 의무로 생각하는 데 길들여져 있다는 것이다. 가족이 동원되어 산업 전사 역할을 하지 않고 금을 모으지 않으면 국가가 나를 보호해줄 수 없을 것이라는 생각 때문이다. 이러한 생각이 한낱 '환상'임에도 불구하고, 부도 위기까지 몰린 국가를 금 모으기 운동으로 구제해야 한다는 생각을 하게 된다는 말이다.

이득재, 『가족주의는 야만이다』(소나무), 21쪽

- 이 글에서 확인할 수 있는 우리 사회의 문제는 무엇인가요? 국민에 대한 국가의 책임을 중심으로 이야기해봅시다.

- 이 글의 입장에서 가족 중심주의(가족 이기주의)의 발생 배경을 생각해봅시다. 국가와 개인의 관계를 중심으로 이야기해봅시다.

흩어지면 죽는다 — 믿을 구석은 오로지 가족뿐

가족 중 한 사람이 아프거나 집안 어른이 치매나 중풍 등에 걸리면 당사자는 물론, 가족 전체의 삶이 통째로 파괴되는 사회! 그런 의미에서 한국 사회는 개인의 행복이 운수에 맡겨진 사회인지도 모릅니다.

재수가 없어 병에 걸리거나 사고를 당하면 당사자는 물론이고 가족 모두가 고통을 받습니다. 치료비를 대기 위해 여기저기 손을 벌리기 일쑤이고, 그것도 여의치 않은 이들은 전세금을 빼서 쓰느라 길거리로 나앉는 신세가 되고 맙니다. 한 사람을 살리기 위해 나머지 가족 전체가 죽음으로 내몰리는 현실, 그것이 한국 사회의 풍경입니다. 국가가 떠맡아야 할 일을 개인과 가족에게 떠넘기고 있기 때문에 이런 일이 벌어지고 있는 것입니다.

우리 헌법은 아래와 같이 국가의 의무를 규정하고 있습니다.

제34조

① 모든 국민은 인간다운 생활을 할 권리를 가진다.

② 국가는 사회 보장 및 사회 복지의 증진에 노력할 의무를 진다.

③ 국가는 여자의 복지와 권익의 향상을 위하여 노력하여야 한다.

④ 국가는 노인과 청소년의 복지 향상을 위한 정책을 실시할 의무를 진다.

⑤ 신체 장애자 및 질병·노령 기타의 사유로 생활 능력이 없는 국민은 법률이 정하는

바에 의하여 국가의 보호를 받는다.

⑥ 국가는 재해를 예방하고 그 위험으로부터 국민을 보호하기 위하여 노력하여야 한다.

제35조

① 모든 국민은 건강하고 쾌적한 환경에서 생활할 권리를 가지며, 국가와 국민은 환경 보전을 위하여 노력하여야 한다.

② 환경권의 내용과 행사에 관하여는 법률로 정한다.

③ 국가는 주택 개발 정책 등을 통하여 모든 국민이 쾌적한 주거 생활을 할 수 있도록 노력하여야 한다.

제36조

① 혼인과 가족 생활은 개인의 존엄과 양성의 평등을 기초로 성립되고 유지되어야 하며, 국가는 이를 보장한다.

② 국가는 모성의 보호를 위하여 노력하여야 한다.

③ 모든 국민은 보건에 관하여 국가의 보호를 받는다.

한국인들이 강한 가족 이기주의를 내세우는 것도 이렇게 사회적 안전망이 부재한 상황과 무관하지 않습니다. 여기서 사회적 안전망이란 실업, 빈곤, 재해, 질병 등의 사회적 위험으로부터 국민을 보호하는 제도적 장치를 말합니다. 사회 보장 제도, 공공 근로 산업, 직업 교육 및 취업 알선 등이 포함됩니다. 국가는 이러한 사회적 안전망을 구축하는 데 노력해야 할 의무가 있습니다.

이와 같은 상황에서 사람들이 가족 중심주의, 더 나아가 가족 이기주의를 드러내는 것은 당연한 일인지도 모르겠습니다. 믿을 구석이라곤 오직 가족밖에 없는 세상에서 가족을 중심으로 똘똘 뭉치는 것은 선택이 아니라 필수이기 때문이죠. 죽느냐 사느냐가 오로지 '우연'에 맡겨진 사회에서, 개인들이 기댈 곳이라곤 오로지 가족뿐입니다. 좋은 사회는 개인의 운명을 '우연'에 내맡기지 않습니다. 누구나 암에 걸릴 수 있고, 누구나 거지가 될 수 있습니다. 그런 불행은 누구에게나 닥칠 수 있습니다. 중요한 것은, 암에 걸린 사람을 치료해주고 거지가 된 사람에게 다시 일어설 기회를 주는 것입니다. 개인에게 닥친 불행을 사회가 함께 짊어지는 사회가 좋은 사회입니다. 불행을 모두가 함께 짊어지느냐, 아니면 각자가 알아서 떠맡느냐에 따라 사회의 건강성은 확인됩니다. 불행을 각자가 짊어지는 사회는 시민들 사이의 연대 의식이 부족하고 사회적 결집력이 떨어집니다. 그리고 오로지 개인과 자기 가족을 위한 이기적 경쟁만이 판을 칠 뿐입니다. 그런 사회를 건강하고 좋은 사회라고 말하기는 어려울 것입니다.

중산층 내 소득 격차 사상 최대—양극화 심화

계층 간 소득 양극화가 갈수록 심화되고 있는 가운데 중산층 내에서의 소득 격차도 사상 최대로 벌어진 것으로 나타났다. 24일 통계청의 '1/4분기 가계 수지 동향'에 따르면, 전국 가구를 소득 별로 10개 분위로 나눴을 때 중상층(6~8분위)의 월평균 소득은 중하층(3~5분위)의 1662배로 관련 통계가 만들어지기 시작한 2003년 이후 가장 큰 격차를 보였다. 소득 10분위 기준으로 3분위에서 8분위까지를 '중산층'으로 보고 3분위에서 5분위는 중하층, 6분위에서 8분위는 중상층으로 분류해 중상층의 월평균 소득이 중하층의 몇 배 수준인지를 살펴본 결과 이 같이 나타난 것이다.

중산층의 양 끝에 분포한 8분위와 3분위의 소득 격차는 2003년 2.28배에서 올 1/4분기에는 2.42배로 확대되어 관련 통계가 작성된 이후 격차가 가장 큰 폭으로 벌어졌다. 8분위의 월평균 소득은 올 1/4분기 423만4000원으로 4년 전보다 24.7% 늘어난 반면, 3분위의 월평균 소득은 174만3000원으로 17.1% 증가하는 데 그쳤다.

중산층 내에서도 중상층과 중하층의 소득 격차가 벌어지면서 중산층 자체가 감소하고, 소득 불균형이 심화되고 있는 것이다. 또 도시 근로자 가구의 6~8분위의 월평균 소득을 3~5분위의 월평균 소득으로 나눈 배율은 2003년 1.53배에서 올해는 1.58배로 높아졌다. 도시 근로자 가구 8분위의 월평균 소득을 3분위의 월평균 소득으로 나눈 배율도 올 1/4분기 2.22배로 사상 최대를 나타냈다.

한편, 삼성 경제 연구소는 지난해 중산층을 중간값 소득의 50~150%에 해당하는 계층으로 정의한 뒤 우리 사회 중산층 비중이 1997년 64.8%에서 2000년 61.9%, 2005년 59.5% 등으로 작아지고 있다는 연구 결과를 내놓은 바 있다.

〈경향신문〉, 2007. 06. 24.

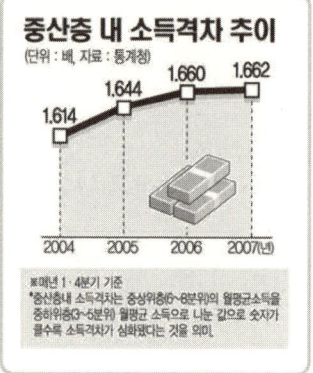

중산층 내 소득격차 추이
(단위 : 배, 자료 : 통계청)

1.614 — 1.644 — 1.660 — 1.662

2004   2005   2006   2007(년)

※매년 1·4분기 기준
*중산층내 소득격차는 중상위층(6~8분위)의 월평균소득을 중하위층(3~5분위) 월평균 소득으로 나눈 값으로 숫자가 클수록 소득격차가 심화됐다는 것을 의미.

국가여, 책무를 다하라

양극화란 잘 사는 사람과 그렇지 않은 사람이 양극을 이루고 그 중간을 이루는 계층이 적어지는 현상을 뜻합니다. 즉, 사회가 잘 살고 못 사는 사람들로 극단적으로 양분된다는 말입니다.˚ 우리 사회의 양극화 문제는 계속 심화되고 있습니다. 양극화는 IMF 이후에 장기화된 경기 불황 속에서 더욱 심화되었죠. 빈부로 인한 위화감이 깊어지면, 사회적 갈등이 증폭되고 극단적으로는 사회적 혼란과 위기가 발생할 수 있습니다. 따라서 양극화를 해소하기 위한 노력이 시급히 요청됩니다.

양극화를 해소할 수 있는 방법은 무엇일까요? 그것은 다름 아닌 사회적 재분배를 통한 빈부 격차의 해소일 것입니다. 여기서 사회적 재분배란, 다른 말로 하면 '복지의 확대' 라고 할 수 있겠죠. 국가적 차원에서 고임금 직종과 저임금 직종 사이의 임금 격차를 해소하고자 노력하고, 복지 정책을 뒷받침할 재원을 확보해야 합니다. 임금 격차를 해소하기 위해서는 일차적으로 최근 심각한 문제로 대두된 비정규직 근로자˚ 문제를 해결해야 합니다. 비정규직 노동자는 전체 노동 시장에서 상당한 부분을 차지하고 있습니다. 정부에서는 대략 전체 임금 근로자의 35%

인 550만 명 정도로 추산하고 있지만, 민주 노총과 같은 노동계에서는 850여만 명으로 추산하고 있습니다. 500만이건 800만이건, 어쨌든 굉장히 많은 숫자인 것은 분명합니다. 비정규직의 정규직화, 비정규직 남용의 제한, 비정규직 차별 철폐 등이 이루어져야 합니다. 뿐만 아니라 법으로 규정한 최저 임금을 상향 조정할 필요가 있습니다. 2007년 현재 법정 최저 임금은 시간당 3480원입니다.* 하루 8시간씩 한 달을 일했을 때 최저 임금이 못해도 100만원은 되도록 해야 할 것입니다.

복지 정책을 뒷받침할 재원을 확보하기 위해서는 두 가지 방법이 있다. 하나는 세금을 늘리는 방법이고, 다른 하나는 세금은 현형대로 유지하되 세출 구조를 조정하는 방법입니다. 부유세* 등의 방법을 이용하여 복지 정책을 뒷받침할 재원을 확보할 수 있을 것입니다. 물론 부유세 신설에 대해 기득권층은 강하게 반발할지도 모릅니다. 이것은 장기간에 걸친 대화와 타협을 통한 사회적 합의를 바탕으로 해결해야 합니다. 세출 구조의 조정은 중앙 정부의 재정 지출에서 많은 부분을 차지하고 있는 경제 분야 지출을 줄여서 복지 분야 지출을 확대하는 것입니다. 선진국의 경우에는 경제 분야 지출보다 복지 분야 지출이 배 이상 많습니다. 그러나 우리는 거꾸로 경제 분야 지출이 복지 분야 지출에 앞서고 있죠. 무조건 선진국을 따라가자는 게 아닙니다. 여러 선진국이 사회 발전 과정에서 그와 같은 양상을 공통적으로 보인다면, 선진국을 꿈꾸는 우리로서는 참고하지 않을 수 없을 것입니다.

이렇게 확보된 재원을 바탕으로 생계, 의료, 주거, 교육 등의 기초 생활을 보장해야 합니다. 그래서 적어도 생계, 의료, 주택, 교육 등에서 최소한의 인간다운 생활을 할 수 있도록 해야 합니다. 뿐만 아니라 극빈층의 자활을 도움으로써 궁극적으로 그들 스스로 살아갈 힘을 길러줘야 합니다.

• 통계청의 「도시 근로자 가계 수지 동향」을 보면, 상위 20%의 임금 수준과 하위 20%의 임금 수준의 격차가 상당히 크다는 사실을 확인할 수 있습니다.

임금 소득 불평등도 추이

	2003	2004	2005	2006
하위 20% 대비 상위 20% 임금	4.78	4.79	4.94	4.91

통계청, 「도시 근로자 가계 수지 동향」

이 자료는 도시 근로자를 대상으로 한 자료이고, 전국 가구로 보자면 하위 20% 대비 상위 20% 임금은 2007년 현재 7배를 웃돌고 있다.

• 비정규직 근로자 : 비정규직 근로자란 정규 근로자와 대비되는 개념이다. 정규 근로자와 근로 방식, 근로 시간, 근로 조건, 고용의 지속성 등에서 다르다. 비정규직 근로자는 고용 계약 기간이 설정돼 있는 한시적 근로자, 시간제 근로자, 파견, 용역, 특수 고용, 재택 근로자 등을 포함한다. 정규직 근로자와 똑같은 일을 같은 똑같은 시간 동안 하더라도 더 낮은 임금 등 차별적인 대우를 받는다.

• 하루에 8시간을 일한다면 2만 7840원을 벌 수 있다. 한 달이면 65만 원이 살짝 넘는다. 여기에 국민 연금이나 의료 보험, 세금 등을 제외하면 60만 원 정도가 될 것이다. 60만 원으로 성인 1명이 인간다운 생활을 한다는 것은 거의 불가능에 가깝다.

• 부유세 : 부유한 자의 순자산에 과세하는 재산세의 하나. 부의 편재를 바로잡고 투기적 보유를 억제하려는 세제로서, 독일 · 북유럽 등지에서 채택하고 있다.

• 복지의 증진은 국가의 책임입니다. 하지만 여기서의 국가가 '추상적 권력 기구'로서의 국가를 의미하는 것은 아닙니다. 국가는 국민으로 이루어진 구성체입니다. 그런 의미에서 복지 증진의 책임은 일정 부분 국민에게도 있는 것이죠. 복지 증진과 관련하여 국민에게는 어떤 책임이 있을까요?

• 『좌우는 있어도 위아래는 없다』(한겨레신문사)에서 박노자는 노르웨이에서는 버스 기사의 월급이 대학 교수의 월급과 거의 같거나 약간 많다고 증언합니다. "어렵고 위험한 노동의 가치를 사회가 그만큼 인정"하는 것입니다. 비정규직 노동자가 800만 명에 육박하는 한국 사회와 버스 기사의 월급이 대학 교수의 월급과 거의 같은 노르웨이 사회가 노동자를 바라보는 시각은 어떻게 다를까요?

이득재, 『가족주의는 야만이다』, 소나무

15~86쪽을 읽어보세요.

공동체성(공공 복지와 사회 연대)이 부재한 대한민국의 현실을 가족주의와 국가주의의 공모라는 측면에서 명쾌하게 분석하고 있습니다.

우리의 목소리로

생각 맛보기

환경 미화원, 특단의 대책 "거리 응원 나오지마 !"

"이러려면 거리 응원 하지마라"

환경 미화원의 성난 목소리다. 그도 그럴 것이 지난 14일 새벽 시청 일대에서 나온 쓰레기양만

해도 100여 톤. 투입된 환경 미화원과 관계 공무원만 해도 230명이다. 서울시 중구청 폐기물

관리팀 김성두 주임은 "200여 명이 넘는 환경 미화원과 관계 공무원들이 새벽 5시까지 치우고 또 치웠다"며 "그렇게 치운 쓰레기가 압축차 5톤짜리로 20대다"고 말했다. ……

"2002년에는 절대 이렇지 않았다"(중구청 폐기물 관리팀 박수덕 팀장)

물론 일부 관계자들의 성토는 단지 '늘어난 일'에 대한 불만이 아니다. 버려진 양심에 대한 안타까움이며, 잃어버린 시민 의식에 대한 씁쓸함 때문이다. 중구청 폐기물 관리팀 박수덕 팀장은 "2002년 때와 너무도 다른 모습이다. 그때는 스스로 나와서 응원을 했고, 스스로 가면서 청소를 했다"며 쓰레기 속에 파묻힌 거리를 보며 실망감을 감추지 못했다.

〈스포츠서울〉, 2006. 6. 16.

• 2002년의 시청 거리와 2006년의 시청 거리 모습은 어떻게 달랐나요? 시청 거리의 모습이 달랐던 이유는 무엇일까요?

생각 키 우 기

문화 거리에는 양심이 없다!

'문화 거리'로 지정되어 있는 서울 대학로와 인사동 거리가 시민들의 '비양심'으로 눈살을 찌푸리게 하고 있다. 휴지 조각, 캔, 음식물 등 여기저기 굴러다니는 쓰레기는 물론, 장소를 가리지 않고 도배한 불법 광고물들로 '더러운 거리'라는 인상을 주고 있기 때문이다.

대학생들이 가장 많이 찾는 곳 중 하나인 대학로는 마치 거대한 쓰레기장을 연상케 할 정도이다. 여기저기 쓰레기가 버려져 굴러다니는 것은 물론, 아예 한쪽에 쓰레기 더미가 쌓여 있기도 하다. 공연 포스터가 찢어져 여기저기 굴러다니는가 하면 거리에서 나눠준 전단지, 명함 등의 광고물도 곳곳에 버려져 있다. 먹다 버린 음식물도 버려져 있는가 하면 토한 것을 제대로 처리하지 않고 그대로 방치하기도 했다. ……

일반 시민들은 쓰레기를 마땅히 버릴 곳이 없다 보니 그런 것이라며 쓰레기통의 확충을 바라는 목소리가 높았다. 대학생 김문선(25) 씨는 "유럽에 가보면 거리에 쓰레기는 물론 휴지 조각 하나 굴러다니는 것을 보지 못했다"면서, "쓰레기를 버릴 수 있는 곳을 좀 더 늘릴 수 있도록 관계 당국의 노력이 필요하다"고 말했다. 하지만 이러한 지적에 대해 관할 구청인 종로 구청은 "쓰레기, 불법 광고물들을 꾸준히 관리, 단속하고 있고 문제가 있으면 지속적으로 개선해 나갈 것"이라는 형식적인 답만 내놓고 있는 실정이다. 그래도 문화 거리는 우리의 얼굴이라며, 시민들의 성숙된 의식을 먼저 보여야 한다는 사람도 있었다. 대학생 엄현수(24) 씨는 "여기저기 쓰레기를 버린 모습을 외국인들이 보면 한국이 어떤 이미지를 갖게 될 지는 뻔한 일"이라면서, "자기 집처럼 문화 거리도 깨끗하게 이용하려는 성숙된 모습을 보여야 할 것"이라고 지적했다.

문화 거리에 있어야 할 문화가 없고 쓰레기와 상업성만 있는 한국의 대표 문화 거리들. 관할 구청과 지역 상인들의 세심한 배려와 성숙한 시민 의식이 더해져서 깨끗한 문화 거리가 되도록 해야 할 것이다.

〈중앙일보〉, 2006. 5. 11.

• 인터뷰에 답한 두 명의 시민이 공통으로 언급한 것은 무엇인가요? 두 시민이 공통으로 언급한 내용을 바탕으로, 2006년 시청 거리의 모습이 지저분했던 이유를 쓰세요.

우리는 저런 표현('외국인이 보기에', '외국인이 어떻게 생각하겠는가?')을 종종 듣습니다. 외국인들의 눈에 어떻게 비칠지 염려하고 걱정하는 목소리들. 우리 사회에 큰 일이 벌어지면, 언론들이 다투어 날리는 멘트가 있습니다. 'ㅇㅇ 외신 긴급 타전.' 얼마 전 황우석 교수 때문에 온 나라가 떠들썩할 때도 그랬습니다.

전 세계 주요 외신들은 검찰이 황우석 전 서울대 교수에 대해 연구비 편취와 생명 윤리법 위반 혐의를 적용해 기소했다고 발표하자 이를 긴급 타전했습니다. CNN은 황우석 교수가 사기와 횡령, 생명 윤리법 위반으로 검찰에 불구속 기소됐으며 지난 1월 논문 조작 사실이 드러나 검찰 수사를 받아왔다고 보도했습니다. AP 통신과 AFP 통신도 검찰의 기소 내용 중 황 박사에 대한 부분을 간략히 보도했고 로이터 통신은 황 박사와 핵심 연구진들이 연구비 유용과 실험 결과에 대한 고의 조작 혐의로 기소됐다고 보도했습니다. 특히 로이터 통신은 황 박사의 연구 내용이 알츠하이머병 같은 난치병 환자들에게 희망을 안겨줬었다는 점을 덧붙였습니다.

— 황우석 교수 사건에 대한 YTN의 보도 내용, 2006. 05. 12.

우리 나라 선수가 올림픽에서 금메달을 따거나 세계 대회에서 우수한 성적을 거둘 때마다 모든 방송사들은 공통적인 내용을 내보냅니다. 첫 번째로 경기 장면을 보여줍니다. 두 번째로 선수 인터뷰 장면이 나옵니다. 선수 인터뷰에 선수 가족 인터뷰 장면이 더해지기도 합니다. 세 번째로 승부의 갈림처를 분석해줍니다. 마지막으로, 사람들의 반응을 다룹니다. 사람들의 반응에는 대개 두 가지가 꼭 포함됩니다. 하나가 시민들의 반응이고, 다른 하나가 외신의 반응입니다. 여기에서도 꼭 빠지지 않고 포함되는 게 외신의 보도 내용이죠. 우리 선수의 활약상을 외신이 어떻게 보도하는지가 주요한 관심사인 것입니다.

2002년 월드컵 때를 떠올려봅시다. 우리가 그토록 깨끗한 거리를 유지할 수 있었던 것도, 시청 앞에 도열해 있던 외국 기자들의 무수한 카메라를 의식했기 때문이었는지도 모릅니다. 이는 2006년 월드컵과 비교해보면 쉽게 납득할 수 있습니다. 거리의 청결조차 '외국인의 시선'을 의식해 유지하는 사회가 바로 한국 사회입니다. 예전에 장학관의 눈에 잘 보이기 위해 열심히 유리창을 닦았던 것처럼(물론, 우리가 장학관에게 잘 보이려고 그랬던 것은 아닙니다. 장학관에게 잘 보이고 싶었던 교장 선생님이나 담임 선생님의 지시로 했던 거지요.) 아직도 우리는 장학관의 눈을 의식하며 사는 건 아닌지 모르겠습니다. 하얀 얼굴을 한 장학관의 시선을요. 그러나 거리를 깨끗하게 하는 것은 남에게 잘 보이기 위해서가 아닙니다. 그것은 우리의 더 나은 삶을 위해 필요한 것이지, 그 이외의 다른 이유는 없습니다. 다른 무엇보다 지금-여기의 삶의 질을 높이기 위해서 하는 것뿐입니다. 타인의 눈을 의식해서 하는 청소나 청결은 그 눈이 사라진 자리에서는 무질서와 더러움만을 남길 뿐입니다. 2006년의 시청 앞 거리처럼 말이죠. 이런 상황은 매 잘 드는 선생님 앞에서 쥐 죽은 듯 조용히 공부하는 척하다가도 그 매가 사라지면 아수라장이 되어버리는 교실을 떠올리면 쉽게 이해될 것입니다. 강제된 질서는 온전한 질서라고 할 수 없습니다.

남이 나를 어떻게 바라보는가는 중요합니다. 하지만 더 중요한 게 있습니다. 내가 나를 어떻게 바라보는가입니다.

어떤 작가의 죽음

다음 글은 2000년 9월 14일 소설가 황순원 서거 때 기고한 것이다. ……'소나기'의 작가 황순원이 지난 9월 14일 타계했다. 문학사에서 그의 위치로 보아 그 소식을 전하지 않은 신문은 없었을 것이다. 하지만 주요 일간지가 거의 똑같이 신문 1면 하단 또는 한 귀퉁이에 사진과 함께 1단 또는 2단 정도의 짧은 기사로 그 소식을 알렸다. 그러고는 문화면의 일부 또는 한 페이지를 할애했다. 이제까지 관례로 보아 작가의 사망 소식으로는 그만하면 큰 지면을 할애했다고 할지 모른다. 그 소식을 1면에 실은 것만으로도 특별하다고 할는지도 모른다.

내가 로마에 있던 1990년에 이탈리아 소설가 알베르토 모라비아Alberto Moravia가 황순원과 비슷한 나이인 83살을 일기로 타계했다. 그곳 주요 일간지들은——당시 매우 급한 정치·경제 이슈들과 흥미로운 스포츠·연예 뉴스들이 많았음에도 불구하고——그 소식을 1면 톱뉴스로 실었다. 어떤 신문들은 1면에 5단 이상의 기사로 싣기도 했다.

김용석, 『일상의 발견』(푸른숲), 244~245쪽

비디오 아티스트 고故 백남준 씨 추모 방송 잇달아

― 치열한 삶과 예술 혼 재조명

'피카소에 버금가는 천재 작가'라는 칭송을 받아온 아티스트 백남준 씨가 지난달 29일 미국 플로리다주 마이애미의 아파트에서 74세의 일기로 타계했다. 그는 텔레비전과 비디오를 예술의 소재로 사용해 '비디오 아트'라는 새로운 장르를 창조해 칭송을 받았지만, '장난스런 어린이 같은 쇼맨'이라는 비난을 동시에 받기도 했다. ……

KBS 1TV '문화 지대'는 고故 백남준 특집으로 '백남준, 예술로 미래를 말하다'편을 2일 오후 10시에 방영한다. 비디오 예술의 대부 백남준이 남긴 것은 무엇인가. KBS 1TV는 미국, 일본, 독일 현지 특파원을 통해 백남준 씨의 타계 이후 세계 문화·예술계의 추모 움직임을 취재했다.

그가 운명을 달리하자 국내는 물론 전 세계 문화·예술계에는 현대 예술의 큰 별이 떨어졌다며 애도의 물결이 잇따르고 있다. 특히 그는 지난 96년 뇌졸중으로 쓰러진 이후 반신불수의 상태에도 불구하고 끊임없는 창작 활동으로 타계 직전까지 마지막 작품을 준비하고 있었던 것으로 알려져 안타까움을 더하고 있다. ……

또 역사 전문 히스토리채널은 특집 다큐멘터리 '백남준 2000'을 3일 오후 8시와 4일 오후 7시에 방영할 계획이다. 이에 앞서 EBS는 긴급 백남준 특집 프로그램을 지난 1일 방영한데 이어, 2일 오전 6시10분에 한 차례 재방영한다. EBS는 긴급 편성을 통해 백남준 생전의 단독 인터뷰와 생전 작품을 생생하게 재조명했다는 평가를 받았다.

〈파이낸셜뉴스〉, 2006. 2. 1.

- 황순원과 백남준 중에서 우리에게 더 친숙한 예술가는 누구인가요?
- 황순원과 백남준을 대하는 언론의 반응은 어떻게 다른가요? 이와 같

은 대조적인 반응이 발생한 이유를 '문화의 주체성'과 관련하여 설명해 보세요.

명성이 감동보다 앞선다? — 거꾸로 선 나라의 희한한 추모

　백남준의 죽음은 황순원의 죽음과 대조적입니다. 2006년 1월, 세계적인 비디오 아티스트 백남준의 죽음은 엄청난 사회적 반향과 관심을 불러일으켰습니다. 백남준이 황순원보다 세계적으로 더 유명한 것은 부인할 수 없는 사실입니다. 하지만 세계적인 명성을 떠나 한국인에게 더 많은 영향을 미친 사람은 누구일까요? 국립 현대 미술관에 설치된 백남준의 거대한 예술 작품 〈다다익선〉일까요? 물론, 그 작품 역시 현대 한국인들에게 새로운 충격과 영감을 가져다주었을 것입니다. 그럼에도 불구하고 황순원의 문학만큼 한국인에게 영향을 미치지는 못했으리라 짐작됩니다. 황순원의 「소나기」는 1960년부터 지금까지 40년 이상 동안 중학교 국어 교과서에 실린 작품입니다. 오랫동안 이 작품은 한국인의 정서를 매만지고 감정을 보듬었습니다. 한국인은 분명 백남준의 작품보다 황순원의 작품에 더 친숙함을 느끼고, 게다가 백남준의 작품보다 황순원의 작품에 더 많은 감동을 받아 왔습니다. 그렇지만 언론은 백남준만큼 비중 있게 황순원을 다루지 않았습니다. 디지털 시대, 종이 문화의 비극인가요? 세계적인 명성과 앞으로 미칠 정신사적 영향을 떠나서, 지금까지 우리 삶에 미친 실제적 영향을 두고 평가했을 때 황순원에 대한 홀대는 어딘가 석연찮아 보입니다.

우리가 우리 문화와 문학을 소중하게 여기지 않는다면, 누가 그것을 소중하게 여길까요? 아니, 황순원의 작품이 꼭 우리 문학이라서 하는 얘기만은 아닙니다. 우리 삶에 깊이 침윤되어 있는 정서의 뿌리를 우리 손으로 뽑아내는 것 같아서 하는 얘기입니다. 우리에게 깊은 울림과 감동을 준 작품이 우리에게 더없이 소중하고 가치 있는 것 아닌가요? 그런데도 이상하게 황순원은 잊혀지고 백남준만 기억될 뿐입니다. 자신의 체험보다 타인의 평가와 시선을 앞세우기 때문입니다. 타인의 평가와 시선이 우리가 기억해야 할 예술가까지도 결정해줍니다. 타인의 시선을 지나치게 의식하는 것이 문제가 되는 것은 이 대목입니다. 우리에게 소중하고 의미 있는 체험까지도 타인의 눈길에 의해 규정되는 것은 아이러니입니다.

이런 씁쓸한 풍경은 한국 문화 곳곳에서 발견됩니다. 안동 하회 마을은 전통 가옥으로 유명합니다. 하회

마을의 초입에는 '엘리자베스 여왕 방문 기념관'이 있습니다. 이곳은 1999년에 하회 마을을 방문했던 엘리자베스 여왕을 기념하는 전시관입니다. 엘리자베스 여왕이 세계적으로 유명한 사람이니 기념관은 만들 수 있다 해도, 문제는 이 기념관이 하회 마을의 초입을 떡하니 차지하고 있다는 점입니다. 정작 하회 마을의 풍습과 역사를 소개하는 변변한 전시관은 하나 없는 이곳에 외국 여왕의 방문 기념관이라니. 무언가 바뀌어도 한참 바뀐 것 같다는 느낌을 지울 수 없습니다. 비슷한 예로 경복궁 수문장 교대식을 들 수 있습니다.

경복궁 수문장 교대식은 화려하고 웅장합니다. 키가 170cm 이상 되는 건장한 체구의 남성들이 통일된 걸음으로 진군하는 모습은 감탄사를 자아내게 합니다. 그러나 그 모습을 보고 있노라면 이상하게도 영국 버킹검의 근위대가 떠오릅니다. 면면하게 이어져온 전통이 아니라 새롭게 복원된 전통이 오히려 외국의 전통을 모방하고 있다는 이 아이러니. 경복궁 수문장 교대식은 우리의, 우리를 위한 전통이라기보다는 그들의, 그들을 위한 전통처럼 여겨집니다. 버킹검의 근위대 교대식을 철저히 벤치마킹한듯한 느낌은 제 개인적인 것만은 아닌 듯합니다.

이탈리아인 레오나르도(37)는 "복장이 화려하고 행사가 근엄해 보인다"며 연신 카메라 셔터를 눌렀다. 미국인 애들먼(57)은 "영국 버킹엄궁의 왕실 근위대 교대식을 연상케 한다"며 관심을 표시했다.

〈중앙일보〉, 2006. 07. 05

　이 기이한 풍경이 우리의 자화상입니다. 자기 문화에 대한 자긍심을 스스로 찾지 못한 채 권위 있는 누군가에게 의탁해서 확보하려는 태도는 안쓰러울 따름입니다. 전통 문화를 우리의 눈으로, 우리의 감각으로 되살리지 못하고 철저히 외국인의 눈으로, 외국인의 입맛에 맞게끔 복원하는 태도는 어이없습니다. 하회 마을이 소중한 문화 유산이라면, 그것은 엘리자베스 여왕의 방문과 상관 없이 소중한 것이 아닐까요? 수문장 교대식이 소중한 문화 유산이라면, 그것은 외국인의 입맛에 맞추지 않아도 소중한 것이 아닐까요?

몇 년 전 신문에 이런 기사가 났다. 주한 미군에서 35년 간인가를 근무했던 미국 여성이 은퇴를 해서 본국으로 돌아간다는 기사였다. 그런데 그 기사에서 놀라웠던 것은 이 여성이 한국어를 거의 못한다는 것이었다. 그 사람 개인적인 경우에만 해당되는 건지 모르겠지만 참 너무한다 싶었다. 아니, 어떻게 외국에 그렇게 오래 있으면서 그 나라 말이나 문화를 배우려고 하지 않을 수 있을까? 그 나라의 문화가 궁금하지도 않을까?

최준식, 「콜라 독립을 넘어서 : 최준식 교수의 한국 속 미국 문화 비판」(사계절출판사), 58쪽

- 미국 여성은 왜 한국 말을 배우려고 하지 않았을까요? 아래 제시한 글을 참고하여 설명해보세요.

> 매사추세츠 공과대학의 저명한 언어학자 촘스키는 "언어를 배우는 것은 사람뿐이다. 왜냐하면 학습에 필요한 뇌의 구조를 사람만이 갖고 있기 때문"이라고 주장했다. ……언어는 확실히 사람의 생존에 중요한 역할을 한다. 우리는 언어를 통해 주변 환경과 관련해 중요한 정보를 서로 교환할 수 있다. 그리고 과거에 일어난 일이나 미래에 대한 예측까지도 가능하다. 언어는 아기 돌보기, 혼인 관계 맺기, 개인 대 개인 또는 개인 대 집단의 분쟁을 처리함으로써 충돌을 피하는 경우에도 유용하다. 이렇듯 어떤 동물에게나 언어를 가진다는 것은 적으로 둘러싸인 세상에서 살아남기 위한 강력한 수단을 손에 쥐었음을 의미한다.
>
> 스탠리 코렌, 『개와 대화하는 법』(보누스), 32~33쪽

국제화 시대, 우리에게 필요한 것은?

언어는 문화적인 관심에서 배울 수도 있지만 생존을 위해서 배우기도 합니다. 다른 나라에서 살아가려면 당연히 그 나라의 언어를 알아야 하는 게 정상입니다. 그런데 제시문에 등장하는 미국 여성은 35년 동안 한국에 살면서도 한국어를 배우지 않았다고 합니다. 그 이유는 논리적으로 두 가지입니다. 하나

는 한국 사람을 전혀 만나지 않고 생활했을 가능성. 35년 동안 한국에 살았지만 한국인과 접촉할 기회가 거의 없었고, 당연히 그 필요성을 전혀 느끼지 못했을 수도 있습니다. 다른 하나는 한국인과 접촉하기는 했지만, 한국어를 몰라도 전혀 불편함 없이 생활했을 가능성. 통역하는 사람이 항상 붙어다녔다든지, 혹은 그녀가 만났던 한국인들이 죄다 웬만큼 영어를 구사할 줄 알아서 아무 불편함이 없었을 수도 있습니다. 현실적으로 한국인을 거의 만나지 않고 35년을 살았다는 것은 어려우므로, 아마도 그녀는 두 번째 이유에서 한국어를 배우지 않았을 것입니다. 만나는 사람마다 한국어가 아닌 영어로 대꾸하는 곳, 그곳이 바로 한국입니다.

외국인이 다른 나라에서 살려면 당연히 그 나라 말을 조금은 할 줄 알아야 한다는 생각보다 외국인에게 영어로 대답하지 못하면 왠지 안 될 것 같다고 생각하는 우리. 한국은 영어가 지배하는 사회, 모든 국민이 영어 열풍에 휩쓸리는 사회입니다. 초등학교 때부터 대학까지, 아니 사회에 나와서까지 영어에 대한 압박이 지속됩니다. 이런 상황에서 사람들은 영어를 못하면 바보가 되는 줄로 압니다. 외국인이 길을 묻는다면, 한국 말로 대답해야 할까요, 영어로 대답해야 할까요? 물론, 묻는 외국인이 어느 말로 물었느냐에 따라서 답은 달라질 것입니다. 한국 말로 물었다면 당연히 한국 말로 답하면 되겠죠. 그럼 영어로 물었다면? 영어를 할 줄 안다면 영어로 답하면 되고, 영어를 할 줄 모른다면 한국 말로 답하면 됩니다. 한국 말로 답하는 것을 겸연쩍게 여길 필요가 없습니다. 이곳은 한국이기 때문입니다. 한국에서 한국어로 답하는 것은 당연하고 자연스러운 것입니다. 오히려 잘못이 있다면 최소한의 한국 말을 익히지도 않은 채 여행을 온 관광객에 있는 건 아닐까요? 지극히 상식적인 생각인데도 이 생각이 우리에게 낯선 이유는 왜일까요?

영어에 대한 강조는 영어 조기 교육으로 이어집니다. 언어는 어렸을 때 가르쳐야 습득이 빠르고 평생 기억한다는 맹신을 따라서. 심지어 네이티브 스피커의 발음에 더 가까워져야 한다는 부모의 욕심에 아이의 혀 일부가 잘려나가기도 합니다. 그 결과는 어떨까요? 영어 유치원에서 학습한 아이들의 창의력이 일반 유치원에서 학습한 아이들의 창의력보다 떨어진다는 연구 결과가 나온 적이 있습니다. 동덕여대 연구팀이 영어 유치원과 일반 유치원에 다니는 아이들의 창의력을 비교·측정해 본 결과, 이와 같은 결과가 나왔습니다. 언어 창의력에서 일반 유치원 아이들은 평균 92점을 받았지만, 영어 유치원 아이들은 68점에 그쳤습니다. 이는 언어의 혼란이 창의력 개발에 방해가 될 수 있음을 시사하는 대목입니다.

영어 열풍은 정상적인 수준을 넘어섰습니다. 영어 열풍의 밑자리에는 원어민의 영어 구사 능력에 근접하고자 하는 욕망이 자리합니다. 그런데 뭔가 이상하지 않나요? 생각해보세요. 미국인이 우리 말로 길을 묻습니다. 비록 발음은 서툴고 억양은 어색하지만 또박또박 알아들을 수 있게 우리 말을 건넵니다. 그 상황에서

'이 자식, 발음이 왜 이래?' 하고 생각할 사람이 몇이나 될까요? 대부분은 '와, 우리 말 잘한다.' 이렇게 생각할 것입니다. 한국어를 모국어로 하지 않는 외국 사람이 우리 말을 알아들을 수 있게 구사한다면 그의 한국어 구사 능력은 뛰어나다고 할 수 있을 것입니다. 이를 영어에 적용해봐도 마찬가지입니다. 원어민의 발음대로 영어를 할 수 있으면 더없이 좋겠지만, 그 정도가 아니더라도 미국인과 의사 소통하는 데 아무 문제가 없다면 영어 실력이 좋은 편이라 말할 수 있습니다. 미국인도 아니고, 미국에 살 것도 아닌 사람들의 영어가 굳이 원어민의 발음에 가까워질 이유는 없습니다.

영어에 대한 강조는 때로 극단적인 주장으로까지 치닫습니다. 심지어 영어를 공용어로 삼자는 과격한 주장이 그것이죠. 세계화 시대, 영어가 국가 경쟁력을 높인다는 게 영어 공용화를 주장하는 주된 이유입니다. 최근 대학들이 대학 경쟁력을 높이기 위해 영어 강의를 확대하고 있는 것도 이와 무관하지 않습니다. 그러나 영어 사용으로 국가 경쟁력이 올라갈지는 의문입니다. 영어를 공용어로 하는 나라들 중에서 상당수(필리핀, 말레이시아, 케냐, 나이지리아 등)는 여전히 가난에서 벗어나지 못하고 있습니다. 강의를 영어로 한다고 강의의 질이 저절로 올라가고 학생들의 실력이 향상되는 것이 아니랍니다. 영어 강의는 강의 방식의 문제일 뿐, 강의 질의 문제가 아니기 때문이죠. 국제 경쟁력을 위해 필요한 것은 영어 공용화가 아닙니다. 경제, 국방, 외교, 과학, 문화, 예술 등 다양한 분야에서 국가의 역량이 커져야 합니다. 다양한 분야에서 우수한 인력이 나오고 그들이 세계 무대에서 폭넓게 활동해야 합니다. 더불어, 외국인 관광객을 유치하기 위한 관광 상품을 개발하고 외국인 투자자를 끌어오기 위한 안정적인 투자 환경을 조성할 필요가 있습니다. 이러기 위해 풍부한 볼거리와 놀거리를 발굴하여 제공하고, 기업 경영의 투명성을 높여 투자 가치를 극대화해야 합니다. 그것이 영어를 공용어로 하는 것보다 몇 배는 더 국제 경쟁력을 높이는 방법일 것입니다. 세계화 시대, 영어의 중요성은 점차 커지고 있습니다. 그렇다고 모든 국민에게 영어를 강요할 필요까지는 없습니다. 영어를 배울 필요가 있는 사람(관광업이나 무역업에 종사하는 사람)만 충분히 교육받으면 되는 것입니다. 뿐만 아니라, 백보 양보해서 영어를 공용어로 삼으면 국가 경쟁력이 올라간다고 해도 영어 공용화는 인정할 수 없습니다. 영어 공용화가 세계 언어의 다양성을 해치고 우리의 고유한 문화적 정체성을 훼손할 수 있기 때문입니다. 세계화 시대, 우리에게 진정 필요한 것은 영어만이 아니라 다양한 외국어입니다. 세계 문화와 폭넓게 교류하려면 여러 외국어를 두루 잘할 필요가 있습니다. 영어만을 일방적으로 강요하는 것은 폭력입니다.

'집단적 죄 의식' 증후군 임지현 한양대 사학과 교수

버지니아 공대의 총기 참사 이후 대통령으로부터 일반 시민에 이르기까지 희생자들의 고통과 불행에 보내는 한국 사회의 추모 방식은 각별했다.

노무현 대통령의 이례적 장소에서의 화급한 조의 표명, 자성의 뜻으로 32일 간 금식하자는 주미 대사의 깜짝 제안, BBC 뉴스 인터넷판의 첫 댓글로 달려 있는 한 한국인의 "우리는 정말 미안하다"는 코멘트, 한국인이라는 이유만으로 미국 사회에서 불이익을 당하지나 않을까 하는 재미 교포 사회의 두려움 등은 대부분의 외신 기자들에게 참으로 이해하기 어려운 불가사의였을 것이다. 총기 참사와 비슷한 시기 32명의 희생자를 낸 이웃 중국의 끔찍한 쇳물 사고나 40만 명의 희생자와 250만 명의 난민이 발생한 수단 다르푸르의 제노사이드(대량 학살)에 대한 상대적 무관심과 비교하면 더 그렇다. 이 차이는 어디에서 비롯되는 것일까? '평화를 사랑하는 백의 민족'은 왜 이렇게 선택적으로만 재현되는 것일까? 대답은 간단하다. 버지니아 공대 총기 참사의 범인이 조승희라는 한국인이라는 데 있다. 내성적 외톨이의 분노와 이상異常 성격이

부른 개인적 범죄가 한국 사회의 문맥에서는 한국인의 범죄로 해석되고, 한국인이라면 이 사건의 희생자들에 대해 '집단적 죄 의식'을 느끼거나 혹은 스스로 죄 의식을 강요한 것이다……

지난 일주일 간 극에 달한 한국인들의 '집단적 죄 의식'은 사실상 모든 한국인은 희생자라는 집단적 희생자 의식의 신화가 무너진 데서 비롯된 정신적 공황의 산물이다. 희생자 의식은 해방 이후 남과 북에서 '나라 없는 백성의 설움을 겪지 않기 위해서는' 지도자를 중심으로 국가적 프로젝트에 적극적으로 참여해야 한다는 민족주의의 권력 논리를 정당화해왔다.

'한국인'이라면 국가의 부름에 응해 기꺼이 개인을 버리고 민족주의의 유니폼으로 갈아입은 채 자발적 동원 체제에 호응하곤 했던 '대중 독재'의 집단 심성이 얼마나 끈질긴가를 이번 소동은 잘 보여준다. 그런 점에서 한국 사회의 민주화는 아직도 갈 길이 멀었는지 모른다.

〈조선일보〉, 2007. 04. 23.

• 버지니아 총기 참사에 대한 한국인의 반응은 집단주의와 이것으로 인

해 가능했습니다. 이것은 무엇일까요?

글쓴이는 집단주의에 초점을 맞춰 문제를 바라보고 있습니다. 그러나 이 문제의 밑바닥에는 집단주의集團主義와 사대주의事大主義가 뒤엉켜 있습니다. 조승희 사건에 대한 자성의 뜻으로 32일 간 금식하자는 주미 대사의 제안은 집단주의적 사고와 사대주의적 심성의 결과물입니다. 대한민국 국적을 가진 누군가의 잘못을 곧바로 대한민국의 잘못으로 생각하는 것은 집단주의입니다. 집단주의는 집단의 가치를 집단 구성원의 가치로 치환하고, 집단 구성원의 잘못을 집단 전체의 연대 책임으로 전가합니다. 세계 최대 강국인 미국의 국민들을 무참히 죽인 것에 대해 사회 전체적으로 반성하는 것은 사대주의입니다. 반성하는 것이 잘못은 아닙니다. 다만 문제는, 반성은 잘못을 한 당사자가 하는 것이라는 데 있습니다. 같은 학교에 다니는 한 학생이 잘못을 저질렀다고 전교생이 모두 반성할 필요는 없지요. 물론, 그 잘못이 학교의 잘못된 관행이나 교육에서 발생한 것이라면 학교 측에서 반성할 수는 있겠죠. 그러나 한국 사회가 잘못한 것은 없습니다. 잘못이 있다면 미국 사회에 있겠죠. 조승희라는 이방인을 사회 구성원으로 온전히 품어 안지 못하고 총기를 자유롭게 소지할 수 있는 미국 사회의 책임입니다.

집단주의와 사대주의가 결합한 태도는 세계 무대를 누비는 스포츠 스타들을 대할 때도 드러납니다. 박지성이나 박찬호를 떠올려보세요. 박찬호의 좌절은 우리 모두의 좌절이고, 박지성의 영광은 우리 모두의 영광이지 않나요? 대한민국 국적을 가진 누군가의 잘못을 대한민국의 잘못으로, 대한민국 국적을 가진 누군가의 영광을 대한민국의 영광으로 생각하는 이런 태도에는 집단주의적 사고가 자리 잡고 있습니다. 뿐더러, 미국이나 유럽 같은 강대국 무대에서 활약하는 사람이라야 관심을 끕니다. 제3세계에서 활약하는 운동 선수나 개도국에서 태권도를 지도하는 지도자는 사람들의 관심 밖입니다. 강대국 무대에서 활약하는 사람의 영광만이 대한민국의 영광이라 생각하기 때문이죠. 사대주의적 태도라고 볼 수밖에 없습니다.

병산 서원

생각 해 볼 문 제

• 한국 문학의 노벨 문학상 도전이 계속되고 있습니다. 좋은 번역가가 외국어로 잘 번역하는 것이 노벨 문학상을 타는 방법으로 자주 거론됩니다. 다른 한편에서는 외국인들에게 우리 글을 널리 알려 온전한 형태의 우리 글로 된 작품을 감상하도록 하는 방법이 제시되기도 합니다.(고종석, 『자유의 무늬』, 개마고원 참조) 두 가지 방법의 차이를 문화 주체성과 관련하여 설명해보세요.

• 경북 안동에 가면 병산 서원이 있습니다. 유홍준은 『나의 문화 유산

답사기 3』(창작과비평)에서 "병산 서원은 그런 인문적 역사적 의의 말고 미술사적으로 말한다 해도 우리나라에서 가장 아름다운 서원 건축으로 한국 건축사의 백미이다."라고 했습니다. 병산 서원은 다른 문화재나 유적지와 다르게 만대루라는 누각에 올라 주변 경치를 볼 수 있게 개방하고 있습니다. 다른 유적지는 보통 "올라서지 마시오"라는 팻말이 관람객을 가로막습니다. 이와 대조적으로, 병산 서원은 "신발을 벗고 올라서시오"라는 팻말이 반갑게 관람객을 맞이합니다. 조상들의 온기가 서린 누각을 직접 발로 디디고 손으로 쓰다듬는 것은 더 없는 기쁨입니다. 전통 문화를 보다 가까이서 느끼고 체험할 수 있는 좋은 방법을 구체적으로 생각해보세요.

읽어 볼 책

이어령, 『디지로그』, 생각의 나무13~48쪽
〈1. 정보를 먹어라〉, 〈2. "웬 떡이냐!"의 정보 모델〉을 읽어보세요. 한국인의 전통적인 식食 문화가 현대적인 디지털 정보 문화와 어떻게 어울릴 수 있는지 보여줍니다.

탁석산, 『한국의 주체성』, 책세상

여성을 바라보는 사회의 눈

유관순 누나일까요, 유관순 언니일까요?

말은 생각의 집 — 말은 생각을 반영하는 동시에 규정한다

우리에게 유관순 열사는 '유관순 누나'로 기억됩니다. 예전에는 3·1절 즈음에는 항상 '유관순 노래'를 불렀습니다. 가사는 이렇죠. "삼월 하늘 가만히 우러러 보며 유관순 누나를 생각합니다." 요즘에는 '유관순 열사'로 많이 쓰이지만, 습관적으로 '유관순 누나'로 쓰는 경우가 종종 있습니다. 가령, 다음과 같은 기사를 봅시다.

유관순 열사 새 영정 그린 윤여환 교수 "의기義氣 담아냈죠"

"손 끝부터 배경까지 철저한 고증을 통해 청순하고 의기에 찬 '국민의 누나' 유관순 열사의 모습을 찾아내려 혼신을 다했습니다."

〈한국일보〉, 2007. 02. 07.

유관순은 누나가 될 수도 있고, 언니가 될 수도 있습니다. 부르는 사람의 성에 따라 달라지는 것이죠. '유관순 누나'로 호칭이 고정될 수는 없습니다. 누나는 남동생이 자기보다 나이가 많은 여자 형제를 지칭할 때 쓰는 표현입니다. 화자(말하는 사람)가 남성일 때만 성립하는 표현이죠. 그런데도 예전에 유관순은 '누나'로만 불렸습니다. '누나'와 '언니' 사이의 거리. 그 거리만큼 한국 사회는 '남성 중심적'인지도 모르겠습니다. '유관순 누나'라는 표현은 남성 화자를 전제하고 있습니다. 그것은 남성만이 말할 자격이 있다고 얘기하는 듯합니다. 그런 표현이 과거에 널리 쓰였던 것은(그리고 그 영향으로 지금 우리에게도 익숙한 것은), 남성적 관점에서 세계를 바라볼 것을 암암리에 강제하는 사회 분위기 때문일 것입니다.

이와 같은 관점에서 다시 생각해볼 표현이 여럿 있습니다. 가령, 교회에서 하나님을 부를 때 '하나님 아버지'라고 합니다. 하나님이 남성인가요? 하나님은 남성도 아니고 여성도 아닐 것입니다. 그렇지 않다면, 하나님은 남성이거나 여성 둘 다일지도 모릅니다. 하나님은 신이기 때문에 성性이 없고, 성이 있다면 양성이어야 할 것입니다. 그러나 남성 중심의 사회에서 하나님은 '하나님 아버지'로 불립니다. 신은 남성이 되고, 남성만의 신이 될 뿐입니다. 이런 예는 우리 말에서 헤아릴 수 없을 정도로 많습니다. 남녀男女, 부모父母, 자녀子女, 부부夫婦(남편과 아내), 소년 소녀, 신랑 신부, 장인 장모 등을 봅시다. 이 말들의 공통점은 무엇일까요? 남성이 여성보다 항상 앞에 놓인다는 점이죠. 여남 평등, 여남 구분, 여남 공학이라는 말을 한 번도 들어본 적이 없을 정도로 '남녀'는 우리에게 익숙합니다. 그게 뭐 그리 대수일까 싶겠지만 이 문제는 그렇게 간단하지 않습니다. 이와 같은 표현은 은연중에 남성이 여성보다 먼저라는 생각을 갖게 할 수 있습니다. 남성이 여성보다 앞서고, 남성이 여성보다 우위에 있다는 생각 말입니다. 자칫 '남자는 무조건 여자보다 낫다' 라는 잘못된 사고를 키울 위험이 있는 것이죠. 재미있는 것은 부정적인 표현에서는 으레 여자가 앞에 온다는 점입니다. 가령 연놈, 비복婢僕(계집종과 사내종), 에미 애비('에미 애비도 없는 놈') 등이 그렇습니다. 남녀를 낮추어 표현한 것이 연놈인 거죠. 인간이 아닌 동물을 대상으로 하는 표현인 암수도 여기에 포함될 수 있겠죠. 이와는 좀 다른 예이지만, 지칭하는 대상이 여성일 때 별도의 표시를 덧붙이는 경우들도 남녀 차별적입니다. 남성의 경우에는 교수, 장관, 작가라고 하지만, 여성을 지칭할 때는 특별(?)하게도 여교수, 여성 장관, 여류 작가라고 합니다. 남학생들이 다니는 중학교, 고등학교는 '중학교', '고등학교' 이지만 여학생들이 다니는 학교는 '여자 중학교', '여자 고등학교' 입니다. 우리나 라에 학교 명이 'ㅇㅇ 남자 중학교', 'ㅇㅇ 남자 고등학교' 인 곳은 한 군데도 없답니다. 그러나 여학생들이 다니는 학교는 하나같이 'XX 여자 중학교', 'XX 여자 고등학교' 라는 이름을 달고 있습니다. 이런 표현은 다음과 같은 인식을 전제합니다. '남성은 일반적인 존재이지만 여성은 그렇지 않다. 여성은 일반적인 것에서 도드라져 나온 존재이다.' 따라서 여성에게는 무언가 특별한 표시가 덧붙여질 필요가 있는 것입니다.(정해경, 『섹시즘? 남자들에 갇힌 여자』, 휴머니스트 참조) 영어에서도 man은 남성을 의미하기도 하고, 동시에 인간을 의미하기도 합니다. woman은 여성만을 의미할 뿐, 인간을 통칭하지는 못합니다. 남성을 지칭하는 단어만이 인간 전체를 지칭하고 있는 것이죠. 말은 생각을 반영하고, 동시에 생각을 결정합니다. 영화 속의 조폭들이 전라도 사투리를 쓰는 것이 전라도에 대한 편견에서 비롯하지만, 동시에 전라도에 대한 편견을 강화하기도 하는 것입니다. 우리가 쓰는 말에 따라 우리의 사고와 행동이 규정될 수 있습니다. 말을 가려 쓰고, 말의 불균형을 고쳐야 하는 이유입니다.

생각 키 우 기

명동 엘프녀 등 XX녀 시리즈 인권 침해 부작용 심각

31일 '명동 엘프녀' 동영상이 인기를 끌면서 OO녀 현상이 또다시 화제다. 개똥녀, 된장녀를 필두로 인터넷상의 유행을 선도해온 'OO녀 현상'에 대해 전문가들은 "해당 여성에 대한 인신 공격이나 개인 정보, 사진 노출 등 인권 침해 부작용이 심각하다"며 입을 모은다. 특정 사건과 사물의 특징을 파악해 의미를 빨리 전하려는 인터넷 속성 때문에 생긴 현상이라는 것이 그 원인으로 꼽는다.

'명동 엘프녀'라는 이름의 1분 47초 분량의 이 동영상은 온라인 게임 '리니지'에 나오는 엘프 복장을 한 여성이 명동 거리를 걷고 있는 내용이다. 긴 머리를 은발로 물들이고 흰색 엘프 복장을 한 채 명동 거리를 배회한다. 엘프 특유의 뾰족한 귀까지 모방했다.

······

얼마 전 '군삼녀'(군 복무 기간 18개월 가지고 뭘 배우겠냐며 군 복무를 3년 이상 해야 한다고 주장한 여성)에 이어 한 달이 채 지나지 않은 시점에 불거진 '명동 엘프녀'. 전문가들과 네티즌들은 한 목소리로 "또다시 마녀 사냥은 곤란하다"는 입장이다.

〈중앙일보〉, 2007. 04. 01.

• 기사에서 언급하고 있는 '개똥녀', '된장녀' 등의 공통점은 무엇인가요? '완소남', '훈남'과 비교하여 설명해보세요.

된장녀 vs 완소남

'**된**장녀'(외국 고급 명품이나 문화를 좇아 허영심이 가득 찬 삶으로 일관하여 한국 여성의 정체성을 잃은 여자)와 '완소남'(완전 소중한 남자)을 비교해봅시다. 둘 다 인터넷에서 생겨나서 사람들 사이에서 많이 쓰이는 표현입니다. 그런데 재미있게도 하나는 특정 부류의 여성을 비하하는 표현으로, 다른 하나는 특정 부류의 남성을 긍정하는 표현으로 쓰입니다. 재미있는 것은 된장녀와 대비되는 남성 지칭 명사가 없고, 완소남에 대비되는 여성 지칭 명사가 없다는 점입니다.(더 정확히는, 있긴 하지만 거의 사용하지 않죠.) 물론 '고추장남'(멋 부릴 줄 모르며 사소한 것을 아까워하는 남자)이라는 표현이 있긴 하지만, 된장녀만큼 사용되지 않습니다. 뿐더러, 고추장남은 된장녀와 전혀 다른 의미로 사용합니다. 버스비를 아끼려고 걸어 다니고, 학교 식당이 비싸서 편의점에서 끼니를 때우는 '억척남'으로 말이죠. 어떻게 보면 궁색하고 쫀쫀하지만, 달리 보면 검소하고 모범적입니다. 완소남 역시 '완소녀' 라는 대조어를 가지고 있지만, 고추장남처럼 잘 사용하지 않는 표현입니다. 게다가 고추장남이나 완소녀의 경우에 된장녀나 완소남이 많이 쓰이고 나서 생겨난 말들입니다. '개똥녀' 나 '훈남' (못생겼지만 정이 가는 남자를 일컫는 말. '보고 있으면 훈훈해진다' 라는 뜻으로 '훈남' 이라는 말이 생겨났다.)도 마찬가지입니다. 개똥녀는 특정 여성을 비하하는 표현으로, 훈남은 특정 부류의 남성을 긍정하는 표현으로 쓰입니다. 이처럼 인터넷상에 등장하는 무수한 ○○녀들은 대부분 부정적인 의미를 띠고 있습니다. 근래에 '끌녀' (끌리는 여자) 정도가 예외라고 할 수 있겠죠.

이와 같은 인터넷 용어의 차이는 단지 인터넷만의 문제일까요? 그렇지 않습니다. 그것은 인터넷 바깥의 사회에 존재하는 남녀 차별적 문화가 만들어낸 결과일 뿐입니다. 인터넷이라는 디지털 공간은 사회라는 아날로그 공간과 동떨어진 곳이 아닙니다. 인터넷에는 오로지 디지털적인 현상도 있지만, 아날로그적인 현상이 디지털화된 현상이 더 많습니다.

피임은 전적으로 남성의 몫이다

많은 사람들이 피임을 언급하는 것은 '성의 방종'을 조장하는 것이고, 낙태는 '생명 경시'라고 하는 그릇된 편견에 사로잡혀 있다. 미리 말하지만 나는 낙태에 반대한다. 그것은 낙태가 얼마나 여성에게 위험한 시술인가를 알고 있기 때문이다. 그리고 양성의 결정에 의한 행위의 결과에 대하여 일방적으로 여성이 책임을 져야 하는 것은 부당하기 때문이다. 그렇다면 더욱더 피임과 낙태, 좀 더 구체적으로는 낙태의 위험성과 그것을 방지하기 위한 피임의 방법에 대한 교육이 이루어져야 한다. 인간의 성 관계는 스스로의 결정에 의해 이루어지거나 이루어지지 않거나 해야 한다. 그것이 바로 '성적 자기 결정권'이다. 성 교육이 바로 그 결정을 도와주는 정보라면, 피임과 낙태야말로 성에 대해 우리가 알아야 할 알파요 오메가이다.

나는 늘 이렇게 주장한다. "피임은 절대로 남자가 하는 것이라는 의식이 체화되어 있지 않은 남자는 상종할 가치도 없는 인간이다"라고. (그랬더니 누군가는 그러면 남는 남자가 별로 없다고 투덜거렸다.) 그 이유는 여러 말 할 필요도 없이 여성은 생리적으로 '임신과 출산이 잘 되도록 거기에 적합한' 신체를 가지고 있기 때문이다. 따라서 여성의 피임은 신체적으로 엄청난 무리를 요구한다. 먹는 피임약은 호르몬제로서 많은 부작용이 있음은 주지의 사실이다. 자궁 내 장치 역시도 몸 안에 이물질을 넣는다는 것부터가 무리이거니와, 임상적으로도 갱년기 요통이나 심할 경우에 불임의 원인이 되기도 한다는 사례들이 있다. ……

일부 남성들은 뻔뻔스럽게도, 성 관계의 책임이 전적으로 여성에게 있다는 해괴한 궤변까지 서슴지 않는다. 강간이 아닌 이상, 어차피 여성이 선택해야 성 관계가 가능하지 않느냐는 기발한 논리이다. 도대체 남성은 제안하고 여성은 수용하거나 거절한다는 그 우습지도 않은 도식을 나는 승인할 수 없다. 아니 백 걸음을 물러서서 그것이 현실이라

할지라도, 수용 또는 거절의 선택은 책임을 수반하고, 제안에는 책임이 없다는 건 거의 억지다. 그것은 그 제안이 남성에게 선택적이지 않다는 매우 부당한 전제를 가지고 있기 때문이다. 밥은 둘이 같이 먹고 설거지는 너 혼자 해라? 아니 게다가 한 술 더 떠 아예 밥 먹은 책임도 너 혼자 다 져라? 난 늘 배가 고프고, 먹을지 안 먹을지는 너 혼자 결정했으니까? 제 정신이라면 대답하라! 여성에게 임신을 원하지 않는다면 어떠한 신체적 위험도 감수하라는 요구가 얼마나 뻔뻔스러운가에 대하여. 아니, 왜 남성은 성행위에 임하면서 임신에 대하여 무관심해도 되는가부터.

변정수, 「나는 남자의 몸에 갇힌 레즈비언」(삼인), 160~162쪽

• 이 글에서 한국 남성의 이중성을 확인할 수 있을 것입니다. 앞에서 잠깐 언급했던 '개똥녀 사건'을 남성과 여성을 바라보는 이중적 잣대와 관련지어 비판해보세요. 개똥녀가 누구인지 잘 모르는 경우에 아래 글을 참고하세요.

개똥녀 사건

몇 년 인터넷을 뜨겁게 달궜던 사건. 사건의 전말은 이렇다. 한 젊은 여성이 자신의 애완견을 데리고 지하철을 탄다. 그런데 애완견이 눈치도 없이 지하철 바닥에 응가를 해버린다. 이 여성, 더럽혀진 지하철 바닥을 아랑곳하지 않고 그냥 앉아 있다. 이에 배설물을 치우라는 주변 승객들의 항의. 주변의 항의에 오히려 짜증을 내며 황급히 열차 밖

으로 도망나온 그녀. 이를 놓칠세라 그 장면을 찍어 인터넷에 올린 한 시민. 그에 뒤질세라 그 사진을 열심히 이곳저곳으로 퍼 나른 장한(?) 네티즌들. 한둘이 아님. 빗발치는 비난과 욕설들. 그리고 후세에 길이 남을 그 이름 '개똥녀'가 만들어진다.

개똥 같은 우리

그녀는 자신의 배설물을 지하철에 버린 것도 아니고 자신의 애완견의 배설물을 방치했을 뿐입니다. 물론 그녀의 잘못이 전혀 없다고 말할 수는 없겠죠. 그녀는 분명 공중 도덕을 어겼습니다. 자기 애완견의 배설물을 치워야 하는 것은 당연히 주인의 책임이기 때문입니다. 하지만 애완견의 배설물을 치우지 않았다고 해서 '죽일 년', '나쁜 년'이라고 비난받는 일은 아무리 생각해도 지나친 것 같습니다. 기껏해야 그녀의 잘못은 경범죄에 불과하니까 말입니다. 경범죄 처벌법 1조 17항은 "길이나 공원 그 밖의 여러 사람이 모이거나 다니는 곳에서 개 등 짐승을 끌고와 대변을 보게 하고 이를 수거하지 아니한 사람은 10만원 이하의 벌금, 구류 또는 과료로 벌한다"라고 규정하고 있습니다. 그녀의 행위는 기껏해야 벌금 10만원 이하의 경범죄라는 것이죠.

우리 안에 잠재된 '나쁜 여자 이데올로기'가 그 문제의 불씨를 키웠고, 우리 사회에 만연한 집단주의적 폭력이 그 불씨에 기름을 끼얹었습니다. 누구나 막차의

밤 늦은 지하철 안 풍경

풍경을 떠올리면 객차(혹은 객차 연결통로) 안에다 자기의 배설물(토사물, 심지어 오줌)을 마구 배출하던 취객들을 어렵지 않게 기억해낼 수 있습니다. 그들은 대체로 남성입니다. 취했으니 이해하자고요? 이 편리한 논리가 왜 개똥녀 사건에는 적용되지 않는 걸까요? 자기의 배설물도 아니고, 단지 애완견의 배설물을 치우지 않았을 뿐인데도 말입니다. 그깟 똥, 사람 똥도 아니고 그저 개똥이니 이해할 수 있는 것 아닌가요? 그러나 취객의 경우는 다르죠. 술에 취했다고 해서 그 사람의 행위가 용서될 수는 없습니다. 술을 마신 것은 바로 그 사람이기 때문입니다. 실수를 할 것 같으면 애초에 술을 마시지 말았거나, 토할 것 같으면 미리 비닐봉지라도 준비했어야 합니다. 공중 도덕을 어지럽혀 타인에게 피해를 준다는 측면에서 개똥을 치우지 않은 그녀나 자기들의 배설물을 치우지 않은 그들은 하나도 다르지 않습니다. 그렇지만 애완견의 배설물이 아니라 자기의 배설물을 방치했다는 점에서 그녀보다 막차의 취객들의 잘못이 더 크다고 볼 수도 있을 것입니다. 더 비난받을만한 일을 한 남성들은 비난받지 않고, 덜 비난받을만한 일을 한 여성은 엄청나게 비난받는 아이러니. 이것이 바로 한국 사회가 감추고 있는 나쁜 여자 이데올로기의 실체입니다. 얼굴은 못생겼지만 유독 공부는 잘하는 여학생을 '독한 년' 으로 부르는 심리가 바로 그것입니다. 여성을 남성에 비해 표독스럽고 못되게 묘사하고, 똑같은 상황에 처해 있는 남자와 여자를 달리 대우하는 태도죠. 같은 잘못을 저질러도 남성에게는 관대하고 여성에게는 엄격한 이중적 태도가 문제입니다.

다음으로, 누군가의 잘못에 대해서 집단적으로 응징을 가하는 태도도 지적되어야 합니다. 집단적 몰매가 널리 용인되는 사회적 분위기도 중요한 원인입니다. 이와 같은 일을 흔히 중세의 마녀 사냥에 빗대어 '인터넷 마녀 사냥'* 이라고도 합니다. 가령, 마을 사내들을 호리는 요부를 마을 여편네들이 우르르 몰려가서 요절을 내놓는 우리의 아름다운(?) 전통 말입니다. 개똥녀를 대하는 우리의 태도는 '멍석말이의 디지털 버전' 이 아니었을까요? 우리 사회는 어떤 문제에 대해 다양한 목소리가 인정되기보다는 한 목소리로 핏대 세워 비난해야 직성이 풀리는 사회입니다. 집단 따돌림처럼 집단에 의한 폭력이 일상화된 사회이기에 이런 문제가 발생하는 것인지도 모르겠습니다.

---

* 마녀 사냥 : 14세기에서 17세기에 유럽의 여러 나라와 교회가 이단자를 마녀로 판결하여 화형에 처하던 일. 18세기 무렵부터 계몽 사상의 영향으로 없어졌다.

나쁜 여자 이데올로기

지금은 방송 활동을 중단한 황수정. 그녀는 청순한 이미지를 배반하고 '최음제'를 복용했습니다. 그로 인해 2001년 이래로 방송 활동을 재개하지 못하고 있습니다. 많은 이들이 분노와 배신감을 느꼈고 비난 여론이 들끓었습니다. 분노와 배신감을 느끼는 것은 개인의 자유입니다. 그러나 그런 감정을 마음속으로 느끼는 것과 입 밖으로 표현하는 것은 전혀 다른 차원의 행위입니다. 황수정의 이미지는 미디어가 만들어낸 가상의 이미지입니다. 실제의 황수정이 그런 이미지와 다른 사람인 것이 황수정의 잘못인가요? 〈조폭 마누라〉의 신은경이 실제 조폭답지 않다고 해서 신은경을 탓할 수는 없겠죠.

만약 같은 사건이 남성 연기자에게서 발생했다면 사람들의 반응은 어땠을까요? 아무리 생각해봐도 비슷한 반응을 보이지는 않았을 것 같습니다. 바른 생활 이미지로 널리 알려진 안성기가 최음제를 복용했다면 그를 똑같이 매도했을까요? 어느 정도의 충격은 예상되나 들끓는 분노는 없을 것입니다. 무엇 때문에 이렇게 다른 결과가 나오는 걸까요? 최음제에 대한 분노의 밑바탕에는 여성은 성적으로 순결하고 수동적이어야 한다는 의식이 깔려 있습니다. 여성의 순결에 집착하는 남성들의 눈에 황수정은 더럽혀진 존재에 불과했습니다. 더럽혀진 존재에 대한 모멸감과 불쾌감을 사람들은 집단적으로 드러냈던 것입니다.

오현경과 백지영 사건 등도 같은 맥락에 속합니다. 그들은 비난받을 죄를 짓지 않았습니다. 그들은 어떤 법적 처벌도 받지 않았습니다. 죄가 없으니 당연한 것이 겠죠. 문제는 다수의 도덕적 기준에 그들의 행위가 불건전해 보였다는 것뿐입니다. 그들이 공인이라는 점에서 많은 사람들, 특히 청소년들에게 미치는 영향이 크기 때문에 그들에게 일정한 도의적 책임이 있다는 주장은 허술합니다. 왜냐하면 그들에게는 성적 자기 결정권이 있기 때문입니다. 자신의 성 행위를 비디오로 찍는 것은 그들의 자유입니다. 공인이라고 해서 사생활을 갖지 말라고 요구할 수는 없는 노릇입니다. 성 행위를 비디오로 찍는 것은 당연히 사생활의 영역에 속하는 행위입니다. 만약 그들이 문제의 비디오를 스스로 인터넷에 유포했다면 그들에게 책임을 물을 수 있겠죠. 그러나 문제는 그녀들이 아니라 그 비디오를 개인적 복수 혹은 경제적 이유 때문에 공개해버린 철 없는 남자들입니다. 피해자는 그들이고 가해자는 남자들입니다. 그녀들의 의사에 반해 비디오를 공개한 것은 분명한 인권 침해이고 성 폭력입니다. 이런 문제들에서 우리는 피해자에게 책임을 떠넘기면서 인권 침해의 본질을 은폐해서는 안 됩니다. 피해자에게 책임을 전가하는 태도는 피해자에게 사회적으로 가해지는 또 다른 정신적 폭력입니다.

이 사건들은 '개똥녀 사건' 처럼 인터넷이라는 파급력 있는 매체가 있었기 때문에 발생했던 사건이긴 하지만 그것은 인터넷만의 문제는 아니었습니다. 황수정, 오현경, 백지영 사건 모두 여성을 바라보는 한국 사회의 유별난(?) 관점 때문에 빚어진 문제였던 것입니다. 여성은 순결해야 하고 성적으로 수동적이어야 한다는 시선이 없었더라면 그 사건들은 그렇게 확대되지 않았을 것입니다. 이렇듯 여성의 성과 사생활은 남성의 성과 사생활보다 사회적으로 더욱 논란거리가 되기 쉽습니다. 뿐더러, 성과 사생활에서 잘못을 저질러도 더 심한 모욕을 겪는 쪽은 여성입니다.

개미 지옥

2004. 8. 3.

'당연히 하는 것'이라 생각하는 것이 실은 '인생의 함정'인 경우가 있다. 여성의 경우 '결혼'이 그렇다. 믿을 수 없이 많은 똑똑한 여성들이 개미 지옥에 빠진 개미들처럼, 그 함정에 빠져 파괴되어간다. 여자 후배들과 결혼에 대해 대화하게 되면 일부러, 조금은 과격하게 말하곤 한다. "결혼은 여성이 가부장제*에 자신을 봉헌하는 절차다.", "가장 좋은 남편이란 가부장제의 가장 좋은 관리인이기도 하다", "가장 기초적인 결혼 준비는 가사 노동 분담에 대한 상세한 규칙을 정하는 일이다" "어떤 그럴싸한 이유로도 일을 포기해선 안 된다" 등등.

김규항, 「나는 왜 불온한가」(돌베개), 266쪽

• 가부장제 : 남성(父)이 가정의 중심이 되어 가족 구성원에 대한 강력한 힘을 바탕으로 가족을 지배·통솔하는 가족 형태.

• 글쓴이가 밑줄 친 부분처럼 말한 이유는 무엇인가요? 한국 남성들의 이중성과 관련지어 설명해보세요.

한국 남성들의 이중성

성에 대하여. 자신들의 생활은 지극히 문란하면서 자기가 만나는 여성은 그렇지 않기를 바라는 남성들의 심리. 물론 그런 바람은 누구나 가질 수 있습니다. 문제는 자기는 상관없고 상대만 그래야 한다는 생각입니다. 심지어 어떤 남성들은 자신은 총각이 아니면서 자기와 결혼한 여자는 처녀여야 한다는 태도를 지니기도 합니다. 이는 여성과 성sex에 대한 한국 남성들의 이중성을 극명하게 보여줍니다.

순결이 중요하다고 믿는 남성이라면 여성의 순결만이 아니라 남성 자신의 순결도 중요하게 여겨야 합니다. 상대에게 남성 자신의 순결은 아무래도 상관없지만, 여성의 순결은 다른 무엇보다 중요하다고 생각하는 것은 모순입니다. 남성들의 이중성은 여기에 그치지 않습니다. 자유롭게 성을 향유하는 이들에 대해서도 남성들은 이중적 잣대를 들이대곤 합니다. 성에 자유로운 남성의 경우에는 능력 있다, 잘 나간다는 식으로 치켜세우지만 성에 자유로운 여성의 경우에는 '걸레'와 같은 부정적 이미지로 매도해버리기 십상입니다.

남성들은 겉으로는 근엄한 척하지만, 속으로는 온갖 음흉한 생각을 다합니다. 엄숙주의. 음흉한 생각 자체가 문제는 아닙니다. 엄격한 기독교주의자라 하더라도 마음속으로 무엇을 상상한들 무엇이 문제가 되겠습니까? 문제는 음흉하지 않은 척하는 태도, 더 나아가서 남의 음흉함만을 비난하는 태도입니다. 한국 사회는 외형적으로는 엄숙주의가 지배하고 있는 듯하지만 그 이면에는 룸살롱 접대, 매춘 관광, 원조 교제 등 빗나간 성 문화가 독버섯처럼 퍼져 있습니다. 매춘賣春만 하더라도 그렇습니다. 자신들의 매춘은 '어쩔 수 없는 성욕'으로서 당연한 것인 양 여기면서도 매춘 여성에 대해서는 차별적이고 부정적인 시선을 던집니다. 그들을 바라보는 시선에는 더러운 여자, 더럽혀진 여자라는 이미지가 덧입혀집니다. •

• 청소년의 성에 대해서도 마찬가지입니다. 이 문제는 남성들의 이중성에만 해당되지는 않습니다. 그럼에도 불구하고 남성이 사회를 지배하며 사회의 지배적 가치를 생산하고 있으므로 이 문제에 관해서 여성에 비해 남성의 잘못이 더 크다고 볼 수 있을 것 같습니다. 성은 어른들만의 전유물인가요? 청소년은 성에 무지해야 하고, 자위를 비롯한 일체의 성 행위를 멀리해야 하나요? 건전한 교제와 적당한 스킨십은 청소년의 정신 발달에 아무런 문제가 되지 않습니다. 애정을 표현하는 성, 자신의 존재감을 확인하는 성은 아이들의 성장에 독이 아니라 약이 될 수도 있습니다. 그럼에도 어른들에게 청소년의 성은 엄격히 금지하고 감시해야 할 대상일 뿐입니다. 그렇다고 어른들의 성은 아름답고 정상적이기만 할까요? 앞서 이야기한 것처럼 그들의 성은 온갖 난잡함과 추악함으로 물들어 있을 뿐인데도 말입니다. 그렇게 되지 않기 위해서라도 청소년의 성은 금지되어야 한다고요? 아닙니다. 그렇게 되지 않기 위해서라도 청소년의 성은 어른들의 성과 달라야 합니다. 무조건 금지하고 감출 것이 아니라 떳떳하게 드러내고 건전하게 향유해야 합니다. 그래야만 어두운 구석에서 '뒤틀린 욕망'을 배설하기에 바쁜 어른으로 똑같이 성장하지 않을 것입니다. 그리고 가장 중요한 것은 성 문제는 어른이든, 아이든 개인적인 것이며 존중받아야 한다는 점입니다. 개인적인 문제에 이래라저래라 참견하는 것은 아무리 생각해도 주제 넘는 짓입니다.

흡연에 대하여. 여성 흡연에 대해서도 이중적인 입장에 서는 남자들이 많습니다. 여성의 흡연은 건강에 해롭고, 가임기 여성에게 치명적이라는. 흡연이 신체 건강에 부정적이라면 그것은 여성뿐만 아니라 남성에게도 그렇습니다. 또한 흡연이 임신하는 데 있어 부정적인 영향을 미친다면, 마찬가지로 출산 이후 아이의 건강과 성장에도 부정적인 영향을 미칩니다. 흡연을 금지해야 할 이유가 있다면 그것은 엄마와 아빠 모두에게 동일하게 적용되어야 합니다. 여성의 흡연만을 문제삼을 수는 없습니다. 남성이 정말 임신과 태아에 대한 걱정 때문에 여성의 흡연을 막는다면 유아의 건강과 성장 또한 걱정해야 하고, 따라서 자신의 흡연부터 중단해야 합니다. 왜 자기만 되고 남은 안 된단 말인가요? 그 같잖은 '임신' 운운은 이제 그만합시다.

가사에 대하여. 남성들의 이중성은 결혼 생활에서도 나타납니다. 부인이 전업 주부가 아닌 이상, 남편과 아내는 동등하게 가사 노동을 분담해야 합니다. 가정의 주인이 여성만은 아니므로 가사 분담은 당연하고 자연스러운 것입니다. 그러나 현실은 우리의 상식과 기대를 저버립니다. 남성들은 바깥일의 고단함을 핑계로 가사를 멀리합니다. 가사를 돌보는 일은 전적으로 여성의 몫입니다. 여성은 바깥일에 육아, 그리고 가사 노동까지 삼중고를 겪는 데도 말입니다. 한국 남성의 의식 수준은 '좀 도와주면 잘한다'는 정도에 머물러 있습니다. 좀 도와줘요? 가정은 여자만의 것이고 남자는 들러리인가요? 가사는 좀 도와주고 끝낼 일이 아닙니다. 앞에서도 전제했듯이 부인이 전업 주부가 아닌 이상, 가사는 '도와주고 도움을 받는' 일이 아니라 '함께 꾸려가야 하는' 일입니다. 가사 노동에 대한 차별성이 극단적으로 드러나는 사례가 명절입니다. 대부분의 남성에게 명절은 오랫동안 헤어져 있던 가족들이 모여 정겹게 이야기꽃을 피우고 조상에게 예를 올리는 날입니다. 하지만 여성에게도 그런가요? 여성은 온종일 부엌에서 앉을 새도 없이 일만 합니다. 새로 손님이 오면 끊임없이 상을 차려내는 수고를 명절 내내 반복해야 합니다. 명절의 하이라이트인 제사에서조차도 여성은 뒷전으로 밀려나기 일쑤입니다. 여성의 수고로 차려진 제사상은 오직 남성의 집전 아래 봉헌되고 여성은 멀찍이서 남성에 의해 이루어지는 의식을 지켜볼 따름입니다. 그리고 남겨진 산더미 같은 설거지꺼리.

출산과 육아에 대하여. 여기에 더해, 심지어는 '출산과 육아'를 위해 여성에게 일을 포기하도록 종용하는 남성도 있습니다. 남성 자신의 사회적 성취를 위해 여성이 희생하라는 논리인데요. 자아 성취가 소중한 것이라면 그것은 남자든 여자든 모두에게 소중한 것입니다. 그런데도 우리 주위를 둘러보면 여성의 자아 성취를 위해 직장을 그만두는 남성은 찾아볼 수 없고, 남성의 자아 성취를 위해 직장을 그만두는 여성들만 즐비합니다. 남성 역시 육아 휴직을 신청할 수 있음에도 불구하고, 육아 휴직을 신청하는 남성들을 찾아보기 어렵습니다. 아, 남성보다는 여성이 아이를 더 잘 키우지 않냐고요? 여성의 신체가 육아에 더 적합한 구조로 되어 있지 않냐고요? 우선, 여성이 남성보다 육아에 더 유능하다는 것은 철저한 오해입니다. 처음부터 아이를 잘 돌보는 사람은 없습니다. 여성은 처음부터 '엄마'로 태어나는 것이 아니라, '엄마'로 길러지는 것입니다. 육아에 대한 책임이 전적으로 여성에게 부과되는 현실에서, 여성은 남성에 비해 더 자주, 더 오래 아이와 함께 시간을 보냅니다. 그 과정에서 아이의 반응해 훨씬 민감해지고, 말 못하는 아이의 마음을 읽어 기저귀를 갈아주고, 잠을 재워주고, 놀아주는 것입니다. 다음으로, 신체 구조의 문제. 사실, 젖가슴을 빼고는 남성과 여성의 신체가 육아에서 지닌 차이란 없습니다. 젖가슴도 그렇습니다. 엄마가 아이를 키우는 경우에도, 젖 모양이 안 예뻐진다는 이유로 모유보다 분유를 먹이는 엄마들도 있습니다. 모유를 대체할 분유가 없는 것도 아닌데, 젖가슴 없는 아빠라고 아이를 못 키울 이유가 뭔가요? 동냥젖 먹여 심청이를 키웠던 시대도 아니고 말입니다. 혹시 분유보다 모유가 아이 건강에 더 좋기 때문에 굳이 모유 수유를 원한다 해도 상관없습니다. 유축기로 짜내서 우유병에 미리 담아두면 되니까 말입니다. 자, 상황이 이러한데도 굳이 여자가 아이를 키워야 한다고 말할 수 있을까요?

'여기자 성 추행' 최연희 의원 항소심서 선고 유예

서울 고법 형사9부(재판장 고의영)은 14일 술자리에서 신문사 여기자를 성 추행한 혐의(강제 추행)로 불구속 기소돼 1심에서 징역 6개월, 집행 유예 1년을 선고받은 최연희 의원(무소속)에게 벌금 500만원의 선고 유예 판결을 했다.

국회의원은 금고 이상의 형이 확정되면 의원직을 잃는다. 따라서 이 판결이 확정되면 최 의원은 의원직을 유지할 수 있게 된다.

재판부는 "강제 추행죄는 피해자의 고소가 있어야 공소를 제기할 수 있는 친고죄*로서 피해자가 고소를 하지 않거나 1심 판결 선고 전까지 고소를 취소하면 처벌을 할 수 없다"며 "피해자가 1심 판결 선고 뒤 항소심 법원에 최 의원을 용서하는 의사 표시를 해 처벌 조건이 현격히 약화됐다"고 밝혔다. 재판부는 "피해자가 '최 의원이 깊이 뉘우치고 있고 진심으로 미안하다'고 사과하는 내용의 편지를 최 의원의 딸로부터 전해받고, 피고인

의 사과를 받아들인다는 뜻을 나타냈다"고 덧붙였다.

재판부는 또 "최 의원이 다른 국회의원들과 함께 기자들에게 의정 활동을 설명하기 위해 회식 자리를 마련한 과정에서 이 사건이 일어났고, 사건의 장소인 노래방 안에는 최 의원과 피해자 이외에 국회의원 5명과 기자 5명 정도가 함께 있었기 때문에 처음부터 가해 의사를 가졌다고 보기 어렵다"고 판단했다.

재판부는 하지만 "술을 많이 마셔 심신 상실 상태였기 때문에 변별력이 없었다"는 최 의원 주장에 대해서는 "최 의원이 술을 많이 마신 것은 인정되지만 사건 직후 피해자를 따라 나가 사과하거나 사정하는 태도를 보인 것을 보면 완전히 심신 상실의 상태에 있었다고는 보기는 어렵다"고 밝혔다.

〈한겨레〉, 2007. 06. 14.

- 만취해서 성 추행을 저질렀다면 용서될 수 있을까요?
- 재판부의 판결에 대해서 어떻게 생각하나요?

　최 의원이 술자리에서 여기자를 성 추행한 사실이 언론이 알려져 사회적으로 비난 여론이 들끓었을 때, 한 동료 국회의원은 국회에서 양주병을 깨는 생쇼(?)를 하기도 했습니다. 그 의원 왈, "성 추행은 결국 이 폭탄주가 주범입니다." 최 의원의 잘못이 아니라 양주의 잘못이라는 말인데, 정말 어이없지 않나요? 죄는 미워하되 사람은 미워하지 마라. 양주를 미워하되 사람은 미워하지 마라? 아무리 술을 많이 마셨다 해도, 그래서 돌이킬 수 없는 실수를 저질렀다 해도, 변하지 않는 사실이 있습니다. 그것은 술이 사람을 마시는 게 아니라 사람이 술을 마신다는 사실입

〈서울신문〉, 2006. 3. 4.

• 친고죄 : 범죄의 피해자나 그 밖의 법률에서 정한 사람이 고소하여야 공소(검사가 법원에 특정 형사 사건의 재판을 청구하는 일)를 제기할 수 있는 범죄. 강간죄, 모욕죄 따위가 있다.

니다. 술을 마시고 실수할 것 같으면, 애초에 술을 그만 마셨어야 합니다.

문제는 여기서 그치지 않습니다. 기사에서는 최 의원이 사죄한다는 뜻을 피해자에게 전했다고 나와 있습니다. 그러나 그 사죄가 정말 마음을 다한 사죄인지는 잘 모르겠습니다. 기사를 살펴보면, 이상한 대목이 눈에 띕니다. "피해자가 '최 의원이 깊이 뉘우치고 있고 진심으로 미안하다'고 사과하는 내용의 편지를 최 의원의 딸로부터 전해받고, 피고인의 사과를 받아들인다는 뜻을 나타냈다"는 대목이 그것입니다. 성 추행한 뒤에 딸을 통해 피해자에게 사죄의 편지를 전달했다는 것이죠. 피해자가 여성인 점을 놓치지 않고 동정에 호소하기 위한 방법을 쓴 거죠. 정말 자기 죄를 뉘우친 사람이 이런 식의 잔머리를 굴릴 수 있을까요?

이제, 재판부의 판결을 논리적으로 따져봅시다. 문제가 되는 대목은 두 부분입니다. 재판부가 밝힌 "피해자가 1심 판결 선고 뒤 항소심 법원에 최 의원을 용서하는 의사 표시를 해 처벌 조건이 현격히 약화됐다"는 의견이 법률에 정해진 "강제 추행죄는 피해자의 고소가 있어야 공소를 제기할 수 있는 친고죄로서 피해자가 고소를 하지 않거나 1심 판결 선고 전까지 고소를 취소하면 처벌을 할 수 없다"는 내용에서 도출될 수 있을까요? 이 내용을 간단히 정리하자면 다음과 같습니다.

강제 추행죄는 피해자의 고소가 있어야 공소를 제기할 수 있는 친고죄로서 피해자가 고소를 하지 않거나 1심 판결 선고 전까지 고소를 취소하면 처벌을 할 수 없다.

 피해자가 1심 판결 선고 뒤 항소심 법원에 최 의원을 용서하는 의사 표시를 했다.

❸ 처벌 조건이 현격히 약화됐다.

❶은 판단의 전제, ❷는 근거, ❸은 결론입니다. ❶에서는 '1심 판결 선고 전까지 고소를 취소하면 처벌을 할 수 없다'고만 했습니다. '1심 판결 선고 뒤'에 대해서는 아무런 언급이 없습니다. 그런데 피해자가 '1심 판결 선고 뒤' 항소심 법원에 가해자를 용서하는 의사 표시를 했습니다.(❷) 그러나 ❶을 전제로 하면, '1심 판결 뒤'의 의사 표시는 별 의미가 없습니다. ❶에서 '1심 판결 뒤'는 언급되어 있지 않으니까요. 따라서 '1심 판결 뒤'의 의사 표시가 2심 판결에 미치는 영향은 알 수 없습니다. 백보 양보해서, 1심 판결 뒤 이루어진 피해자의 의사 표시가 2심 판결에 영향을 미친다고 합시다. 그래도 처벌 조건이 '현격히 약화'(?)된다고 말하기는 어렵지 않을까요? ❶과 ❷는 형식적으로 아무 관련이 없습니다. 관련 없는

둘을 굳이 연결시켜 '처벌 조건'에 대해 판단한다면, ❷를 근거로 한 ❶의 해석은 '적극적'이어서는 안 되고 '제한적'이어야 할 것입니다. 그렇다면 ❸은 '처벌 조건이 다소 약화됐다' 정도가 맞지 않을까요? 하지만 이 결론 역시도 애초에 ❶과 ❷가 형식적으로 아무 관련이 없기 때문에 설득력이 떨어질 수밖에 없습니다.

이처럼 다소 비논리적인 판결이 내려진 이유는 무엇일까요? 판결을 내린 남성 판사가 남성 중심적인 시각에서 판결을 내렸다는 혐의를 벗기 어려울 듯합니다. 다음 기사를 보면 그러한 의심이 충분히 가능하리라는 것을 알 수 있습니다.

고 판사가 과거 판결한 내용을 살펴보면, 그는 유독 성 범죄에 대해 관대한 것 같다. 지난 2003년 친 조카를 성 폭행한 가해자가 법원의 판단으로 보석으로 풀려나는 어이없는 사건이 발생했다. 검찰이 불복해 항소했지만 형사 항소 8부의 고의영 부장 판사는 이를 기각했다. 또 지난 4월 고 판사는 성 폭행을 피하려다 실수로 상대 남성을 사망하게 한 여자에 대해 과잉 방위로 실형을 선고하기도 했다.

부채질(www.pulug.com), 김주혁 기자

• '노처녀 히스테리'라는 말이 있습니다. 나이가 늦도록 결혼을 못한 여성이 신경 과민 증세를 보일 때 쓰는 말입니다. 그런데 '노총각 히스테리'라는 말은 거의 쓰지 않습니다. '노처녀 히스테리'라는 말은 사용하는데, '노총각 히스테리'라는 말은 없다시피 할 정도로 거의 사용하지 않는 이유가 무엇일까요?

• 아내와 남편이 맞벌이를 하는 데도 가사 노동과 아이 돌봄 노동이 전적으로 아내에게 맡겨지는 게 현실입니다. 그러나 맞벌이를 한다면 남편과 아내가 철저히 분담하는 게 맞습니다. 아내가 전업 주부라면 이야기는 달라지겠죠. 그 경우에 가사 노동(아이 돌봄 노동)은 전적으로 아내의 몫으로 볼 수 있습니다. 남편은 바깥일, 아내는 집안일을 나눠서 하는 거니까요. 그런데 주말은 어떨까요? 아래 두 가지 입장 중에서 하나를 선택해 자신의 생각을 이야기해보세요.

(1) 주중과 마찬가지로 주말에도 가사 노동은 아내가 전적으로 해야 한다. 주중 내내 남편은 바깥일을 해서 고단하다. 바깥일에 비하면 집안일은 별로 고되지 않다. 따라서 주말에 남편은 아내보다 더 쉴 필요가 있다.

(2) 주중에는 아내가 가사 노동을 하지만, 주말에는 남편과 아내가 분담해서 가사 노동을 해야 한다. 주중에 남편이 바깥일을 한다면 아내는 집안일을 한다. 바깥일 못지않게 집안일도 고된 노동이다. 따라서 주말에는 아내도 남편처럼 쉴 필요가 있다.

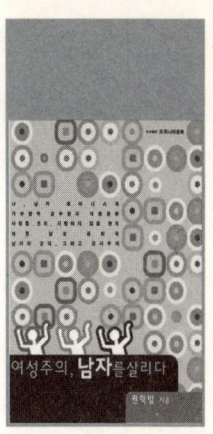

읽어 볼 책

권혁범,『여성주의, 남자를 살리다』,
또하나의문화, 113~168쪽, 〈Ⅳ. 대한 남성 공화국〉을 읽어보세요.
대한민국을 남성 공화국에 빗대어 남성 중심적인 문화를 다각도로 해부하고 있습니다.
후반부로 갈수록 여성의 문제가 여성만의 문제일 수 없고
남성의 문제기이기도 하다는 것을 보여줍니다.

군대 문제에 이성을 잃는 대한민국

〈뉴시스〉, 2007. 5. 2.

〈한겨레〉, 2007. 3. 13.

생각 맛 보 기

오른쪽의 사진과 왼쪽의 사진은 모두 군대에서의 훈련 모습일까요?

군대 갔다 와야 사람 된다? — 병영 사회의 그늘

대한민국은 병영 사회*입니다. 군대식 사고 방식과 폭력 문화가 만연한 사회죠. 지금은 사라진 교련 수업, 학교에서 받는 단체 기합, 매월 15일에 실시하는 민방위 훈련 등 사회 곳곳에 군사 문화의 공기가 가득합니다. 해병대 캠프처럼 병영 체험을 컨셉으로 하는 프로그램이 방학 기간에 성업을 이룹니다. 아이들의 자신감을 북돋워주려는 부모들 때문이죠. 병영 체험에는 학생뿐만 아니라 주부나 직장인도 많이 참여합니다. 협동심과 팀워크를 키우기 위한 목적으로 말이죠. 그러나 병영은 단순히 자신감을 기르고 협동심을 키우는 공간이 아닙니다.

병영은 사실 사람을 죽이는 기술을 배우고, 군대라는 조직에 순응하는 태도를 익히는 공간입니다. 사람을 죽이는 여러 기술을 가르치는 과정에서 극기를, 조직에 순응하는 태도를 가르치는 과정에서 인내를 내면화시키죠. 군대에서의 인내란 명령에 무조건 복종하는 순응적 존재의 덕성에 불과합니다. 그것은 약자 앞에서 자신을 겸손하게 낮추는 마음이 아니라 강자 앞에서 자신을 비굴하게 낮추는 마음입니다. 즉, 군대는 자율적 인간이 아니라 타율적 기계를 생산하는 공간인 것이죠.

남성들은 의무적으로 군대에 가야 하고, 군대를 제대하고도 몇 년 동안 예비군 훈련을 받아야 합니다. 제시한 사진에서도 이와 같은 군사 문화의 흔적을 엿볼 수 있습니다. 대학교 신입생 신고식으로 치러지는 군대식 단체 기합(오른쪽 사진). 대학교 신입생 신고식은 왼쪽 사진의 신병 훈련과 별반 다르지 않습니다. 대학이 군대인가요? 신입생은 신병처럼 길들여져야 하나요? 선배들이 원하는 것은 엄격한 위계와 절대적 복종으로 충만한 캠퍼스인가 봅니다.

우리 사회는 군대 갔다온 남자들만 제대로 된 성인으로 인정합니다. "군대 갔다와야 사람 된다"는 말은 그런 인식을 반영하고 있습니다. '군필'은 한국 사회에서 '주류'가 될 수 있는 자격증과 같습니다. 군대에 다녀온 남성이 모두 한국 사회의 주류는 아니지만, 군대에 다녀온 것은 한국 사회에서 '주류'가 될 수 있는 자격을 부여받는 것입니다. 병영 사회 * 에서 군대에 다녀오지 않은 남성(질병이나 여타 사유—고아, 전과자 등—로 군 복무를 면제받은 남성)과 여성은 "군대도 안 갔다온 게 뭘?" 하는 비아냥을 듣습니다. 또한, 애초에 군대에 가고 싶어도 갈 수 없는 장애인들은 국민의 의무를 다하지 못한 '3류 국민'이 돼버립니다. 게다가, 군대 문제에 지나치게 민감하게 반응함으로써 군 복무를 하지 않은(혹은 못한) 이들의 인권을 과도하게 침해하는 문제가 발생하기도 합니다.

---

* 병영 사회 : 병영(군대)식 규율과 질서로 엄격하게 통제·관리되는 사회.

"유승준 입국 금지 인권 침해 아니다"

가수 유승준(27, 미국명 스티브 유) 씨의 국내 입국 금지는 인권 침해가 아니라는 국가 인권 위원회의 판단이 나왔다.

인권위는 28일 전원 위원회를 열어 튜브레코드 이천희 대표 등이 지난 5월 중순 "유승준 씨의 입국 거부는 거주 이전의 자유를 침해한다"며 낸 진정과 관련, "미국 시민권을 가진 유승준 씨에게는 입국의 자유가 인정되지 않으므로 입국 금지로 인한 기본권 침해도 없다고 판단된다"고 밝혔다.

인권위는 결정문에서 "헌법상 거주 이전의 자유에는 출입국의 자유 및 국적 변경의 자유가 포함되나 국민과 달리 외국인에 대하여는 헌법상 입국의 자유가 인정되지 않는다"며 "국제법상 국가가 외국인의 입국을 허가할 일반적 의무는 존재하지 않고 외국인의 입국 허용 여부도 당해 국가가 자유재량으로 정할 사항"이라고 덧붙였다. 이에 따라 유승준 씨의 "병역 기피" 시비와 그로 인해 불거졌던 국내 입국 허용 여부 논란에 대해 일정한 판단 기준이 제시될 전망이다.

이에 대해 이천희 대표는 "기각 결정은 해외 교포들은 외국인이라 한국에 와서 인권을 찾으면 안 된다는 논리"라며 "추후 법률적 검토를 거쳐 국내법으로라도 안 되면 국제법을 통해서라도 유승준 씨 입국 허용을 위해 노력을 계속하겠다"고 말했다. 한편 법무부는 지난해 2월부터 미국 시민권 획득에 따른 병역 기피 의혹으로 사회적 논란을 일으킨 유 씨의 입국을 금지했으나 지난달 25일 약혼녀 부친상을 이유로 일시 귀국 및 시한부 체류를 허용했었다.

〈세계일보〉, 2003. 07. 28.

• 유승준의 입국 거부에 대해서 어떻게 생각하나요?

당시 유승준에 대한 사회적 비판 여론이 들끓었습니다. 유승준이 거짓말을 했기 때문에 그랬을까요, 그 거짓말이 '군 복무'에 관한 것이어서 그랬을까요?

군대 안 간 놈은 삼 족을 멸하라

사건의 전모는 이렇습니다. 방송에서 여러 차례 자원 입대 의사를 밝힌 유승준. 그러나 병역을 기피하려는 의도(정황상 그런 의도로 추정될 뿐, 유승준 본인이 의도를 밝힌 바는 없습니다.)로 한국 국적을 포기하고 미국 시민권을 취득합니다. 미국 여권을 소지한 채 입국을 시도하던 유승준을 법무부 출입국 관리 사무소는 "대한민국의 이익이나 공공의 안전을 해하는 행동을 할 염려가 있다고 인정할만한 상당한 이유가 있는 자"(출입국 관리법 제11조 1호 3항)에 해당한다며 입국을 불허합니다.(2002. 2. 2.) 이에 유승준은 국가 인권 위원회에 '입국 거부는 거주 이전의 자유를 침해한다'며 진정을 냅니다. 인권위는 입국 금지가 인권 침해가 아니라는 결정을 내립니다. 그리고, 유승준은 아직까지 대한민국에 들어오지 못하고 있습니다.

인권위의 판결은 형식적으로 옳을 수 있습니다. 국적상 미국인인 유승준은 대한민국 국민이 아닙니다. 따라서 대한민국 헌법이 보장하는 권리를 행사할 주체가 될 수 없습니다. 헌법은 국민의 거주 이전의 자유를 규정하고 있지만, 그것은 대한민국의 국민에게 적용될 뿐, 다른 나라 국민에게 적용할 수는 없다는 거죠. 하지만 헌법이 보장하는 권리가 단순히 내국인에게만 적용된다고 말할 수 있을까요? 그러면 대한민국 영토 안에 거주하는 외국인의 거주 이전의 자유는 국가가 마음대로 침해할 수도 있다는 말인가요? 헌법 재판소는 "'국민' 또는 국민과 유사한 지위에 있는 '외국인'은 기본권의 주체가 될 수 있다"(헌재 1994. 12. 29. 93 헌마 120, 판례집 6-2, 477, 480면)고 판시하여 원칙적으로 외국인의 기본권 주체성을 인정하고 있습니다. 즉, 보편적 인권의 관점에서 본다면 유승준은 분명 국가에 의해 자신의 자유를 침해받은 것입니다. 왜냐하면 거짓말을 한 사람의 자유를 거짓말을 했다는 이유로 제한하는 것이 인권을 침해하지 않는다고 말할 수 없기 때문이죠.

성실하고 순수한 이미지로 자신을 포장했던 유승준의 거짓말은 많은 이에게 큰 배신감을 주었습니다. 거짓말은 나쁜 것입니다. 그러나 거짓말을 했다고 아무나 처벌할 수는 없습니다. 그 거짓말이 사기죄에 해당하는 거짓말이 아닌 이상, 거짓말을 한 사람을 법적으로 처벌할 수는 없죠. 유승준은 사기죄로 고발되거나 처벌받지 않았습니다. 뿐더러, 유승준은 병역 비리를 저지르지도 않았습니다. 불법적으로 빽이나 뇌물을 써서 군대에 가지 않은 게 아니죠. 자신이 선택할 수 있는 합법적인 방법(미국 시민권 취득)을 통해 병역의 의무에서 벗어났을 뿐입니다. 그의 행위를 '병역 기피'로 비난하는 것은 개인의 자유의지만, 그 때문에 유승준을 법적으로 단죄할 수는 없습니다. 그게 법치주의입니다. 사람이 밉고 싫다는 이유로 죄 없는 사람을 처벌할 수는 없는 것이죠. 미운 건 미운 거고, 처벌은 처벌입니다. 밉고 싫어서 마음대로 타인의 인권을 짓밟는다면, 타인 역시 내가 밉고 싫을 때 마음대로 나의 인권을 짓밟을 테니까요.

유승준을 합법적으로 처벌할 수 있는 방법은 없었습니다. 그러나 약속을 어긴, 그것도 군 복무와 관련된 약속을 어긴 유승준을 가만히 내버려둘 수는 없었죠. 병역 비리를 저질렀다면 병역법 위반으로 책임을 물었겠지만, 그렇지 않기 때문에 정부는 결국 '입국 거부'라는 방식을 사용했던 것입니다. 하지만, 뭔가 이상하지 않나요? 개인을 상대로 국가가 이런 식의 앙갚음(?)을 한다는 게 말입니다. 유승준은 법적으로 아무런 죄를 짓지 않았습니다. 아무 죄도 없는 사람의 입국을 국가가 막고, 대다수의 사람이 그것을 지지하는 풍경은 너무도 한국적입니다. 절차와 형식은 무시하고, 감정에 치우쳐 보복하고 되갚아주는 사회. 약속을 지지키 않은 것은 분명 잘못된 행위입니다. 그리고 그에 대한 도덕적인 비판과 훈계는 정당합니다. 그러나 도덕적인 비판과 훈계를 넘어서 공권력을 이용해 약속을 지키지 않은 사람을 제재하는 것은 옳지 못합니다. 유승준의 잘못은 사회적 여론을 통해 비판받고 단죄되었어야 합니다.

우리 사회가 이 문제에 그토록 예민했던 이유는 한 연예인의 거짓말 때문이 아니라, 그 거짓말이 군대 문제에 대한 것이었기 때문입니다. 대중이 이 문제에서 주목했던 것은 거짓말보다는 군대 문제였습니다. 얼마 전에도 가수 싸이의 병역 문제가 불거져 사회적으로 시끄러웠습니다. 하지만 연예인의 군 복무 문제보다 더욱 중요한 군대 관련 문제들이 우리 사회에는 많이 있습니다. 군대에서의 인권 유린, 장기 복무로 인한 사회 부적응, 사회 지도층의 고질적인 병역 비리 등 연예인의 병역 기피보다 더 중요하고 심각한 문제들이 즐비합니다. 우리가 다 같이 화를 내고 힘을 모았어야 할 문제는 한 연예인의 거짓말이 아니라 저런 문제들입니다. 연예인의 병역 문제에 관심을 거둘 필요까지는 없겠지만, 적어도 그만큼의 관심을 광범위한 군대 관련 문제들에 쏟아야 하지 않을까요? 아니, 그보다 조금 더 많은 관심이어야 합니다. 좀 더 생산적인 논의와 사회 발전을 위해서 말입니다.

"역대 국적 포기자, 4분의 1 사회 지도층 자녀"

제작진이 이번에 4천5백여 명의 국적 포기자 가운데 사회 고위층으로 분류한 대상은 모두 1천2백여 명. 이 가운데 대표적인 인사로는 8선 국회 의원으로 국회 의장까지 지낸 이만섭 씨를 비롯해 오치성 전 내무부 장관, 최각규 전 경제 부총리, 윤필용 전 수도 경비 사령관, 소준열 전 육군 대장, 김성룡 전 공군 참모총장, 전두환 전 대통령의 친형인 전기환 씨 등 이름만 대면 알만한 전·현직 고위 공직자 42명의 자손들이었다.

……제작진은 국적 포기가 병역 기피의 수단으로 본격 활용된 시점을 98년 6월부터인 것으로 분석했다. 이는 81년 해외 여행·유학 자유화 조치 뒤 해외에서 출생한 아들들이 만 17세가 되던 해로, 98년 6월 국적법에 18세 이상 남성의 경우 병역을 필한 경

우에 한해서만 국적 선택이 가능하도록 하는 조항이 신설되고, 여기다가 98년 6월 6 백여 명이 한꺼번에 병무 비리에 연루되는 이른바 '원용수 준위 사건'이 터지면서 더 이상 불법적인 루트를 통해 병역 면제가 어렵게 되자 국적 포기를 통해 병역을 기피하게 됐다는 설명이다.

〈프레시안〉, 2005. 07. 04.

"언론사주 자녀 병역 면제율 높다"

KBS 탐사 보도팀 김의철 팀장은 "1년반 동안의 장기 취재 결과, 우리 사회에서 막강한 영향력을 행사하는 언론사와 재벌 기업 자제들의 병역 면제율이 일반인들에 비해 5배가량 높은 것으로 확인됐다"며 "특히 재벌가의 경우 질병 면제자 14명 가운데 13명이 사실상 재벌 후계자인 외아들이거나 장남이었다"고 말했다.

〈기자협회보〉, 2006. 11. 23.

대기업 임원·교수 아들도 병역 비리 연루
검檢, 특례업체 위장 편입 확인

병역 특례 비리를 수사중인 서울 동부 지검 형사 6부(부장 김회재)는 12일 S전자 부사장 윤모(54) 씨의 아들을 거래 업체에 위장 편입시킨 혐의(병역법 위반 등)로 A사 부사장 김모(50) 씨 등 7명에 대해 구속 영장을 청구하고, 국립대 교수 권모(64) 씨 등 11명을 불구속 입건했다.

검찰에 따르면, S그룹 계열사 임원 출신인 김 씨는 2003년 12월 윤 씨에게서 "아들을 병역 특례 업체에 취업시켜달라"는 청탁을 받고 거래업체인 H사에 윤 씨의 아들(27)을 부정 편입시킨 혐의를 받고 있다. 조사 결과, 김 씨는 편입 대가로 H사 전 대표 김모 (39) 씨에게 1억 원을 건넸으며, 파견 근무를 가장해 윤 씨의 아들을 자신의 회사에 근무하게 한 것으로 드러났다.

〈경향신문〉, 2007. 07. 12.

서민에게만 신성한 국방의 의무

병역을 면제받기 위해 국적을 포기한 사람들, 병역 면제율이 일반인에 비해 5배 이상 높은 사회 지도층, 끊임없이 터져 나오는 사회 지도층의 병역 비리. 우리 사회의 어두운 단면입니다. 사회 지도층은 국방의 의무가 '신성하다'고 강조해왔습니다. 그랬던 그들이 정작 자기 자식은 신성한 의무를 다하지 않아도 된다고 생각했던가 봅니다. 신성한 그 일은 그저 힘 없고 빽 없는 서민들에게나 어울린다고 말입니다. 노블리스 오블리제˚라는 말이 있습니다. 사회 지도층일수록 더욱 의무에 충실해야 합니다. 자신들은 권리만 누리고 의무는 일반 서민에게 떠넘긴다면 사회 지도층으로서의 자격을 상실한 것입니다. 사회 지도층이 납세나 병역과 같은 국민의 의무에 충실할 때 일반 서민들도 자신의 의무를 충실히 따를 것입니다.

양심적 병역 거부자 * : 저는 총을 들 수 없습니다. 제 양심이 총을 들고 군사 훈련을 하는 것을 용납하지 않기 때문입니다.

양심적 병역 거부 반대론자 : 양심이 당신에게 그렇게 시킨다고? 음, 당신 여호와의 증인 아냐?

양심적 병역거부자 : 네, 맞습니다. 제 종교는 여호와의 증인입니다. 성서에서 하느님은 '사랑과 평화'를 이야기하십니다. 또한, 십계명에는 '살인하지 말라'는 계명도 있습니다. 저는 그 가르침을 따르고자 합니다.

양심적 병역 거부 반대론자 : 이렇다니까, 여호와의 증인일 줄 알았어. 양심적 병역 거

• 노블리스 오블리제(noblesse oblige) : 고귀한 신분에 따르는 도덕적 의무와 책임을 뜻합니다. 이는 지배층의 도덕적 의무를 뜻하는 프랑스 격언으로, 정당하게 대접받기 위해서는 명예(노블리스)만큼 의무(오블리제)를 다해야 한다는 것입니다. 즉, 지도층의 솔선수범을 말하며 특권에는 반드시 책임이 따르고 고귀한 신분일수록 의무에 충실해야 한다는 것이죠.
• 양심적 병역 거부 : 집총(執銃 : 총을 쥐거나 지님)을 자신의 양심에 반한다고 생각하여 거부하는 행위.
• 대체 복무제 : 공익 근무 요원이나 산업 기능 요원과 같은 현행 병역 특례 제도와는 달리 최소한의 군사 훈련조차 강요하지 않고 양심에 따라 병역을 거부한 사람에게 비전투 분야의 사회 봉사 활동으로 군 복무를 대시하도록 하는 제도. 병역 거부자들의 경우, 양심에 어긋나는 군사 훈련은 거부하지만 국민의 의무를 이행하고자 하는 의사는 분명히 있기 때문에 군 복무에 상응하는 사회 봉사 활동을 통해 국민의 의무를 다하도록 하는 제도다.

부는 걔네들만 주장하잖아. 다른 기독교인들은 다 가만히 있는데 말야. 헌혈도 안 하고, 군대도 거부하고. 참 괴상한 집단이라니까. 이단이지, 아마? 하여튼, 그럼 당신은 군대 안 가고 어떻게 할 건데?

양심적 병역 거부자 : 저는 대체 복무제 *를 도입해야 한다고 생각합니다. 저처럼 종교적 신념에서, 또는 정치적 신념(종교와 무관한 비폭력·평화주의 등의 신념)에서 군 복무를 원하지 않는 이들을 위해 국가가 대체 복무(군 복무를 대신하는 활동)를 허용해야 한다고 생각합니다.

양심적 병역 거부 반대론자 : 그럴 줄 알았다니까. 결국에는 군대 안 가겠다는 거잖아? 남들은 2년씩 고생해서 국방의 의무를 다하는데 지들만 군대 안 가고 편하게 살겠다는 심보 아냐? 눈에 보이지도 않는 양심 핑계대면서.

양심적 병역 거부자 : 방금 말씀드렸다시피, 저희는 다른 이들이 군 복무 하는 것과 마찬가지로 대체 복무제를 통해 국가에 대한 의무를 다하고자 합니다. 대체 복무제도를 통해 호스피스, 고아원 봉사, 양로원 봉사 등 여러 사회 봉사 활동을 할 수 있다고 생각합니다. 이런 활동 역시 국방 못지않게 우리 사회에 중요한 일이라고 생각합니다.

양심적 병역 거부 반대론자 : 어쨌든, 어려운 군 생활은 절대 안 하겠다는 거 아니냐구? 사회 봉사 좋지. 그거 좋은데, 그 좋은 사회 봉사는 나중에 하면 안 될까? 군대부터 다녀오고 나서 말야. 말이 사회 봉사지, 군 생활보다 훨씬 쉽고 편하잖아. 당신도 그 점은 인정하지? 그럴 바에야 나라도 양심적 병역 거부 선언하겠다. 나두 양심 있다구.

양심적 병역 거부자 : 그런 오용 가능성을 감안해, 저희는 대체 복무 기간을 군 복무 기간보다 다소 길게 연장할 것을 동시에 주장하고 있습니다. 물론 사회적인 공론화와 합의가 필요하겠지만, 군 복무 기간의 1.5배나 2배 정도의 적정선을 제시할 수 있겠죠.

양심적 병역 거부 반대론자 : 2배 정도 길게 하면 용납이 된다는 거야? 놀고먹으면서 2배 하는 거면 까짓것 나도 한다니까. 어쨌든, 쉬운 일을 하겠다는 건 똑같잖아? 앞뒤가 안 맞아. 하나님의 뜻을 따르기 위해 군대 못 가겠다는 사람이, 왜 자꾸 쉬운 일만 한다고 하는 거야? 성서는 '좁은 문으로 들어가기를 힘쓰라'고 하지 않았나? 의인의 길은 좁은 길이라 하면서 말야. 만약 전쟁이 나면 당신은 어떻게 할 건데? 그때도 총 안 들을 거야?

양심적 병역 거부자 : 물론, 그렇습니다. 상황이 바뀐다고 해서 신념이 바뀔 수는 없겠죠.

양심적 병역 거부 반대론자 : 그럼 남들 다 목숨 걸고 싸우는데, 혼자 도망가겠다? 아까부터 계속 앞뒤 안 맞는 얘기만 하고 있구만.

〈양심적 병역 거부자와 반대론자 사이의 가상 대화〉

• 양심적 병역 거부 반대론자의 대화 태도를 평가해보세요. 이와 같은 태도는 어디에서 비롯하는 것일까요? 아래 글을 참고하여, 정신심리적인 측면과 사회문화적인 측면에서 설명해보세요.

미국에서 백인이 살고 있는 집을 지나다가 쓰레기통이 나동그라지고 쓰레기가 길바닥에 흩어진 것을 보면, 사람들은 대개 '어느 집 개가 먹을 것을 찾느라고 저렇게 해놓았구먼' 하고 생각한다. 그런데 만일 흑인이나 인디언 집 앞에서 그런 광경을 목격하면 "저 사람들은 늘 저렇게 돼지처럼 산다니까"라고 비웃는 게 보통이다. 이러한 식의 편견은 우리의 가까운 일상에서도 얼마든지 찾아볼 수 있다. 특정 지방 출신 사람들의 성향에 대한 차별적 이미지, 여성에 대한 남성들의 고정 관념은 반유태주의자의 그것 못지않게 강고하다. 똑같은 실수를 해도 일류대 출신이 했을 때는 "어쩌다가 그랬겠지……"라고 넘기는 반면, 지방대 출신이 그랬을 때는 "역시…… 어쩔 수 없단 말야"라고 멸시하는 관리자는 스스로를 매우 합리적인 사람이라고 생각한다.

김찬호, 『사회를 보는 논리』(문학과 지성사), 58쪽

양심적 병역 거부 뭐 있어?
결국 군대 가기 싫어서 그런 거 아냐? — 편견 강화의 메커니즘

위 대화에서 양심적 병역 거부를 반대하는 사람은, 거부자의 목소리에 귀를 기울이지 않고 있습니다. 거부자가 계속 구체적인 근거와 이유를 제시하고 있음에도 좀체 들으려 하지 않습니다. 여호와의 증인이라느니, 쉬운 일만 하려고 한다느니 하는 자신의 생각 속에 갇혀 있죠. 여호와의 증인 신도라서 그런 주장을 하므로 그 주장은 일고의 가치도 없다? 여호와의 증인 신도들이 일반인의 눈에 다소 극단적인 생각(국기에 대한 맹세 거부, 수혈 거부 등)을 표현한다고 해서, 그들의 생각이 일체 부정되어야 한다고 말할 수는 없습니다. 또한, 더 중요한 것은 여호와의 증인 신도라는 것이 두 사람이 나누는 대화와 무슨 관련이 있습니까? 양심적 병역 거부를 비판할 수는 있지만, 그 비판은 합리적인 근거를 바탕으로 한 것이어야 합니다. 그저 당신은 과격한 종교 집단에 속해 있으니 당신이 펼치는 주장은 말이 안 된다는 식으로 말해서는 곤란합니다. 반대론자는 타당한 근거를 제시하지 않은 채 일방적으로 병역 거부자를 매도하기 바쁩니다. 왜 그렇게 되었을까요? 자신의 고정된 생각에 갇혀 타인을 평가하고 재단하기 때문입니다. 자신이 가진 생각이 합리적인지, 그렇지 않은지를 돌아보고 만약 편견에 지나지 않는 생각일 때 과감하게 버리거나 수정하지 않기 때문입니다. 편견을 수정하기는커녕 더욱 강화하려고만 할 뿐이죠.

우리의 인식은 대체로 다음과 같은 메커니즘을 따릅니다.

반증례 발견 → 인식의 충격 → 반증례 발견 → 인식의 충격…… → 편견의 전환

소수자에 대해 뿌리 깊은 반감과 혐오감을 지닌 사람들은 좀처럼 자신들의 고정 관념에서 벗어나지 못합니다. 그들의 사고 구조는 다음과 같은 메커니즘을 따릅니다.

반증례 발견 → 가볍게 무시 → 실증례 발견 → 엄청난 맹신…… → 편견의 강화

그들은 이전에 자기가 가지고 있던 생각을 쉽게 바꾸지 않습니다. 자신의 생각을 뒤집을만한 자료가 제시되어도 그것을 애써 무시하거나 자기 식대로 편리하게 끼워 맞춥니다. 게다가, 사소한 것이라 하더라도 자신들의 생각을 뒷받침할 자료를 접하면 비판적 검토 없이 무조건 수용부터 합니다. 그들은 '관성적 사고'에 매몰되어 자료와 상황을 객관적으로 바라볼 눈을 상실한 것입니다.

이 문제에는 강고한 군사주의와 국가주의 * 가 자리하고 있습니다. 군대를 절대 선으로 생각하고 군대를 거부하는 태도를 무조건 절대 악으로 여기는 태도가 그

것입니다. 그러나 군대를 거부하는 태도가 무조건 나쁜 것은 아닙니다. 양심적 병역 거부와 병역 비리는 전적으로 다른 문제입니다. 어떻게 그 둘을 구분할 수 있냐고요? 양심이 눈에 보이는 것도 아닌데 말이죠. 더욱이, 법적으로 양심적 병역 거부를 인정하게 되면 비양심적 병역 거부자들이 양심적 병역 거부자를 가장하여 군 복무를 하지 않으려 들 텐데 이를 어찌할까요? 결국, 병력의 감소와 국방력의 약화를 초래할지도 모릅니다. 생각이 여기에 미치면 '양심의 자유'는 국가 안보를 위해 잠시 유보해두어야 할 듯합니다. 개인의 권리를 국가의 이익보다 앞에 둘 수는 없다는 생각 때문이죠. 그런데 양심과 비양심은 정말 구분할 수 없는 걸까요?

양심적 병역 거부자들은 그들의 행위(병역 거부)로 인해 이익이 아니라 불이익을 받습니다. 그것은 분명한 사실이죠. 양심적 병역 거부를 선언한 사람은 군 복무 대신에 1년 6개월에서 3년까지 징역살이를 합니다. 그리고 출소 후에는 전과자라는 낙인이 찍힌 채 살아가야 합니다. 사회 생활의 어려움은 이루 말할 수 없죠. 우리 사회에서 전과자로 살아가기는 대단히 어렵습니다. 전과자 채용을 꺼리는 일반 회사에 들어가기란 거의 불가능합니다. 공무원이 되고 싶어도 시험에 응시할 수 없거나('금고 이상의 형을 받은 사람은 응시 자격 박탈') 응시 제한 연령('형 집행 종료 후 5년 뒤에 응시 가능') 때문에 응시할 수 없습니다. 결국, 양심적 병역 거부를 선언한 결과로 그들에게 돌아가는 대가는 전과자라는 딱지와 고통뿐입니다. 단지 자신의 양심을 따랐을 뿐인데, 그 결과는 참혹할 따름입니다. 그러나 병역 기피는 어떻습니까? 병역 비리를 통해 병역을 기피하는 사람들은 그들의 행위(병역 기피)로 인해 불이익이 아니라 불법적 이익을 얻습니다. 즉, 불법적으로 군대에 가지 않은 대신에 그 시간에 돈을 벌거나 공부를 하죠. 이처럼 양심적 병역 거부와 비양심적 병역 기피는 그 행위를 통해 얻게 되는 결과가 상반됨을 알 수 있습니다.

양심적 병역 거부자는 사회에 아무런 해를 끼치지 않았습니다. 그들의 선택과 행위는 타인에게 직접적인 위해危害를 가하지 않았습니다. 물론 타인에게 아무런 위해를 가하지 않았다 해도, 사회가 정해놓은 법을 위반했다면 처벌할 수 있습니다. 세금을 내지 않은 사람이 사회에 특별한 위해를 가하지 않았지만 세법을 위반했으므로 처벌을 받는 것처럼 말입니다. 그러나 양심적 병역 거부는 그런 문제와는 다릅니다. 양심적 병역 거부자는 '몰래' 법을 어기지 않습니다. 부당한 이익을 취하기 위해 비공개적으로 범법 행위를 저지르지 않는다는 것이죠. 그들은 '공개적으로' 법을 어김으로써 자신의 정당성을 증명하고 법의 부당함을 온 천하에 알립니다. 즉, 자신들을 스스로 희생양으로 삼는 것입니다. 바로 이것이 병역 비리를 통해 병역을 기피하는 사람들과의 결정적인 차이입니다. 병역 비리를 저지르는 사람들은 스스로 "나 잘못했소!"라고 절대 말하지 않습니다. 그들은 비밀리에 범법 행위를 저지르고 감춥니다. 범법 행위를 감춤으로써 부당하고 불법적인 이익을 취합니다.

지금까지 살펴본 내용은 양심적 병역 거부를 법적으로 인정하지 않는 상황에서 양심과 비양심을 어떻게 구별할까 하는 문제였습니다. 그러면 양심적 병역 거부를 법적으로 인정하는 상황이라면 양심과 비양심을 어떻게 구별할까요? 이런 경우에 양심적 병역 거부자들이 스스로를 희생양으로 만듦으로써 법의 부당함을 세상에 알릴 필요가 없기 때문에 앞서의 방법으로 양심적 병역 거부와 비양심적 병역 기피를 구분하기는 쉽지 않습니다. 하지만 이때도 양심과 비양심을 구분할 '양심의 리트머스 종이'는 있답니다. 대체 복무의 기간이 바로 그것입니다. 대체 복무는 군 복무에 비해서 상대적으로 쉽고 편할 수 있습니다. 그 때문에 비양심적 병역 거부자들이 양심적 병역 거부자를 가장하고 대거 대체 복무를 선택할 수도 있겠죠. 이런 문제를 막기 위해 대체 복무 기간을 군 복무 기간보다 더 늘릴 필요가 있습니다. 군대 가기 싫어 대체 복무를 택하고 싶어도 대체 복무 기간이 군 복무 기간보다 현격히 길다면 그런 선택을 쉽게 내리지 못할 것이기 때문입니다. 양심과 비양심을 구분하는 일이 가능하지 않을 것 같았지만, 잘 생각해보면 이렇듯 그 둘을 어느 정도는 구분해낼 수 있습니다.

국가 인권 위원회는 2005년 12월, 헌법 제19조와 국제 규약상 '양심의 자유'를 들어 국회와 정부에 양심적 병역 거부 인정을 권고한 바 있습니다. UN의 '시민적·정치적 권리 위원회'는 2006년 12월, 양심적 병역 거부자 처벌이 양심의 자유와 종교의 자유를 보장한 국제 규약에 어긋난다며 우리 정부에 개선을 권고했습니다. 또 국제 인권 감시 기구인 '휴먼 라이츠 워치(HRW)'는 올해(2007) 초 양심적 병역 거부자 수감을 비판하기도 했습니다. 전 세계적으로 징병제를 실시하는 나라는 80여 개 국이고, 그 중에서 양심적 병역 거부를 인정하는 나라는 40여 개 국에 달한다고 합니다. 물론, 나머지 40여 개 국은 아직 양심적 병역 거부를 인정하지 않고 있습니다. 그러나 인권을 존중하는 나라라면, 종교와 양심의 자유를 소중히 여기는 나라라면 이 문제에 눈감을 수는 없을 것입니다. 대한민국은 인권을 존중하는 나라인가요, 인권을 무시하는 나라인가요? 정부와 국회가 답해야 할 문제입니다.

양심적 병역 거부 문제에 대해서 분단이라는 특수한 조건 때문에 반대하는 사람들이 있습니다. 그러나 양심적 병역 거부자를 인정한다고 해서 군사력이 현격히 감소하는 것은 아닙니다. 양심적 병역 거부자는 2007년 현재 936명이 수감되어 있다고 합니다.(〈오마이뉴스〉, 2007. 5. 23.) 2006년 10월 11일 국방부가 국정 감사용으로 국회에 제출한 〈종교, 양심에 따른 병역 거부자 현황〉에서 밝힌 내용에 따르면 연도별로 2001년 379명, 2002년 825명, 2003년 561명, 2004년 755명, 2005년 828명이 양심적 병역 거부를 선언했다고 합니다. 이 정도 수치라면 국방력이 현격히 약화된다고 말할 수는 없겠죠. 물론, 양심적 병역 거부를 인정했을 때 오

• 국가주의 : 국가의 이익을 개인의 이익보다 절대적으로 우선시해야 한다는 사상.

남용의 부작용이 발생할 수 있습니다. 그래서 지금보다 더 많은 양심적 병역 거부자들이 나타날 수 있다는 우려가 있을 수 있겠죠. 하지만 이는 앞서 제시한 근무 기간과 근무 강도를 통해 어느 정도 해결할 수 있는 문제가 아닐까요? 분단 상황의 특수성은 핑계일 뿐입니다. 미국은 2차 세계 대전 중에 대체 복무를 허용했고, 서독은 동독과 분단 상황이었던 1961년에 대체 복무를 도입했습니다. 중국과 긴장 관계인 타이완도 2000년에 대체 복무제를 도입했습니다.

시사 다지기

군필자 가산점 검토…국방부, 공무원 채용 시험 때

국방부가 군 복무를 마친 군필자에게 공무원 채용 시험 시 가산점을 주는 방안을 검토중이다. 최운 국방부 인사 복지 본부장은 21일 "군필자 가산점 제도가 위헌 판결 뒤 폐지됐지만 이들에게 어떤 식으로든 인센티브를 부여해야 한다"면서 "이에 대한 방법을 찾고 있다"고 밝혔다.

최 본부장의 발언은 군 복무를 사회 봉사의 개념

으로 적극적으로 인식하겠다는 국방부 측의 의지가 담겨 있다. 최 본부장은 이날 경기도 파주에서 열린 '병영 문화 및 병역 제도 개선 국방 정책 설명회'에 참석해 "과거 공무원 채용 시험에서 군 복무 가산점 3~5%를 부여한 게 남녀 평등 원칙에 어긋난다며 1999년 헌법 재판소에서 위헌으로 판결났다"면서 "그러나 당시 판결 취지는 가산점 제도가 불필요하다는 게 아니라 가산 점수가 너무 많다는 것이었다"고 말했다.

최 본부장은 그동안 대법관 등 법조계 인사들을 만나 전문적 의견을 청취해왔다고 한다.

이날 국방 정책 설명회엔 입대 예정자와 군 복무 중인 자녀를 둔 부모 등 200여 명이 참석했다. 이에 따라 국방부는 내년 시행될 사회 복무 제도의 연장선에서 군 복무를 사회 봉사 활동으로 간주하고, 군필자에게 실질적인 도움이 줄 수 있는 인센티브 부여 방안을 검토하고 있다고 군 관계자가 설명했다. 그럴 경우 군필자 가산점과 사회 봉사 인센티브제가 남녀 모두에게 적용될 수 있어 위헌 시비를 피할 수 있다는 것이다. 2월 발표된 사회 복무제에는 여성도 희망에 따라 참여할 수 있다.

발표 당시 "여성도 사회 복무제를 통해 병역 의무를 이행할 수 있게 된만큼 양성 평등 차원에서 군 복무 가산점제를 되살려야 한다"는 주장이 인터넷을 뜨겁게 달궜다.

〈중앙일보〉, 2007. 4. 23.

• 군필자 가산점 제도를 옹호하는 남성들이 지닌 문제점을 아래 글을 참고하여 지적해보세요.

몇 년 전에 헌법 재판소에서 군 가산점 제도가 위헌이라는 판결을 내린 적이 있습니다. 여기에 대해 우리 나라 예비역들의 반응은 가히 엽기적이었습니다. 군 가산점 제도 폐지의 직접적인 이해 당사자인 예비역들은 놀라운 전우애를 발휘해서 헌법 재판소와 이화 여대, 여성 단체 사이트를 초토화시켰습니다. 당시 예비역들이 느끼는 분노에는 공감할 만한 면이 있습니다. 단지 지적하고 싶은 것은 그들이 공격 목표를 잘못 잡았다는 점입니다. 개인의 권리를 침해하는 국가에 대해서 아무런 얘기도 하지 않았다는 겁니다.

박노자 외, 『7인 7색, 21세기를 바꾸는 교양』(한겨레신문사), 74쪽

국가는 손 안 대고 코 풀었다!

1999년 헌법 재판소의 위헌 판결로 군 가산점 제도가 사실상 폐지되었습니다. 군 가산점 제도란 제대 군인이 공무원 채용 시험 등에 응시할 때 과목별 득점에 과목별 만점의 3% 또는 5%를 가산하는 제대 군인 가산점 제도를 말합니다. 하지만 이와 같은 가산점 제도가 여성은 물론, 군대를 다녀오지 않은 남성 또는 장애인들을 차별하고 있어 헌법 재판소는 위헌 판결을 내리게 됩니다. 왜냐하면 공무원 시험의 경쟁률이 워낙 높아서 불과 영점 몇 점 차이로 당락이 결정되는 상황에서, 가산점을 과목별 만점의 3~5점이나 주게 되면 가산점을 받지 못한 이들이 거의 합격할 수 없기 때문이죠. 다음은 헌법 재판소 판결문의 일부입니다.

가.
제대 군인에 대하여 여러 가지 사회정책적 지원을 강구하는 것이 필요하다 할지라도, 그것이 사회 공동체의 다른 집단에게 동등하게 보장되어야 할 균등한 기회 자체를 박탈하는 것이어서는 아니되는데, 가산점 제도는 아무런 재정적 뒷받침 없이 제대 군인을 지원하려 한 나머지 결과적으로 여성과 장애인 등 이른바 사회적 약자들의 희생을 초래하고 있으며, 각종 국제 협약, 실질적 평등 및 사회적 법치 국가를 표방하고 있는 우리 헌법과 이를 구체화하고 있는 전체 법 체계 등에 비추어 우리 법 체계 내에 확고히 정립된 기본 질서라고 할 '여성과 장애인에 대한 차별 금지와 보호'에도 저촉되므로 정책 수단으로서의 적합성과 합리성을 상실한 것이다.

나.

가산점 제도는 수많은 여성들의 공직 진출에의 희망에 걸림돌이 되고 있으며, 공무원 채용 시험의 경쟁률이 매우 치열하고 합격선도 평균 80점을 훨씬 상회하고 있으며 그 결과 불과 영점 몇 점 차이로 당락이 좌우되고 있는 현실에서 각 과목별 득점에 각 과목별 만점의 5퍼센트 또는 3퍼센트를 가산함으로써 합격 여부에 결정적 영향을 미쳐 가산점을 받지 못하는 사람들을 6급 이하의 공무원 채용에 있어서 실질적으로 거의 배제하는 것과 마찬가지의 결과를 초래하고 있고, 제대 군인에 대한 이러한 혜택을 몇 번이고 아무런 제한 없이 부여함으로써 한 사람의 제대 군인을 위하여 몇 사람의 비非제대 군인의 기회가 박탈당할 수 있게 하는 등 차별 취급을 통하여 달성하려는 입법 목적의 비중에 비하여 차별로 인한 불평등의 효과가 극심하므로 가산점 제도는 차별 취급의 비례성을 상실하고 있다.

다.

그렇다면 가산점 제도는 제대 군인에 비하여, 여성 및 제대 군인이 아닌 남성을 부당한 방법으로 지나치게 차별하는 것으로서 헌법 제11조에 위배되며, 이로 인하여 청구인들의 평등권이 침해된다.

이러한 판결이 내려진 뒤에 일부 남성들은 여러 인터넷 게시판을 통해 헌재의 판결을 맹비난했습니다. 또한, 헌재의 판결을 옹호하는 여성(이나 남성)에 대해 비방과 폭설을 서슴없이 내뱉었습니다. "그 정도 보상은 당연하다.", "군대 안 간 여자들은 입 다물고 있어라.", "억울하면 여자도 군대 가라."는 등의 의견이 빗발쳤습니다. 그후로 군필자 가산점 제도를 다시 부활해야 한다는 주장이 끊임없이 제기되었습니다. 그리고 2007년 군 가산점 부활을 예고하는 목소리가 들려오기 시작합니다.

군필자의 권리를 주장하는 남성들의 요구는 정당합니다. 젊음의 한 시기를 평균 2년이 넘게 군 복무에 바치는 것은 억울한 일입니다. 국방의 의무를 다한 이들이 의무에 대한 보상을 요구하는 것은 하나도 잘못된 게 없습니다. 그들은 제대로 보상해주지 않는 사회를 향해 목소리를 높여 비판할 자격이 있습니다. 문제는 그 요구와 비판의 대상이 여성이 아니라는 점입니다. 그들이 비판하고 요구할 대상은 여성이 아니라 국가입니다. 의무만을 지우고 권리를 존중하지 않는 국가에 대해 문제를 제기해야 하는데, 애꿎은 여성만 탓하고 있는 것이죠.

군 가산점 제도는 보상의 방법으로서 옳지도 않을 뿐더러 맞지도 않습니다. 옳지 않다는 것은 복무자와 비복무자 사이의 형평성 측면에서 그렇고, 맞지 않다는 것은 복무자와 복무자 사이의 형평성 측면에서 그렇다. 첫째로, 군필자 가산점 제도는 비복무자의 권리를 현격히 침해한다는 점에서 문제가 있습니다. 제대 군인에 대한 보상은 분명 필요하나, 그 보상이 의무를 이행하지 않은(의무 대상자가 아니어서, 혹은 의무를 이행할 필요가 없어서) 사람들에게 피해를 주는 보상이어서는 안 됩니다. 장애인이나 여성, 그리고 군 복무를 면제받은 이들의 권리와 이익을 침해하는 보상은 제대로 된 보상이라 할 수 없습니다. 그것은 형평성에 어긋나는, 잘못된 보상인 것이죠. 의무를 다한 남성들이 자신들의 권리를 주장하는 것은 정당하지만, 권리의 주장이 타인의 권리를 침해하는 것이어서는 안 됩니다.

> 1998년 7급 국가 공무원 일반 행정직 채용 시험을 분석하여 보면, 합격자 99명 중 제대 군인 가산점을 받은 제대 군인이 72명으로 72.7%를 차지하고 있는 데 반하여, 가산점을 전혀 받지 못한 응시자로서 합격한 사람은 여섯 명뿐이므로 합격자의 6.4%에 불과하며, 특히 그 중 세 명은 합격선 86.42점에 미달하였음에도 이른바 여성 채용 목표제에 의하여 합격한 여성 응시자이다. 그러므로 가산점의 장벽을 순전히 극복한 비제대 군인은 통틀어 세 명으로서 합격자의 3.3%에 불과함을 알 수 있다. 한편 1998년 7급 국가 공무원 검찰 사무직의 경우 합격자 15명 중 가산점을 전혀 받지 못한 응시자로서 합격한 사람은 단 한 명뿐이다.
>
> 〈헌법 재판소 판결문〉

둘째로, 군필자 가산점 제도는 일부 제대 군인에게만 혜택이 돌아가는 보상 방법이라는 점에서 문제가 있습니다. 정부가 가산점과 같은 방식으로 제대 군인을 보상해줬던 것은, 경제적 비용을 들이지 않고도 제대 군인을 위한다는 생색을 낼 수 있었기 때문입니다. 하지만 전체 제대 군인 중에서 공무원 시험(가산점이 적용된 공무원 시험은 사법 시험, 외무 시험, 행정 시험 등 고위 공직자 시험에는 해당되지 않았습니다. 7, 9급 공무원 시험에만 적용되었답니다.)에 응시하는 사람이 얼마나 될까요? 공무원 시험에 응시하지 않는 수많은 제대 군인에 대한 보상은 별도로 주어지지 않습니다. 그들에 대한 혜택은 전무합니다. 군 가산점 제도처럼 일부 제대 군인이 아니라 전체 제대 군인을 포괄하는 보상 정책이 필요합니다.

구 분	2003	계획연도			
		2004	2005	2006	2007
월급(원, 상병 기준)	24,400	35,800	46,600	65,000	80,000
인상률		47	30	40	23
소요 예산(억원)	1,599	2,331	2,997	4,120	5,220

한국 국방 연구원, 「'06 국방 예산 분석 평가 및 '07 전망」, 2006

군 복무를 마친 남성들(군 복무중인 남성도 할 수는 있겠죠.)은 비복무자를 차별하지 않는 보상 방법으로 국가에 요구해야 합니다. 다른 이들을 차별하지 않으면서 군 복무자에게 보상을 해줄 방법은 얼마든지 있습니다. 첫째, 사병 월급의 현실화입니다. 2007년 현재 사병의 월급은 8만 원 정도입니다. 사병 월급을 100만 원씩 줄 수는 없겠지만, 현재의 월급이 지나치게 적은 것은 분명합니다. 한 달에 8만 원이면 하루에 3,000원도 안 된다는 말인데, 사람을 무시해도 너무 무시한 월급 아닌 가요? 먹여주고 입혀주고 재워준다는 것은 핑계가 안 됩니다. 우리 군대보다 몇 배는 더 많은 월급을 주는 외국 군대는 사병들이 알아서 군복 사 입고 밥 사 먹게 하나요? 독일은 사병 한 달 월급이 60만 원 가량이라고 합니다. 대만도 우리보다 2 배 이상 많습니다. 아무리 사병 수가 많아도, 병사의 월급은 사회에서 일했을 때 받을 수 있는 월급의 반 정도는 되어야 하지 않을까요? 반이 어렵다면 1/3이나 1/4 정도는 되어야 합니다. 최소한의 금전적 보상은 단순히 액수의 문제가 아닙니다. 그것은 군인들의 사기와 자긍심과 직결됩니다. 사병들에게 몇 십만 원의 월급을 준다고 해서 그들이 특별히 무슨 목돈을 만질 수 있는 것도 아닙니다. 중요한 것은, 한 달 8만 원의 월급이 그들의 존재 가치를 깎아내린다는 점입니다. 또한 자신들이 하는 일, 즉 국토 방위를 하찮게 여기고 후임 병사의 인권을 가볍게 여기게 할 수 있습니다. 군대 내의 가혹 행위는 복무 환경의 열악함과 보수의 박약함에도 그 원인이 있기 때문입니다. 그들이 하고 있는 일에 대한 최소한의 가치는 인정해 줘야 합니다. 사병을 55만여 명으로 잡으면 한 사람당 30만 원씩 지급할 때 1조7 천억 원이 소요됩니다. 이는 국방부가 내년(2008년) 예산으로 제출한 26조9000억 원의 6%에 불과합니다. 전체 국방 예산의 6%만 사병 월급으로 책정하면 사병들의 월급을 8만원에서 그 4배인 30만원으로 올릴 수 있는 것입니다.

	한국	대만	독일	터키
의무 복무 기간	24개월(육군) 26개월(해군) 27개월(공군)	16개월	9개월 (최대 2회 분할 복무 가능)	15개월

병무청(www.mma.go.kr), 〈외국의 병역 제도〉 중에서

둘째, 군 복무 기간의 단축입니다. 위의 표를 보면 우리 나라의 군 복무 기간이 지나치게 긴 것을 알 수 있습니다. 가장 짧은 육군만 하더라도 24개월입니다. 그 것도 여러 번의 단축을 거쳐 현재의 24개월로 축소된 것입니다. 독일의 경우, 통일 이전에도 최장 18개월 정도였다고 합니다. 중국과 긴장 관계인 대만은 남북이 대치하는 우리와 상황이 유사한데도, 16개월밖에 되지 않습니다. 터키의 경우는 15개월입니다. 국방부가 2007년 7월 10일 발표한 「병역 제도 개선」 추진 계획에 따르면, 2006년 1월 입대자(육군의 경우 2008년 1월 제대자)부터 2014년 7월 입대자까지 8년 7개월에 걸쳐 군 복무 기간을 점진적으로 6개월 단축한다고 했습니다. 그래도 2014년에 육군은 18개월, 해군은 20개월, 공군은 21개월에 이릅니다. 여전히 다른 나라에 비해서 긴 편이죠. 뿐더러, 그것은 8년 뒤의 일입니다. 징병제를 실시하는 80여 개 나라에서 우리 나라보다 복무 기간이 긴 나라는 북한(5~12년), 이스라엘(남자 36개월, 여자 24개월), 시리아(30개월) 정도입니다. 나머지 나라들은 우리와 비슷하거나 거의 대부분 우리보다 짧습니다.

사병 월급의 현실화, 군 복무 기간의 단축 이외에도 군 생활의 획기적인 개선*,

제대 이후 취업 준비 및 직업 훈련 보장 등의 방법이 있습니다. 여기에 더해, 경제적인 보상도 있을 수 있습니다. 취업 시 군 복무 기간을 경력 기간으로 인정해서 호봉 산정, 복학 후 학자금 지원, 일정 기간 세금 감면의 혜택을 줄 수도 있겠죠. 이처럼 다양한 방식의 보상 방법이 존재합니다. 이 방법들은 대체로 국가에 재정적인 부담을 줍니다. 그런 이유로 국가는 아무런 부담 없이도 손쉽게 제대 군인의 사기를 높일 수 있는 방법으로 군 가산점 제도를 활용했던 것인지도 모릅니다. 즉, 뒷짐 진 채 코를 풀었던 것이죠. 그러나 국가는 이제 뒷짐 졌던 손을 앞으로 내밀고 코를 풀어야 합니다. 국가가 손 안 대고 코를 풀면 국가 대신에 장애인, 여성의 손에 코가 묻기 때문입니다. 뿐더러, 제대 군인 전체에게 골고루 혜택이 돌아가는 실효성 있는 보상 방법을 제시해야 합니다.

제대 군인에 대한 보상은 여성이 아니라 국가가 책임져야 할 문제입니다. 예비역*들이 애꿎은 여성을 탓할 이유가 전혀 없는 것이죠. 예비역들은 국가를 향해 핏대를 세워 요구해야 합니다. 더불어 예비역들은 군 가산점과 같은 지엽적인 문제에 매달리지 말고, 사병 월급이나 군 복무 기간 등 보다 근본적인 문제를 파고들어야 합니다. 생각해보세요. 군 복무중인 사병이 국방부에 저런 요구를 할 수 있겠습니까? 결국, 그 문제를 제기할 주체는 사병이 아니라 예비역입니다. 군 복무 경험을 바탕으로 군대 내의 모순과 폐단을 누구보다 잘 알고 있는 예비역들이 연대해서 국가를 상대로 한 싸움을 시작해야 합니다.

여성도 원하면 '사회 복무' '병역 제도 개선' 추진 계획

정부는 예외 없는 병역 의무 이행 차원에서 내년부터 도입되는 사회 복무제도에 여성도 본인이 희망할 경우 사회 복무 기회를 주는 방안을 검토하기로 했다.

국방부와 병무청은 10일 국무 회의에서 보고한 '병역 제도 개선' 추진 계획에서 이렇게 밝혔다. 정부는 또 여성뿐만 아니라 1년6개월 이상의 수형자나 고아도 희망할 경우 사회 복무 의무를 부과하기로 했다. 이들이 사회 복무 의무를 마칠 경우 공무원 전형에서 가산점 등 사회 진출 기회가 확대된다.

〈한겨레〉, 2007. 07. 10.

최근 사회 복무제 ˚ 도입을 추진하면서 군필자 가산점제를 다시 부활해야 한다는 의견이 제기되고 있습니다. 사회 복무제는 여성의 사회 복무도 인정하고 있으므로, 가산점 제도는 여성의 평등권을 침해하지 않는다는 논리죠. 그러나 이 제도는 여러 측면에서 문제를 안고 있습니다. 우선, 여성은 사회 복무의 대상이 아닙니다. 사회 복무란 군 복무를 대체하는 복무인데, 여성은 애초에 군 복무 대상자가 아니기 때문입니다. 일부에서는 사회 복무제를 도입해서 여성도 군 복무에 상응하는 의무를 이행할 수 있게 됐으므로 군 복무자(사회 복무자 포함)에게 군필자 가산점을 주는 것은 차별이 아니라고 주장하기도 합니다. 하지만 과연 그럴까요? 일부 여성들이 사회 복무를 선택한다고 해도, 차별의 문제는 여전히 남습니다.

군필자 가산점 문제는 여성에게만 해당하는 문제가 아니기 때문입니다. 여성 안에서도 사회 복무를 선택하지 않은 자, 선택하지 못한 자가 있을 뿐더러, 여성 바깥에도 사회 복무를 선택하지 못한 자(장애인이 대표적이죠)가 있습니다. 군필자 가산점 제도는 처음부터 선택의 기회를 박탈당한 이들의 평등권을 침해하고 있는 것입니다.

• 군 생활의 획기적인 개선은 병영 시설을 현대화하여 쾌적한 막사를 만드는 일뿐만 아니라 병사들 사이의 구타나 가혹 행위를 막는 일도 포함됩니다. 다음과 같은 진술은 우리 군대가 얼마나 끔찍한 공간인지를 잘 보여줍니다. "1995년 9월 26일자 〈한겨레신문〉에 의하면 1980년부터 1995년 말까지 15년 5개월 동안 군에서 사망한 수는 모두 8,591명(자살 3,263명 · 폭행 치사 387명)으로 평균 577명이 죽었다. 또 2000년도 국정 감사에 의하면, 매년 300여 명이 사망하고 그 중 100여 명이 자살했다. 매년 사고사 · 과로사 · 의문사 · 자살 · 구타와 정신병으로 죽거나 다치는 숫자가 소규모 전쟁터에서 죽는 숫자보다 더 많으니, 한국군은 매일 전쟁중이라고 해야 할까? 멀쩡한 정신으로 생각하면, 좀 무정하지만, 군인은 전쟁에서만 죽어야 한다. 그것은 상식이 아닌가? 그런데 전쟁터에서 죽지 않고 연병장이나 내무반에서 죽는다는 것은, 분명 군대의 구조와 운영에 문제가 있기 때문이다. 이런 명약관화한 사실 앞에서도, 부하 장병이 불합리하고 피할 수 있었던 사건으로 죽거나 다친 일로 군 고위급 인사가 책임을 졌다는 소식은 아직껏 들어본 바가 없다."(장정일, 『장정일의 공부』(랜덤하우스), 23쪽)
• 예비역 : 현역을 마친 자가 복무하게 되는 병역. 군대를 제대한 뒤 7년 동안 예비군으로 정기적인 훈련을 받는다.
• 사회 복무제 : 군 복무 면제자 중에서 사회 활동이 가능한 사람에게 부과하는 사회 복무. 사회 복무자는 사회 복지, 보건 의료, 환경 안정 등 사회 서비스 분야에서 일하게 된다. 여성은 희망자에 한해 사회 복무 기회가 부여된다.

• 성역화聖域化한 곳은 예외 없이 부패합니다. 고인 물이 썩기 마련이듯이 성역의 울타리를 치는 순간, 그 공간은 부패하기 시작합니다. 군대도 예외가 아닐 것입니다. 군을 신성시하는 태도가 불러일으킬 수 있는 문제는 무엇이 있을까요?

• 한 여론 조사에 따르면, 여성 징병에 대해 찬성하는 남성은 24.9%, 여성은 56%라고 합니다.(《중앙일보》 2005. 7. 1.자 여론 조사) 남성보다 여성이 여성 징병에 더 찬성하고 있는 것입니다. 왜 이와 같은 여론 조사 결과가 나왔을까요? 남성 입장과 여성 입장으로 나눠 그 이유를 설명해보세요.

읽어 볼 책

....

권인숙, 『대한민국은 군대다 —
여성학적 시각에서 본 평화, 군사주의, 남성성』, 청년사
19~53쪽 〈1장 국가주의적 평화와 군사화〉, 209~244쪽
〈4장 징병제와 젠더〉를 읽어보세요.

혈액형 신드롬

생각 맛보기

〈B형 남자친구〉라는 영화가
만들어질 수 있었던
사회적 배경은 무엇인가요?

혈액형 진실 게임 "당신을 알고 싶다"

대학생 김광수(25) 씨의 과 여자 동기가 어느 날 자신의 MSN 메신저 대화명을 'B형 만 아니면 다 돼!'로 바꿨다. 김 씨가 메신저로 말을 걸었다. "웬 B형?" 그 친구의 대답인즉 "이제까지 내가 만난 남자들 가운데 마음에 들지 않은 사람들이 모두 B형이었어."

〈동아일보〉, 2004. 08. 13.

최면에 걸린 한국인의 혈액형 믿음

우리 나라 결혼 정보 회사 듀오에 중매를 신청하는 미혼 여성 중에서 특정 혈액형은 제외시켜달라는 비율이 20~30%에 달한다. 주로 B형이지만 AB형을 피하는 여성도 가끔 있다.

〈오마이뉴스〉, 2006. 8. 4.

• B형 남자들이 그와 같은 대우를 받는 이유는 무엇인가요? 그와 같은 대우가 정당하다고 생각하나요?

대한민국에 부는 피바람

B형의 성격

● 평소엔 산만한 편이지만 좋아하는 것 앞에서는 놀라운 집중력을 보인다.

- 진짜 좋아하는 사람을 만나기까지 한눈을 많이 판다.
- 평소 떠들썩하다가도 갑자기 조용해지기 때문에 가만히 생각하고 있으면 사람들이 무서워한다.
- 구속받기를 싫어하는 자유인이다.
- 양손을 사용하지 못하는 편이라고 한다. 그래서 B형 중에는 피아노 잘 치는 사람이 없다고 한다.

— 어느 홈페이지(gonjaemong.egloos.com/407366)에서

B형만 좋아하는 것에 놀라운 집중력을 발휘할까요? 자기가 좋아하는 것에 집중력이 떨어지는 혈액형이 따로 있을까요? 누구나 자기가 정말 좋아하는 것 앞에서는 엄청난 집중력을 보입니다. 책 읽기 싫어하는 사람도 좋아하는 만화책은 밥 안 먹고 읽죠. 대부분의 사람이 흥미가 없는 일에는 산만한 편이지만 흥미가 있는 일에는 집중합니다. 진짜 좋아하는 사람을 만나기 전까지 한눈을 많이 파는 것은 누구나 그렇죠. 정말 좋아하는 사람을 만나지 못했다면, 한눈을 파는 게 어쩌면 당연하지 않을까요? 좋아하는 사람을 만나기 전까지 한눈을 많이 파는 사람이 B형에 존재하는 수만큼 다른 혈액형에도 그런 사람들은 으레 있기 마련입니다. 평소 떠들썩하다가도 갑자기 조용해진다? 떠들썩한 분위기가 서서히 조용해지는 경우도 있지만, 떠들썩한 분위기가 갑자기 고요해지는 경우도 있습니다. 시끄럽게 떠들다가 대화가 갑자기 뚝 끊기는 상황을 누구나 경험해봤을 것입니다. 뿐더

러, 누구나 가만히 생각하고 있을 때는 잘 웃지 않습니다. 가만히 생각하면서 실실 웃는다면 둘 중 하나겠죠. 실 없는 놈 아니면 정말 웃음이 많은 사람. 세상에 구속받기를 좋아하는 사람이 있을까요? 노예가 아닌 이상, 누구나 구속을 싫어합니다. 아니, 노예라면 더더욱 구속받기 싫어할 것입니다. 대부분의 사람은 구속을 버거워하고 구속에서 벗어나려 애씁니다. 양손잡이가 아닌데 양손을 잘 사용할 사람은 없습니다. 특별히 어떤 혈액형에 양손잡이가 많은 것 같지도 않습니다.

혈액형에 따른 성격 구분, 왜 맞는 것처럼 보일까?

- 당신은 때때로 외향적이고 사교적이며 상냥하지만, 어떤 때는 반대로 내향적이고 과묵하며 조심스러울 때도 있습니다.
- 당신은 외향적이고 붙임성이 있어 보이지만 실제로는 소심한 면이 있다.

사람의 성격은 복합적입니다. 그래서 사람의 성격을 하나로 고정시켜 설명하기 어려울 때가 많습니다. 항상 착하기만 한 사람도 없고, 항상 나쁘기만 한 사람도 없습니다. 착하다가도 나쁘고, 나쁘다가도 착한 게 사람입니다. 뿐더러, 사람은 비슷한 경우라도 기분과 이해관계에 따라 다르게 행동하곤 합니다. 그만큼 사람의 성격은 다채롭고 양면적인 것이죠.

제시된 문장들은 양가적兩價的입니다. 즉, 두 가지 다른 성격을 포괄하고 있습니다. 우리 주변의 보통 사람들에게서 볼 수 있는 성격입니다. 아니면, 바로 여러분 자신의 성격일 수도 있습니다. 이와 같은 성격은 특정한 혈액형이 지닌 성격이 결코 아닙니다. 만약 여러분에게 저 문장들을 보여주고 '당신의 혈액형이 일반적으로 지니는 특성'이라고 설명한다면, 여러분 중의 대다수는 고개를 끄덕일 것입니다. 이렇게 누구에게나 해당될 법한 성격 묘사(특성)를 자신에게만 맞는 것으로 받아들이는 경향을 '버넘 효과'*라고 합니다.

혈액형별로 성격을 구분해놓은 문장들은 대개 애매모호한 의미를 담고 있습니다. 즉, 누구에게나 해당되는 일반적인 특성을 포괄적으로 담고 있습니다. 혈액형의 성격에 관한 책이나 글을 들여다보면, 이와 같은 문장들이 가득합니다. 얼핏 보면 자기 성격과 관련된 내용 같아 보이지만, 잘 들여다보면 많은 이들이 공유하는 특성을 불분명하게 표현하고 있는 것이죠. 누군가 성격의 충돌로 내적인 갈등을 겪는 시점에서 '당신은 때때로 외향적이지만, 어떤 때는 반대로 내향적'이라는 얘기를 듣는다면 이런 얘기에 더욱 끌릴 수밖에 없습니다.

뿐더러, 지나치게 많은 것을 열거해놓음으로써 반드시 그 중 몇 가지가 자기와

---

* 버넘 효과란 심리학자 포러B. R. Forer가 정의한 것으로 '사람들이 타인에게도 해당하는, 막연하고 일반적인 성격 묘사를 그들 자신에게만 맞는 것으로 받아들이는 경향'을 의미합니다.

일치할 수밖에 없게 되어 있습니다. 가령 A형에 대한 성격을 묘사해놓은 글을 읽는다고 합시다. 대략 다음과 같은 내용들이 열거될 것입니다. 소심하다, 내성적이다, 신중하다, 꼼꼼하다, 쪼잔하다, 얌전하다, 배려심이 깊다, 성실하다, 조용하다, 모범적이다, 고집 세다 등 상당히 여러 가지가 제시되겠죠? 이렇게 많은 진술을 접하다보면 누구에게나 몇 가지는 해당될 수밖에 없을 것입니다.

지식 상 자

혈액형에 따른 성격 구분의 역사

1901년 오스트리아 빈 병리학 연구소에서 연구 조교로 일하던 세균학자 칼 란트슈타이너가 혈액에 세 가지 종류가 있다는 사실을 처음 발견했습니다. 그는 그 각각에 A, B, C형이라는 이름을 붙였습니다. 이듬해인 1902년에 그의 동료 두 명이 나머지 혈액형을 찾아내고 AB형이라는 이름을 붙였습니다. 이 발견을 통해 수혈이 일반화될 수 있었고, 1930년 란트슈타이너는 노벨 의학상을 받았습니다.

몇 년 뒤 독일에서 에밀 폰 둥게른은 「혈액형의 인류학」이라는 논문에서 혈액형에 따른 인종 우열 이론을 폈습니다. A형은 게르만 민족의 피고, 그 대척점에 있는 B형은 검은 머리와 검은 눈동자를 지닌 아시아 인종에게 존재한다고 주장했습니다. 이와 같은 '혈액형의 인류학'은 일본으로 건너가 1927년 다케지 후루카와의 「혈액형을 통한 기질 연구」라는 논문으로 탄생하게 됩니다. 그는 이 논문에서 친척, 동료, 학생 등 319명을 조사하여 처음으로 혈액형과 인간의 성격을 관련지었습니다. 그의 이론에 따라 1930년대 일본에서는 최초로 이력서에 혈액형을 쓰는 칸이 생기게 되었습니다.

이러한 혈액형 인간학은 2차 대전 중에 잠깐 반짝하다가 이내 잠잠해졌습니다. 그러다 1970년대 저널리스트 노미 마사히코에 의해 혈액형 신화가 다시 시작되었습니다. 그가 쓴 『혈액형 인간학』(1971)이라는 책은 이후 200쇄를 찍으며 지금까지 수백만 부가 팔려 나갔습니다. 그가 죽은 뒤에 그의 아들이 뒤이어 혈액형 인간학을 전파하고 있습니다.

머피의 법칙 *

	세차를 했다	세차를 않했다
비가 왔다	1. 비가 왔고 세차를 했다.	2. 비가 왔고 세차를 하지 않았다.
비가 오지 않았다	3. 비가 오지 않았고 세차를 했다.	4. 비가 오지 않았고 세차를 하지 않았다.

살다보면 비가 오지 않은 날이 비가 온 날보다 훨씬 많습니다. 또한, 세차를 하지 않은 날이 세차를 한 날보다 더 많습니다.(물론 사람에 따라 다소 차이는 있지만, 격일로 세차를 하지 않는 이상 누구에게나 세차를 하지 않은 날이 더 많을 수밖에 없죠.) 결과적으로, (4)의 경우가 현실에서 제일 많이 발생한다고 볼 수 있습니다. 그 다음으로 많이 발생하는 경우는 (2)와 (3)입니다. 인생에서 (1)의 경우는 아주 드물게 발생합니

다. 그럼에도 불구하고 사람들은 (2), (3), (4)의 경우보다 (1)의 경우를 더 잘 기억합니다. 또한, 자기에게만 그런 사건이 자주 발생한다고 생각합니다. (1)이 드물게 일어남에도 사람들의 뇌리에 강하게 남는 이유는 무엇일까요? 시간과 노력을 들여 정성껏 세차를 해놓았습니다. 그런데 이게 웬일, 윤이 바짝바짝 흐르는 차 위로 빗방울이 떨어집니다. 잠시 후 비가 그치고, 비가 남겨놓은 얼룩. 참 속이 쓰리겠죠? (1)의 경우가 발생할 때, 우리는 가장 손해를 보았다고 생각하게 됩니다. (2), (3), (4)의 경우에 특별히 손해 보았다는 생각을 하지 않는 것과 대조적이죠. 그래서 가장 큰 손해를 본 (1)만이 우리의 기억에 뚜렷이 남는 것입니다. 전혀 특별할 것 없는 (3)이나 (4), 세차 안 하길 잘했다는 안도감을 안겨주는 (2)가 그리 중요하게 기억되지 않는 것과는 대조적이죠.

여기서, 우리의 기억이 지극히 '선택적'이라는 것을 알 수 있습니다. 우리는 일상의 모든 일을 기억하지 않습니다. 아니, 애초에 기억할 수 없습니다. 뿐더러, 만난 사람의 모든 특성을 기억할 수 없습니다. 아니, 애초에 모든 특성을 파악하지 못합니다. 따라서 우리는 자신이 경험한 사건의 극히 일부만을 기억할 뿐이고 자신이 만난 사람의 성격 일부만을 기억할 뿐입니다. 그때 우리는 선택적 기억을 이

* 머피의 법칙 : 자신이 바라는 것은 이루어지지 않고, 우연히도 나쁜 방향으로만 일이 전개될 때 쓰는 말.

용합니다. 그럼, 무엇이 선택되고 무엇이 버려질까요? 앞의 경우처럼 특별히 손해를 봤다고 생각하는 사건들은 뚜렷이 기억됩니다. 손해의 유무를 따지기 어려운 경우에는 어떨까요? 사람과 상황에 따라 다를 수 있지만 대개는 낯익은 것, 고정 관념이 있는 것이 선택되고 낯선 것, 고정 관념이 없는 것이 선택되지 않습니다. 여기서 고정 관념은 '특정 집단의 사람들에 대한 단순하고 지나치게 일반화된 생각', 즉 편견을 의미하기도 하고, '경험 이전에 존재하는 개념으로 경험을 가능하게 하는 생각'을 의미하기도 합니다. 가령 제 머릿속에 치타와 표범에 대한 개념이 없다면 치타와 표범을 보더라도 그 둘을 구별해낼 수 없습니다. 더 정확히는, 구별할 필요성을 아예 느끼지 못합니다. 지속적인 경험과 관찰을 통해 둘의 차이점이 드러나기 전까지는 그러하겠죠. 이처럼 개념이 있어야 사물(사건)에 대한 유의미한 경험과 기억이 가능함을 알 수 있습니다.

• 앞에서 우리는 버넘 효과에 대해서 배웠습니다. 제시한 '선택적 기억'을 활용하여 혈액형별로 성격을 구분하는 사람들의 생각을 분석해보세요.

문제는 선택적 기억! — 보고 싶은 것만 본다

여러분은 오늘 했던 일들을 모두 기억하나요? 오늘 하루 동안 '안녕(하세요)!' 이라는 인사를 몇 번 했는지 기억하나요? 공부하면서 지우개를 몇 번 썼는지 기억하나요? 아마 대부분의 친구들은 기억하지 못할 것입니다. 하루에도 수많은 일을 하고 수많은 사람을 만나지만, 우리 기억에 뚜렷이 남아 있는 일과 사람은 얼마 되지 않습니다. 뿐더러, 기억에 남아 있는 일과 사람조차 대강의 정보와 막연한 느낌만 있을 뿐, 정확하게 기억하지는 못합니다. 우리가 그 모든 것들을 다 기억하고 산다면 아마 우리 머리는 터져버리고 말겠죠?

우리의 일상은 무수한 사건과 만남으로 가득하지만, 대부분의 사건과 만남은 그저 스쳐 지나갈 뿐 기억되지 않습니다. 극히 일부만이 의미 있는 경험으로 기억될 뿐이죠. 일상적으로 반복되는 일들은 별도의 특별한 과정 없이 처리됩니다. 즉, 특별한 생각이나 고민 없이 지금까지 해왔던 대로 수용됩니다. 여기에 습관과 고정 관념의 힘이 작용합니다. 수없이 반복되는 일들을 매번 새롭게 고민하고 처리한다면 우리 삶은 대단히 비효율적일 수밖에 없겠죠. 습관과 고정 관념 덕분에 우리는 별도의 노력 없이 반복되는 일상사를 쉽게 처리할 수 있습니다. 그러나 고정 관념은 여러 가지 점에서 위험성을 안고 있습니다. 시대와 상황이 달라져 고정 관념이 더 이상 유효하지 않은 상황에서도 고정 관념의 특성이라 할 '관성' 으로 인해 상황에 유연하게 대처하지 못하게 합니다. 뿐더러, 스스로 타당성을 따져보지 않은 채 사회적으로 널리 용인되는 고정 관념을 일방적으로 따를 경우에 사회적 소수자에 대한 잘못된 생각을 가질 수도 있습니다.

혈액형에 따른 성격 구분도 이런 방식으로 형성된다고 볼 수 있습니다. 혈액형별로 성격의 특징을 기억하고 있다가, 그러한 점에 들어맞는 사례를 접하면 그것만 '선택적'으로 기억하는 것이죠. 자기가 알고 있는 혈액형의 성격에 부합하는 사례는 적극적으로 기억하지만, 부합하지 않거나 상충하는 사례는 애써 무시합니다. 적극적으로 기억하는 내용에는 긍정적인 것(이나 가치 중립적인 것)이 있을 수도 있고 부정적인 것이 있을 수도 있습니다. 그러나 긍정적인 것보다 부정적인 것이 더 잘 기억됩니다. 사람들은 대개 타인의 장점보다는 단점에 관심이 많고, 타인의 단점을 평가하기 좋아합니다. 뿐더러, 타인의 장점이 반드시 나에게 이롭지 않다 해도, 타인의 단점은 대개는 나에게 해롭기 때문에 더 잘 기억됩니다. 다소 좋거나 특별히 나쁠 것 없는 경험은 대수롭지 않게 스쳐 지나가지만, 불쾌한 경험은 뚜렷한 기억으로 남기 때문이죠. 앞서 살펴본 머피의 법칙처럼 말입니다. 부정적인 사건이 뇌리에 강하게 각인되는 것입니다. 즉, 혈액형별 성격 분류를 기억하고 있는 사람은 그러한 분류에 들어맞는 사례를, 그것도 아주 부정적인 사례를 접하면 적극적으로 선택적 기억을 합니다. 가령 A형은 '왕소심', B형은 '바람둥이', AB형은 '싸이코', O형은 '나서기' 등과 같은 이미지는 부정적인 경험을 바탕으로 형성된 것입니다.

결국, 혈액형별 성격 구분은 '구분 자체가 성격을 구분짓는다' 고 볼 수 있습니다. 즉, 애초에 혈액형에 따라 사람의 성격이 다른 것이 아니라 다르다는 관념이 다르다는 인식을 낳는 것입니다. 우리가 그런 틀(생각)을 갖고 사람을 바라보면 사람은 그렇게 보이는 것이죠. 그리고 고정된 틀(생각)이 전혀 없을 때는 의미 있는 경험으로 기억되지 못합니다. 즉, 혈액형별 성격 구분과 반대되는 사례들은 의도적으로 망각되고 무시됩니다. 가령 A형 중에서도 소심하지 않거나 지나치게 대범한 사람이 있는가 하면, B형 중에서도 지고지순한 사랑을 하는 사람이 있을 수 있겠죠. 문제는 우리 머릿속에 A형이 대범하지 않을 수 있다는 틀(생각)이 존재하지 않을 때 소심하지 않은 A형의 특성은 대수롭지 않게 넘겨버린다는 것입니다. 결국, 혈액형별 성격 구분은 '믿을만해서' 믿는 것이라기보다는 '믿고 싶어서' 믿는 것이라고 보는 게 타당합니다. 사람들의 무수한 성격 중에서 '보고 싶은' 것만 보고 특징짓는 것이죠.

하지만 이와 같은 설명만으로 한국 사회의 혈액형 신드롬을 다 설명할 수는 없을 것입니다. 이와 같은 '선택적 기억' 의 문제가 한국인들만이 지닌 고유한 특성은 아닐 테니까요. 그럼, 어떤 다른 원인이 있었을까요?

서로 다른 인사법

박인수 : 저는 대치동에 사는 박인수입니다. 대치동에 있는 □□ 중학교 3학년 2반에 재학 중입니다. □□ 중학교는 강남에 있는 유명 사립 중학교인데요, 오랜 역사와 전통을 자랑합니다. 연예인 ××가 이곳 출신이고, 또 유명인 △△도 이곳을 나왔습니다. 제가 태어난 곳은 대구이고, 줄곧 대구에서 살다가 초등학교 4학년 때 서울로 올라왔습니다. 성실하신 아버지는 변호사이시고, 인자하신 어머니는 가정주부이십니다.

제이슨 베이커 : 안녕, 내 이름은 제이슨 베이커. 나는 컴퓨터 게임을 좋아하고, 밤하늘의 별자리를 보는 것을 좋아해. 작년에 1년 동안 모은 용돈으로 천체 망원경을 샀어. 내 보물 1호지. 난 거의 매일 밤 별을 관찰해.

• 이와 같이 인사법이 다른 이유는 무엇일까요?

• 한국인들이 대체로 혈액형에 따라 성격을 구분하는 것과 달리, 외국인들은 그렇지 않다고 합니다. 외국인들은 대체로 혈액형에 따른 성격 구분은 물론, 자신의 혈액형조차 잘 모르는 경우가 많다고 합니다. 이와 같은 태도의 차이와 인사법은 어떤 관계가 있을까요? 아래 기사를 활용하여 생각해봅시다.

학연 · 혈연 · 지연 여전 —— '줄대기'는 적어

KDI 조사 '우리나라 국민 어떤 단체 가입했나'

우리나라 국민들은 여전히 동창회 · 종친회 · 향우회 등 학연 · 혈연 · 지연 중심의 전통적 사회 관계망에 의존하는 경향이 높은 것으로 나타났다. 이는 연고가 없는 타인에 대한 불신이 높은 우리 사회의 사회적 신뢰 수준이 반영된 결과로 풀이된다. 다만 최근 급성장하고 있는 카페, 블로그, 동호회 등 사이버 공동체가 포용성과 다양성을 바탕으로 사회적 신뢰를 좀 더 폭넓게 확산시킬 매개체가 될 것이라는 기대를 낳고 있다. ……

어떤 단체에 가입해 있는가?
(단위: 복수 응답 %)

단체	%
동창회	50.4
사이버 커뮤니티	27.5
종교단체	24.7
종친회	22.0
스포츠·레저동호회	21.5
문화·취미동호회	21.3
향우회	16.8
아파트단지 등 주민단체	9.9
교육·교사·학부모단체	5.7
정당	4.0
빈민구호 사회봉사단체	3.9
국제구호·인권단체	2.3
환경·동물보호단체	2.1

사이버 공동체 가입자가 상대적으로 포용적

……또 사이버 공동체 가입자들은 비가입자에 비해 더 포용적이고 자유주의적 경향을 보였다. '다수의 생각과 극단적으로 다른 정치적 주장을 용인해서는 안 된다'와 '반대 주장에 귀를 기울이는 것은 시간 낭비일 뿐이다'는 문항에 대해 사이버 공동체에서 적극 활동하는 사람들의 반대 비율이 높았다.

보고서는 "사이버 공동체가 앞으로 40대 이상 기성 세대들에게 새로운 '근대적 신뢰'를 학습하게 하는 중요한 공론의 장이 될 수 있다"고 분석했다.

〈한겨레〉, 2006. 12. 26.

개인주의와 집단주의

한국과 일본은 혈액형에 매달리는 대표적인 사회입니다. 왜 유독 한국과 일본에서 혈액형 신드롬이 광범위하게 퍼졌을까요? 두 사회는 공통적으로 집단주의적 색채가 강합니다. 개인의 가치보다 집단의 가치를 더 중요하게 여기고, 개인의 개성이나 능력보다 개인이 속한 집단을 더 중요하게 평가합니다. 우리 사회에서 어느 지역 출신인지, 어느 대학을 나왔는지, 어느 회사를 다니는지는 대단히 중요한 문제입니다. 인간 관계를 맺는 데, 사회 생활을 하는 데 학연, 지연, 혈연을 고려하는 것은 다반사이고, 심지어 결혼을 하는 데도 출신 지역을 고려할 정도죠.

집단주의 문화 속에서 개인은 자신만의 개성을 키우지 못합니다. 개성을 발견하지도, 개발하지도 못한 개인들은 자기가 무엇을 좋아하는지, 자기가 무엇을 원하는지 알지 못합니다. 즉, 자기가 어떤 사람인지 알지 못하는 것입니다. 자기 자신에 대한 몰이해로 가득할 뿐이죠. 게다가, 자기 성격의 특징이나 장단점 등도 정확히 모릅니다. 많은 한국인이 자기 소개서 한 장 제대로 쓰지 못하는 것도 그런 이유 때문이죠. 자기를 제대로 알아야, 소개할 자기가 마땅히 있어야 소개서를 쓸 것 아닙니까? 마땅히 소개할 자기도 없고, 자기가 어떤 사람인지도 잘 모르기에 한국인들은 자기 소개서도 못 쓰고, 남들 앞에서 자기 소개도 못 합니다. 기껏

한다는 소개가 자기는 어느 지역에서 태어났고, 어느 지역에서 사는지, 어느 학교를 나왔고 어느 학교를 다니는지 등 죄다 자기와 무관한 것들뿐입니다.(물론, 전적으로 무관한 것은 아니죠. 하지만 저것들이 소개하는 사람의 본질을 구성하는 부분이라 말하기는 어려울 것입니다. 자신만의 상처, 자신만의 특징, 자신만의 습관, 자신만의 소망 등이 자기를 구성하는 본질적인 부분 아닐까요?) 즉, 출신이나 거주지, 출신 학교, 소속 회사(모임) 등 자기를 둘러싼 집단만을 소개하죠. 자기는 없고 자기를 둘러싼 집단만 있을 뿐입니다.

집단주의 사회에서 개인은 자기 정체성을 스스로 확립하지 못합니다. 그런 사회에서 개인은 집단 속에서 자신의 정체성을 찾고 집단의 가치와 개인의 가치를 동일시합니다. 집단의 성격이 그대로 개인의 성격으로 치환되는 것이죠. 내가 어느 집단에 속해 있는지가 내가 어떤 사람인지를 말해줍니다. '당신이 사는 곳이 당신을 말해줍니다'라는 고급 아파트 광고 카피는 물질주의와 집단주의가 절묘하게 결합되어 있습니다. 내가 사는 곳이 나를 말해줄 수 있을까요? 내가 사는 곳이 나에 관해 말해줄 수 있는 것은 극히 적은 부분입니다. 마찬가지로 내가 속한 집단 역시 나에 대해서 극히 일부분만을 말해줄 수 있을 뿐입니다. 내가 서울대 출신이라고 해서 무조건 능력이 있다고 말할 수는 없겠죠. 내가 삼성전자를 다닌다고 해서 무조건 괜찮은 사람이라고 말할 수는 없겠죠. 이처럼 혈연, 지연, 학연 등 연고주의, 집단주의가 팽배한 사회에서 개인은 '집단의 한 부속물'로서만 존재할 따름이죠. 혈액형 신드롬도 이러한 집단주의 문화의 한 현상입니다. 집단주의에서 '집단'은 개인이 속한 '견고한 집단'(가문, 동문 등)이기도 하고, 혈액형처럼 '느슨한 집단'이기도 합니다. 같은 혈액형을 지닌 사람들이 같은 성격을 공유한 다는 믿음은, 집단의 성격을 개인의 성격으로 곧장 이해하는 집단주의의 산물입니다.

집단주의 사회에서는 공적인 업무가 사적인 관계로 대체되는 경우가 자주 발생합니다. 그 결과, 때때로 업무 능력보다 인맥이 사회적 성공을 위해 중요한 수단이 되기도 하죠. 한국 사회는 혈연, 지연, 학연을 죄다 동원해서 청탁하고 유착해서 사업을 하는 사회입니다. 그게 안 통하면 돈을 써서라도 '안 되는 일'을 '되게' 하는 사회라고 보면 됩니다. 이렇게 정상적인 형식과 절차가 안 통하는 사회에서 사회적 불확실성은 극도로 가중될 수밖에 없습니다. 이런 사회에서 성공하려면 능력을 키워야 합니다. 여기서, 능력이란 당연히 인맥을 관리하고 확장하는 능력이죠. 사회적 불확실성은 거래 관계뿐만 아니라 인간 관계에도 그대로 적용될 수 있습니다. 타인은 믿을 수 없고, 믿을 것은 오직 인맥뿐이죠. 사람 사이의 관계가 대단히 불확실할 수밖에 없습니다. 그래서 우리는 어떤 준거를 찾게 되는데, 그게 하필 '혈액형'이었던 것인지도 모르겠습니다. 그러한 준거가 상업적으로 널리 이용되면서 대중적으로 급속히 확산되었던 것이죠.

이는 개인주의가 강하게 자리 잡은 서구 사회와 대조적인 모습입니다. 개인과 개인성을 중요하게 생각하는 서구 사회에서는 대체로 자신의 혈액형을 모르는 사람이 많습니다. 당신의 혈액형을 알고 있느냐는 질문에 대다수의 서구인은 그걸 왜 알아야 하는지 반문하기 일쑤입니다. 당연히 혈액형별 성격 구분 자체를 모를 뿐더러, 설사 알려준다 하더라도 잘 이해하지 못합니다. 그렇게 일반화된 잣대로 개인의 성격을 구분하는 것 자체가 난센스라는 거죠. 사람들은 저마다 다른데 어떻게 혈액형으로 성격을 구분하느냐는 반응입니다. 살아온 환경과 해온 경험이 다르므로 성격도 다를 수밖에 없다는 거죠. 그들의 눈에 혈액형에 목매는 한국 사회는 어떻게 보일까요? 혈액형 '집단'의 성격이 고스란히 개인의 성격으로 간주되는 한국 사회는 개인의 가치를 무시하고 폄하하는 사회로 비치지 않을까요?

> **혈액형, 냉정과 열정 사이**
>
> "혈액형의 과학성을 입증하려면 혈액형을 결정하는 유전자가 성격과 관련이 있다는 연구가 나와야 하는데·그런 것이 없지 않은가. 게다가 성격 분류라는 것은 개인에게 낙인을 찍는 속성이 있기 때문에 매우 신중히 조사해야 한다."(강남 성모 병원 정신과 전문의 김태석)
>
> 〈한겨레 21〉, 2004. 11. 26.

• 이러한 반론 말고도 혈액형에 따른 성격 구분에는 여러 가지 반론이 가능할 것입니다. 혈액형에 따른 성격 구분에 대해서 고민한 다음에, 자기 나름대로 반론의 근거를 들어 비판해보세요.

혈액형에 따라 성격이 달라진다고?

첫째로, 성격은 상당 부분 후천적입니다. 혈액형에 따른 성격 분류는, 결국 한 사람의 성격이 '혈액형'에 의해서만 결정된다는 것을 뜻합니다. 하지만 성격은 부모, 형제, 친구, 교육 등 다양한 요소에 의해 결정됩니다. 즉, 성격은 '선천적 요인'과 '후천적 요인'의 복합적인 작용에 의해서 결정되는 것이죠. 혈액형에 따라 성격이 결정된다는 이론(줄여서 '혈액형 결정론'이라 부른다.)은 성격을 형성하는 후천적 요소를 완전히 무시하는 오류가 있습니다. 페루 인디언은 100%가 O형, 마야인은 98%가 O형이라고 합니다.˙ 그럼, 이 사람들은 다 똑같은 성격일까요? 뿐더러, 특정 지역(나라)에서는 일부 혈액형이 드문데, 그 지역(나라)에서는 그 혈액형에 해당하는 성격을 지닌 사람들이 없나요?˙ 선천적 요인이 후천적 요인보다 중요하게 작용한다고 하더라도, 다른 선천적인 요인과 비교해서 유독 혈액형이 결정적인 영향을 미친다는 증거는 어디에도 없습니다. 따라서 혈액형이 성격에 어떤 영향을 미친다고 인정해도, 그 영향이 어느 정도인지는 정확히 알 수 없습니다. 게다가, '유전 인자', '뇌세포', '조직형 항원'˙ 등과 같은 다양한 선천적 요인이 있다는 사실을 감안한다면, 혈액형의 영향은 극히 미미하다고 볼 수 있겠죠.

둘째로, 혈액형 유전과 성격 유전의 관련성이 없습니다. 혈액형이 유전되기 때문에 성격 유전과 관련된다고 생각하는데, 이것 역시 착각입니다. 혈액형이 유전되는 것은 분명합니다. 하지만 유전된다고 해서 특정한 정보(여기서는 성격에 관한 특정한 정보)를 알려준다고 단정지을 수는 없습니다. 가령 '귓불'이나 '혀 말기'는 유전되는 특징들이지만, 그러한 것들이 사람의 성격 정보를 알려준다고 말하지는 않습니다. 어떤 특징의 유전 여부가 성격에 대한 특정 정보의 유무를 알려주는 것은 아닙니다. 가장 중요한 사실은 혈액형 유전 인자와 성격 유전 인자 사이의 관련성이 전혀 밝혀지지 않았다는 것이죠.

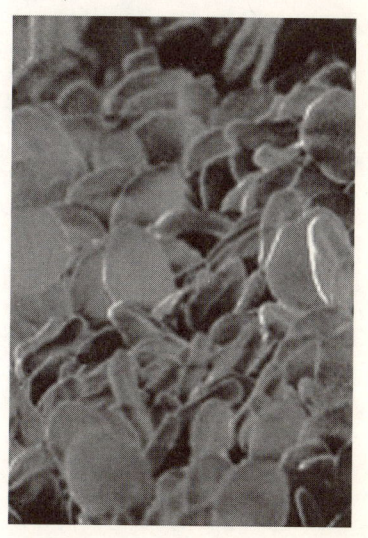

셋째로, 한 사람의 성격은 고정 불변이 아닙니다. 어렸을 때부터 지금까지 쭉 같은 성격을 유지해온 사람이 있을까요? 혈액형 결정론은 사람의 성격을 혈액형에 단단히 묶어 고정시키는 우를 범하고 있습니다. 혈액형에 따라 성격이 결정된다고 말하려면, 사람의 성격은 태어날 때부터 줄곧 같아야 하기 때문입니다. 하지만 성격은 무수한 요인과 변수에 의해서 끊임없이 달라집니다. 또한 성격은 개인의 의식적인 노력에 의해 변화되기도 합니다.

다음으로, 혈액형 결정론의 유형이 지나치게 단순하다는 점입니다. 사람의 성격은 단지 네 가지 혈액형으로 나눌 수 있을까요? 예를 들어, A형 안에도 AA형과 AO형이 있고, B형 안에도 BB형과 BO형이 있습니다. 한국인의 경우에 A형 대부분이 AO형이라고 하는데, AA형과 AO형의 성격 차이도 있는 것 아닌가요? 더 중요한 것은, 혈액형 분류법이 ABO식 말고도 많이 있다는 점입니다. "현대 의학에서는 인간의 혈액을 약 150여 가지로 분류하고 있다."고 합니다.

마지막으로, 성격은 뇌와 가장 밀접한 연관이 있을 것입니다. 그런데 혈액은 뇌에 직접 공급되지 않는다고 합니다. 혈액 순환계와 뇌 세포 사이에 있는 혈액뇌 관문blood-brain barrier이 혈액의 출입을 막고 있기 때문입니다. 혈액은 물론 혈액형을 결정하는 항원, 항체도 이곳을 통과할 수 없다고 합니다. 혈액형 결정론은 혈액이 몸 구석구석을 돌기 때문에 혈액형과 성격이 밀접한 관련이 있음을 내세울 텐데, 이렇게 되면 사람의 성격을 결정하는 가장 중요한 기관인 뇌에 혈액형이 아무런 영향을 미치지 못하게 됩니다. •

• 남아메리카 페루 인디언들은 모두 O형이라고 합니다. O형과 O형이 만나 자식을 낳으면 그 자식도 O형이 됩니다. O형으로 이루어진 페루 인디언들은 오랫동안 외부와 격리된 채 살아왔습니다. 그 결과, 다른 혈액형을 가진 외부인과 접촉할 수 없어서 O형을 유지할 수 있었던 거죠. 그러다 점차 다른 혈액형을 가진 외부인들이 외지에서 들어와 살게 되면서 현재는 다른 혈액형을 지닌 사람들이 생겨났죠.

• "ABO식 혈액형의 비율은 지역에 따라 상당히 다르게 나타난다. 예를 들어, 미국은 전 인구 중 A형이 40% 정도이며 O형이 45% 정도이다. 그에 비해 프랑스는 A형이 44%, O형이 42%이다. 서양은 이런 식으로 A형과 O형이 대부분을 차지하는 반면 일본은 A형이 37%, O형이 31%고 B형이 22%이다. 또한 한국은 A형 34%, O형 28%, B형 27%로 O형과 B형의 수가 거의 맞먹을 정도이다. 더 큰 범위로 보면 중남미나 아프리카, 중동에는 O형이 많은 비율을 점하고 있으며 유럽이나 북미는 A형과 O

신문 기사 제목들

'B·O 혈액형' 주가 상승 주도　〈서울신문〉, 2007. 4. 20.

A형 회계, B형 전문직, O형 마케팅…… 혈액형 따라 선호 직종 달라　〈국민일보〉, 2007. 5. 3.

배우자감으로 女 O형－男 A형이 "가장 좋아"　〈경향신문〉, 2007. 6. 13.

미혼 76% "혈액형 따라 연애 방식 달라"　〈세계일보〉, 2007. 6. 17.

혈액형별 경주 습성을 파악하자!　〈일간스포츠〉, 2007. 6. 29.

혈액형에 따라 운전 습관도 다르다　〈제주일보〉, 2007. 4. 2.

혈액형 따라 소비 패턴도 다르다?　〈세계일보〉, 2007. 3. 22.

혈액형 따라 공부법 이렇게　〈한국일보〉, 2007. 2. 20.

CEO 혈액형 보면 경영 스타일 보인다?　〈서울경제〉, 2006. 3. 17.

● 이렇게 광범위하게 퍼진 혈액형 성격 구분은 어떤 문제들을 일으킬까요?

형이 비슷하게 많아서 대부분의 인구를 차지하고 있다. 그에 비해 아시아는 B형이 비교적 많다."

「각 나라별 혈액형 비율 계산해보자」〈조선일보〉, 2007. 4. 11.

• 조직형 항원 : "그 이론의 '혈액형 물질'이란 혈액형 항원을 일컫는 것인데, 우리 몸속에는 혈액형 항원 말고도 조직형 항원이란 것이 있어 수혈할 때 혈액형 조사하듯 골수 이식을 할 때에도 조직형 항원을 꼭 확인해야 한다. 혈액형이 그처럼 성격에 심대한 영향을 끼친다면 혈액형 항원보다 훨씬 더 종류가 많고 정보가 풍부한 조직형 항원을 이용한 성격 분류는 왜 하지 않는가."(서울대 의대 검사 의학 교실 이동순 교수)

「혈액형, 냉정과 열정 사이」〈한겨레 21〉, 2004. 11. 26.

• "혈액형 물질은 불가사의하게도 뇌에는 존재하지 않습니다. 또 뇌와 혈액의 사이에는 혈액 뇌관문이라는 관문이 있어서, 혈액 성분은 거의 뇌 조직에 들어가지 못하도록 해놓았습니다. 요컨대 혈액형 물질이 신경에 접촉할 기회가 없는 것입니다. 따라서 혈액형이 성격과 관계한다고 하는 것은 아주 생각하기 어려운 것입니다."

「혈액형의 진실」, 90쪽

무엇이 문제인가?

개인은 영어로 indivisual입니다. 여기서 in은 부정을 뜻하는 접두사이고, divisual은 divide(나누다, 쪼개다)와 관련됩니다. 즉, 개인은 더 이상 쪼갤 수 없는 '고유한' 존재라는 뜻입니다. 더 이상 쪼갤 수 없는 '개체성'을 지닌 존재. 이런 개인을 '집단의 가치'로 규정하는 것은 적절하지 않습니다. 그는 집단의 가치로 환원될 수 없는 그만의 독특함과 고유함을 지니고 있기 때문입니다. 한 개인을 이해할 때는 그 개인이 속한 집단을 기준으로 삼아서는 안 됩니다. 대개 집단의 특성과 개인의 특성은 아무 상관이 없을 뿐더러, 설사 그 둘 사이에 모종의 관계가 있다 해도 그것은 느슨한 상관 관계에 불과할 것입니다.

다양한 개성을 지닌 사람들을 '하나의 기준'으로 싸잡아 평가하는 것은 '일반화의 오류'에 지나지 않습니다. 전라도 사람들은 이래, 흑인들은 이래, 동남 아시아인들은 이래…… 하는 식으로 누군가를 싸잡아 이야기한다면 그것은 폭력과 다름이 없습니다. 외모, 성별, 나이, 인종, 국적, 출생지, 혈액형 등과 같이, 개인의 노력으로 바꿀 수 없는 것들을 기준으로 사람을 분류하고 평가하며 단정하는 것은 위험하고 폭력적입니다. 사람이란 '개인'으로 판단해야 한다는 핵심을 놓쳐서는 안 됩니다. 혈액형에 의한 차별은, 'B형 남자'에 대한 편견과 차별에서처럼 특정한 혈액형을 사회적으로 따돌리고 매장하는 결과를 낳습니다. 또한 기업에서 사람을 뽑을 때 혈액형을 참고하는 경우도 발생할 수 있습니다. 실제로 중국이나 일본에서 이런 사건이 있었습니다. 우리 나라에서도 2004년에 대전 농협 중앙회가 신입 사원 채용 공고를 낼 때 A형과 AB형의 자격을 제한하기도 했습니다. 물론, 인터넷에 공고를 올리고 나서 거센 비판이 일자 3일만에 철회하기는 했습니다. 공고문은 다음과 같았습니다. "혈액형 O형과 B형이신 분만 지원해주세요. 다른 형은 지원 삼가바랍니다. 다른 형은 추진력이 없어요!" 게다가 '혈액형 궁합'이라는 이름으로 무슨 '혈액형과 무슨 혈액형은 사귀면 절대 안 돼!' 와 같은 고정 관념을 심어줍니다. 이는 단지 고정 관념에 머무르지 않고, 사람을 사귀는 데 있어서 중요한 고려 요소로 작용하기도 합니다.

혈액형에 관한 편견은 아이들의 교육에도 문제를 낳을 수 있습니다. 가령 일본에서는 혈액형에 따라 아이들을 교육하는 유치원이 있습니다. 이런 곳에서 아이는 혈액형에 따라 특정한 방식으로 교육되고 길러집니다. 이러한 교육은 자칫 아이들의 무한한 가능성을 예단하고, 아이들의 무궁한 미래를 좁히는 결과를 낳을 수 있습니다. A형인 아이는 A형의 특징으로 알려진 능력만을 최대한 발휘할 수 있도록 교육받을 것이기 때문입니다. 이는 아이들만의 문제가 아닙니다. 청소년이나 성인들의 경우에도, 혈액형에 따른 성격 구분을 맹신함으로써 '자기 암시'의 문제를 일으킬 수 있습니다. 마음속에서 반복적으로 되뇌는 것이 현실에서 실제로 일어날 수 있다는 뜻입니다. 즉, 혈액형에 따른 성격의 차이가 자연적으로 발생하는 것이 아니라 '사람들의 의지'에 따라 인위적으로 만들어지는 것입니다.

　마지막으로, 혈액형에 따른 성격 구분은 인종주의적 편견을 강화하는 도구로 사용되기도 합니다. "피는 못 속인다"는 말이 있습니다. 그 부모에 그 자식이라는 뜻으로 쓰는 말입니다. 여기서 '피'를 확대하면 가문을 넘어서 민족이나 인종을 뜻할 수도 있을 것입니다. 이 말을 민족과 인종에 사용하면 엄청난 폭력적 효과를 가져오게 됩니다. 민족과 인종이라는 딱지로 한 개인을 재단할 수 있기 때문입니다. 인종 차별에 이용되는 혈액형별 성격 분류도 이와 같은 폭력적 효과를 지닙니다. 인종 차별에 이용되는 혈액형별 성격 분류는 과거 독일에서도 있었고, 근래 일본에서도 있었습니다. 일본의 일부 학자들은 한국인에게는 일본인보다 AB형과 B형이 많다는 주장을 합니다. 물론, 그 학자들은 AB형과 B형을 성격상의 결함을 지닌 혈액형으로 이해합니다. 많은 일본인도 이 혈액형을 싫어한다고 합니다. 그러나 실제로 조사해보면 한국인에게 제일 많은 혈액형은 A형이고, 그 다음은 O형이라고 합니다.(아산 병원 혈액 은행의 통계에 따르면, 한국인 전체의 혈액형 분포는 A형이 34%로 가장 많고 O형은 28%, B형 27%, AB형 11%라고 합니다.) 결국 일본 학자의 주장은 한국인에게서 객관적으로 발견되는 혈액형 분포에 바탕을 둔 것이 아니라, 그가 한국인에 대해 가지고 있는 편견을 학술적으로 포장한 것에 불과합니다. 이렇듯 혈액형에 따른 성격 구분은 인종주의적 편견을 확대 재생산하는 도구로 사용될 수 있으므로 경계해야 합니다.

• 한국 사회에 개인주의가 확산되면 혈액형 신드롬은 다소 잠잠해질까요? 혈액형에 대한 관심의 열기를 식히려면 어떻게 해야 할까요?

• 민족마다 고유한 민족성이 있을까요? 만약 민족성이 존재한다면 그것은 선천적(유전적)인 것일까요, 후천적(사회·문화적)인 것일까요?

 읽어 볼 책

오기현, 『혈액형의 진실』, 그루북스
68~124쪽 〈혈액형 공방전〉을 읽어보세요.
혈액형 성격을 인정하는 입장과 부정하는 입장이 정리되어 있습니다.

화장실의 사회학

가족 공원 화장실 풍경

 **생각** 맛 보 기

두 사진은 모두 공중 화장실의 풍경을 담고 있습니다. 무언가 이상한 점이 있지 않나요?

여성의 화장실 이용 시간 왜 길 수밖에 없나?

여성의 화장실 이용 시간은 남성에 비해 깁니다. 대소변을 보는 곳이라는 화장실의 본래적 용도와 관련해서 길기도 하고, 본래적 용도와 무관하게 길기도 합니다.

첫째로, 옷의 구조와 신체적 차이. 여성의 옷은 남성의 옷과 많이 다릅니다. 남성의 경우에 용변을 볼 때 바지만 내리면 되지만, 여성은 다소 복잡한 과정을 거쳐야 합니다. 치마를 걷어 올려 추스르거나 거들이나 팬티스타킹 등과 같은 속옷 이외의 다양한 착용물을 처리해야 하는 번거로움이 있습니다. 또한 한 달에 한 번씩 생리를 한다는 점에서도 남자보다 길게 화장실을 이용합니다.

둘째로, 화장실의 다양한 활용. 여성들은 화장실을 다양한 용도로 이용합니다. 우선, 여성들에게 화장실은 탈의실로 이용됩니다. 화장실에서 옷을 갈아입고 옷매무새를 고치며 스타킹을 신습니다. 화장을 하기도 합니다. 다음으로, 아기 엄마의 경우에도 화장실은 여러 용도로 이용됩니다. 아기의 기저귀를 갈아주고 모유를 먹이는 곳으로 이용되는 것입니다. 게다가, 유아를 동반하여 용변을 보게 하는 것도 대개 남성이 아닌 여성의 몫입니다.

명절 때가 되면 느끼는 일이지만 정체된 고속도로를 겨우 빠져 나와 휴게소 화장실에 들어가면 남자와 여자가 같은 시간에 들어가더라도 여자는 한참 후에 나온다. 입구부터 기다랗게 줄을 서 있을 때가 있는가 하면 기다리다 못해 발을 동동 구르거나 어린아이가 못 참고 보채는 울음소리도 들린다. 남자의 경우 다소 청결에 불만은 있지만 여성에 비하면 그런 고민은 사치스런 것이다. 여자의 경우는 대·소변 모두 같은 조건이다 보니 화장실은 말 못할 고민이자 불편과 분노의 대상이었으리라 짐작된다.

여자 화장실이 왜 부족한가? 그것은 여성의 사용 시간을 고려하지 않았고, 좌변기만 설치되는 여자 화장실은 공간이 더 많이 소요되는 점을 감안하지 않은 탓이다. 또한 여성의 진출이 늘어남에 따라 기존 남성 중심적인 화장실 문화에 큰 변화가 닥쳐왔는데도 능동적으로 대처하지 못했기 때문이다. 또 남성 건축가들이 설계 시 여성을 고려하기 어려웠다. ……

국립 환경 연구원에서 화장실 용변 시간을 조사한 결과 남자는 평균 1분 24초, 여자들은 3분이 걸렸다. 2배 이상 차이가 난다. 서울시는 신촌역과 잠실 종합 운동장 등 17곳에 짓는 시범 화장실의 남녀 변기 수 비율을 1.4대 1에서 1대 1.2로 역전시키기로 하였다. 이는 선진국처럼 당장 늘어지는 못하지만 차츰 비율을 높여가야 할 필요성 때문이다. 대구시도 공중 화장실을 정비하면서 남녀 변기 수의 비율을 1대 1.5로 개선하고 화장실 면적도 1대 2의 비율로 하기로 했다. ……

미국의 경우는 어떨까? 지난번 출장길에 실제적으로 조사해보았다. 장소와 위치 등에 따라 변기 수가 다를 수도 있어 일부를 가지고 전체를 평가한다는 것은 공정성에 문제가 있을 수 있겠으나 대체로 여성 화장실을 배려한 흔적이 역력하다. 특히 워싱턴 내셔널 공항과 워싱턴 링컨 기념관-제퍼슨 기념관 사이 야외 화장실의 경우는 남자의 대변기와 소변기를 합한 숫자만큼 여성에게도 똑같이 대변기가 설치되어 있어 50:50 비율을 맞춘 것으로 보여진다. 미 워싱턴 항공 우주 박물관

의 1층에는 남자 화장실의 경우 1곳을 설치한 반면 여자 화장실은 3곳이 설치된 것도 여성을 배려

하기 위한 것이라는 현지 가이드의 설명이다.

정부효, 『서서 오줌 누는 여자 치마 입는 남자』(무한), 319~322쪽

• 이 글을 바탕으로 앞의 사진에서 발견한 문제의 원인을 지적해보세요.

차별의 공간으로서 화장실

남녀 화장실의 크기나 변기 수를 똑같이 하는 것은 형식적으로 평등해보입니다. 그러나 이것은 실질적으로 불평등한 것입니다. 남성의 경우에 대변기보다 소변기를 더 많이 사용합니다. 남성과는 다르게 여성은 대변기만을 사용하죠. 상황이 이러한 데도 좌변기를 남녀 화장실에 같은 수로 설치했다면, 이는 분명히 여성을 차별하는 것입니다. 남자 화장실의 소변기와 대변기의 수만큼 여자 화장실에 대변기를 설치했다고 해도 차별이기는 마찬가지입니다. 이는 얼핏 보면 평등해보이는 조치입니다. 하지만 이것은 여성이 남성보다 화장실을 이용하는 데 더 많은 시간(평균적으로 2배)을 쓰고 남성과 달리 여러 용도로 화장실을 이용한다는 점을 무시하고 있습니다. 남성과 여성의 신체적 차이를 고려해서 변기 수를 결정해야 하는데, 그렇지 못한 것이죠. 그런 점에서, 이 역시도 여성을 차별하는 것입니다. 여자 화장실의 변기 수는 남자 화장실의 대·소변기 수의 합보다 더

많아야 합니다. 그것도 2배는 더 많아야 합니다. 화장실 이용 시간이 여성이 남성보다 평균 2배는 더 길기 때문이죠.

애초에 화장실을 지을 때 설계자, 건설업자가 이런 상황을 고려했더라면 아무런 문제도 발생하지 않았을 것입니다. 설계자, 건설업자는 왜 여성의 신체적 차이를 고려하지 못했을까요? 그 이유는 그들이 대부분 남성이라는 데 있습니다. 남성 설계자나 남성 건설업자는 건물을 지을 때 여성 사용자를 고려하지 않습니다. 그들은 남성적 관점에서, 즉 남성 사용자의 관점에서 공간을 설계하고 건설할 뿐입니다. 더 중요한 것은, 그들의 편향된 시각(즉, 남성 중심적인 시각)을 바로 잡아줄 법적·제도적 장치가 전무했다는 점입니다. 여성과 같은 사회적 약자를 위한 법적·제도적 장치가 마련되었다면 상황은 완전히 달라졌을 것입니다.

여자 화장실의 변기 수는 비단 여성들에게만 피해를 주는 것도 아니랍니다. 생각해보세요. 주말에 모처럼 집 근처 공원으로 가족이 나들이를 나갔습니다. 남편과 아내가 같이 화장실에 가게 됐습니다. 남편은 금세 일을 보고 나왔는데, 아내는 한참 줄을 서서 기다립니다. 아내가 화장실 앞에서 오랫동안 줄 서 있을수록 남편(과 아이)도 오랫동안 기다려야 합니다. 이처럼 여자 화장실의 줄서기 문제는 여성뿐만 아니라 가족 모두에게 피해를 줍니다. 그것은 오로지 여성만의 문제가 아닌 것이죠.

화장실은 개인적인 공간인 동시에 사회적인 공간이기도 합니다. 사회적 공간으로서의 화장실에는 우리 사회의 그늘이 고스란히 드리워져 있습니다. 사회적 약자에 대한 차별이 암암리에 가해지는 공간이 바로 화장실입니다. 사회는 화장실을 통해 강자와 약자를 구분하고, 약자에게 가해지는 차별(불이익)을 통해 상대적으로 강자의 지위와 권력을 승인하고 있는 것입니다. 그런 의미에서, 화장실은 사회적 권력이 작동하는 공간으로 볼 수 있습니다. 여기에서 여성은 당연히 사회적 약자에 속한 존재입니다. 공중 화장실에 길게 늘어선 여성들의 줄은 그나마 눈에 보이는 차별이라 할 수 있습니다. 화장실에는 눈에 잘 띄지 않는 차별도 많습니다.

학생이 선생님 화장실 좀 쓰면 안 되나요?

오래 전 이웃에 있는 학교에 갔을 때의 일이다. 건물 한켠에서 학생이 교사에게 꾸중을 듣고 있었다. 내용을 들어보니 학생이 교사용 화장실을 '함부로' 썼다는 것이다. 꾸중하는 교사는 너무도 당당했고, 꾸중을 듣고 있는 학생은 고개를 숙인 채 '죄송합니다'와 '잘못했습니다'만 연발하고 있었다. 그 장면을 지켜보는 동안 마음이 편안하지 않았다. 급한 김에 교사용 화장실을 좀 썼기로서니 그게 무슨 죽을 죄라고 아이를 매섭게 을러대는가 싶어 영 마뜩지 않았던 것이다. 그래놓고서 교사용 화장실의 청소는 아이들에게 시키지 않는가.

기초적 생리 욕구를 해결하는 화장실을 쓰는 데에도 교사와 학생을 갈라놓고 규제하며 그것이 마치 대단한 권위인 양하는 학교 문화가 결코 아이들의 공감을 얻을 수는 없어 보였다. 더구나 대부분의 학생용 화장실은 교사용 화장실에 비해 열악하기 짝이 없는 시설임을 감안한다면 좀 더 깨끗하고 쾌적한 화장실을 이용하고 싶은 아이들의 마음은 당연한 것이다. 화장지나 방향제가 제대로 마련돼 있는 학생용 화장실은 드물고, 손을 씻고 나서 닦거나 말릴 수 있는 장치가 설치돼 있는 곳도 아직은 일부러 찾아야 눈에 뜨일까 말까 하는 정도이다. 남녀 공학인 학교의 경우에는 "여성 화장실의 대변기 수는 남성 화장실의 대·소변기 수의 합 이상이 되도록 설치하여야 한다"(공중 화장실 등에 관한 법률 제7조 1항)는 규정을 지키고 있는 경우는 거의 없다. 때문에 아이들에게 쉬는 시간 10분은 너무도 짧기만 하다. 매점에도 다녀와야 하고, 칠판도 지워야 하고, 옆반 친구에게 체육복이나 책을 빌리러도 가야 하고…… 물론 화장실에도 가야 한다. 그것도 아주 길게 줄을 서서 말이다. 심지어 일부 아이들은 쉬는 시간이나 점심시간을 이용해 학교 밖의 관공서나 병원 등 비데가 설치된 화장실을 찾아 원정(?)까지도 마다 않는 것으로 알려졌다. 냄새나고 불결한 학교 화장실을 거부하는 것이다. 학교 화장실에도 비데를 설치해달라고 말하는 아이들도 늘고 있다. 아이들에게 무언가를 강요해서 교육적 효과를 거두던 시대는 지나갔다. 화장실조차 제대로 이용하지 못하도록 교사와 학생을 나누어 통제하고 차별하는 것도 이제는 생각을 바꾸어야 할 때다. 어린아이들이라는 이유로 교사는 그들에게 강요하고 차별하면서 스스로의 권위를 말할 수는 없다. 나아가 그것을 '권위'라고 인정해줄 사람도 없다. 세계 인권 선언 제30조는 "어떤 권리와 자유도 다른 사람의 권리와 자유를 짓밟기 위해 사용할 수 없다"고 말한다. 교사와 학생 사이도 예외는 아니다. 교사의 권리(권위)를 위해 아이들의 권리와 자유를 꾸짖어서는 안 된다. 스스로가 교사로부터 충분히 존중받고 있다고 느낄 때 아이들도 진심어린 존중을 교사에게도 보낸다는 것을 기억해야 할 것이다.

〈오마이뉴스〉, 2006. 6. 1.

• 교직원용 화장실과 학생용 화장실의 구분은 남녀 화장실 구분과 같은 맥락에서 이해할 수 있을까요? 학생과 교사의 화장실을 구분해서 사

학교에서 아이들에게 가장 중요한 공간은 어디일까요? 교실이라구요? 천만의 말씀입니다. 교실은 공식적으로나 표면적으로 중요한 공간이긴 하지만, 내면적으로는 그리 중요한 공간이 아닙니다.

매점이라구요? 교실보다는 훨씬 나은 대답이지만 그것도 정답은 아닙니다. 학교 다닐 때의 기억을 잘 되짚어보십시오. 아, 화장실이라구요? 맞습니다. 학교에서 아이들에게 가장 중요한 공간은 바로 화장실입니다. 아이들에게 정말로 중요한 일은 거의 모두 화장실에서 이루어집니다. 심지어는 〈학교 괴담〉에 나오는 귀신들도 화장실에서 자주 나타나지 않습니까? 쉬는 시간이나 점심 시간에 우연히 화장실 앞을 지나가다 보면 늘 아이들이 바글바글 모여서 떠들어대고 있습니다. 살짝 들여다보기라도 할라치면 서로 옆구리를 꾹꾹 찌르면서 일제히 입을 다물지요. 그것은 이제까지 저희들에게 무언가 매우 중요한 일을 하고 있었다는 증거입니다. 그런데 왜 하필이면 화장실이 아이들에게 그렇게 중요한 장소가 되었을까요? 왜 아이들에게 중요한 일은 모두 화장실에서 일어나는 걸까요? 그건 우리가 잘 알고 있는 근대 학교의 건물 구조를 생각해보면 쉽게 알 수 있습니다. 앞에서 나는 우리의 근대 학교를 다음과 같이 설명하였습니다.

근대 학교 교육에서 국가는 국민으로부터 교육과 관련된 이성적 권리(교육권)를 위임받은 이성의 대표자입니다. 국가는 이 교육과 관련된 이성적 권리를 학교에 위임하고, 교사는 학생을 대상으로 교육과 관련된 이성적 권리(교권)를 구체적으로 행사합니다. 말하자면 근대 학교에서 교사는 통제하는 이성이고, 학생은 통제받는 몸인 셈이죠. 이성적 권위에 순응적인 몸을 만들어내는 것은 근대 학교 교육의 (숨겨진) 중요한 목표입니다. 그렇기 때문에 근대 학교에서는 지식의 전수와 같은, 눈에 보이는 교육 과정 못지않게 엄격하게 반복되는 시험이나 시간표처럼 규율에 순응하도록 만드는, 눈에 보이지 않는 교육 과정이 중요한 역할을 합니다. '이성으로 몸의 통제'를 제도화한 학교의 본질은 무엇보다도 학교의 건물 형태에 잘 나타나 있습니다. 학교 건물을 보면, 기다란 복도를 따라 교실들이 배치되어 있지요. 교실에는 복도 쪽 또는 운동장 쪽으로 많은 창문이 달려 있습니다. 복도의 가운데쯤에는 대개 교무실이 있지요. 교무실 문을 열고 복도 가운데에 서면, 교실의 상황들이 대강 파악이 됩니다. 누가 종이 울렸는데도 교실에 들어가지 않고 복도를 어슬렁거리는지, 특별히 시끄러운 교실이 어디인지 금방 알 수 있습니다.

그러니까 학교 건물은 이성(교사)에 의한 몸(학생)의 일괄 감시 통제를 아주 잘 구조화하고 있는 셈입니다. 학교 건물은 학생이 어디에 있든 교사가 언제라도 들여다볼 수 있는 특징을 가지고 있습니다. 학교 건물의 구조가 이렇기 때문에 아이들의 몸의 욕구, 달리 말해 감성적 욕구는 학교 안에서 숨 쉴 데가 없습니다.

몸의 욕구라고 하니까 혹시 이상한 행위를 생각하는 분들이 있을지도 모르겠습니다. 여기서 몸의 욕구라고 하는 것은, 동급생이나 다른 학년 아이들과의 감성적 교류를 의미하는 것입니다. 바꾸어 말하면, 아이들 나름대로 또는 집단 문화를 형성하는 행위라 할 수 있겠지요.

아이들에게 또래 집단과의 감성적 교류가 막힌다는 건 참 답답한 일일 것입니다. 어떤 사람에게 진짜 중요하게 여겨지는 것은 사실 공적인 일이 아니라 사적으로 얽힌 감성적 관계들이니까요. 하지만 학교 안에서도 쉽게 들여다보기 어려운 공간이 있습니다. 화장실이 바로 그런 곳이지요.

김진경, 『미래로부터의 반란』(푸른숲), 80~83쪽

• 이 글에서는 학교의 여러 공간을 감시와 통제의 관점에서 분석하고 있습니다. 화장실도 그런 맥락에서 이해할 수 있다고 말합니다. 글에 언급되어 있지 않지만, 통제의 밑바탕에는 금지가 있습니다. 앞에서 언급한

'학생 출입 금지'라고 써붙인 교직원 전용 화장실이 금지를 통해 궁극적으로 목표하고자 하는 것은 무엇일까요?

위계의 공간으로서 화장실

교직원 전용 화장실은 금지된 공간입니다. 물론, 그것은 학생에게 금지된 공간입니다. 교직원에게는 금지되지 않고 오로지 학생에게만 금지되는 공간인 것입니다. 이러한 구분을 통해 금지된 자와 금지되지 않은 자 사이에는 자연스럽게 '위계 질서'가 형성됩니다. 다른 이들에게 금지된 것이 어떤 이에게는 금지되지 않았다면, 어떤 이는 다른 이들보다 더 많은 특권과 지위를 누린다고 볼 수 있기 때문입니다.

여러 측면에서 학교라는 공간은 대단히 위계적입니다. 대부분의 학교에는 학생을 위한 휴게실은 없지만 교사를 위한 휴게실은 있습니다. 학교라는 같은 공간에서 함께 지내는 사람들을 두 부류로 나누어 한 부류를 위해 설치한 편의 시설에 다른 부류가 접근할 수 없도록 한 것이죠. 교사만을 위한 공간 자체가 문제는 아닙니다. 문제는 교사를 위한 휴게실만 있고 학생을 위한 휴게실은 없다는 점입니다. 교사만을 위한 공간을 따로 둠으로써 학생과 교사를 다르게 대우하는 것이 문제인 거죠. 학생과 교사를 차별하고 있는 겁니다.

교실을 들여다봅시다. 교사가 학생들을 내려다볼 수 있도록 설치한 교단도 위계적이기는 마찬가지입니다. 학생들은 교사가 아무것도 모를 거라 착각하지만, 교단 위에 서면 교실 전체가 훤히 보인답니다. 교사는 교단 위에 서서 학생들을 감시하고 관리하는 권위적인 존재가 됩니다. 교탁과 책상의 자리 배치도 위계적인 공간을 형성합니다. 학생들의 책상은 일제히 교탁을 향해 있습니다. 이는 물론 강의에 대한 학생들의 집중력을 극대화하기 위한 자리 배치입니다. 하지만 강의는 오로지 교사의 몫이고 학생은 그저 듣기만 하는 존재인가요? 이런 자리 배치는 교사의 자리와 학생의 자리를 단단히 고정시킵니다. 교사는 말하는 자, 학생은 듣는 자로 말이죠. 토론식 수업과 참여형 수업을 실시하는 곳이라면 이런 일방적인 자리 배치를 고집하지는 않겠죠? 토론식 수업과 참여형 수업이 학생의 자율적인 참여를 바탕으로 한다는 점을 고려할 때, 수업의 민주성과 자리 배치가 일정한 상관 관계를 전제하고 있음을 확인할 수 있습니다.

　제시된 교직원 전용 화장실 문제도 공간의 위계화를 잘 보여주고 있습니다. 학교는 '교직원 전용'이라는 문구로 학생들을 차별하고 있습니다. 교사의 공간과 학생의 공간을 나누는 것이 차별은 아니겠죠. 마찬가지로 교사용 화장실과 학생용 화장실을 구분하는 것이 문제는 아닙니다. 구분 자체가 문제가 될 수는 없을 것입니다. 화장실에 남녀의 구분을 두고 있듯이, 교사와 학생의 구분도 가능할 것입니다. 화장실에서 교사와 학생이 어색하게 마주치는 상황을 방지하기 위해 그렇게 했으리라 짐작할 수 있습니다. 그러나 여전히 문제는 남습니다. 화장실의 질이 확연히 다르다는 점이 그것입니다. 교사용 화장실은 시설도 좋을 뿐더러 항상 깨끗합니다. 심지어 학생용 화장실에서는 찾아볼 수 없는 비데가 설치되어 있기도 합니다. 학생 화장실은 어떤가요? 더 말하지 않아도 여러분이 더 잘 알겠죠.

학생들이 이용할 수 있는 공간과 이용할 수 없는 공간을 분리하고, 학생들에게 금지된 공간을 이용할 수 있는 '특별한' 사람들을 설정함으로써 학생들의 자리를 특별하지 못한, 무언가 부족한 자리로 인식하게 만드는 것입니다. 이런 현상을 공간의 분리를 통한 '공간의 위계화'라 부를 수 있을 것입니다. 공간의 위계화는 학교뿐만 아니라 가정과 사회에서도 볼 수 있습니다. 가정에는 함부로 넘나들 수 없는 공간들이 있습니다. 아이들은 거실과 부엌, 그리고 화장실을 자유롭게 넘나듭니다. 그러나 안방이나 안방에 딸린 화장실은 그럴 수 없습니다. 아이들에게 묵시적으로 그어진 선 때문입니다. 안방이나 안방에 딸린 화장실은 오로지 두 사람에게만 허락된 공간입니다. 나머지 가족들에게 그곳은 접근이 금지된 공간이죠. 공항의 VIP룸이나 대기업 본사의 임원 전용 엘리베이터 등도 '공간의 위계화'를 잘 보여줍니다. 동물에게서 볼 수 있는 영역 구분처럼 인간은 자기(혹은 자기 집단)만의 영역을 나누고 그 안으로 들어오려는 타인(혹은 다른 집단)의 걸음을 제지합니다. 그러나 동물의 영역 구분이 생존을 위한 본능적 행동이라 한다면, 인간의 공간 구분은 위계 질서를 확립하기 위한 사회적 행위라는 점에서 차이가 있습니다.

이처럼 학교는 '무수한 위계적 공간'들로 구성되어 있습니다. 학교는 눈에 보이지는 않는 위계 질서에 구체적인 형태를 부여하여 학생들을 관리하고 통제하고 있는 것입니다. 학교만큼 '위계 질서의 공간화'를 구체적이고도 다양하게 보여주는 곳도 별로 없을 것입니다.

"지하철 장애인 화장실 개선을"

국가 인권 위원회는 19일 장애인이 접근하기 어렵게 돼 있는 지하철 장애인 화장실의 시설을 개선할 것을 도시 철도 공사 사장에 권고, 공사로부터 개선 의사를 전달받았다고 밝혔다. 인권위 조사 결과, 서울 지하철 5호선 장한평역과 답십리역에 설치된 엘리베이터가 장애인 화장실(지하 1층)을 거치지 않고 지하 3층에서 바로 지상으로 올라가고 지하 1층으로 가는 계단에는 휠체어 리프트도 없어 장애인이 화장실을 사용하기 어려운 구조였다. 인권위는 "이번 권고가 지하철역의 장애인용 화장실 이용에 있어 교통 약자들이 차별받지 않도록 지하철 운영 주체들이 스스로 점검하고 개선하는 계기가 되기 바란다"고 밝혔다. 한편 인권위 출범부터 최근까지 접수된 차별 관련 진정 2199건을 분석한 결과 장애에 의한 차별이 250건(11.4%)으로, 사회적 신분에 의한 차별(536건, 24.5%)에 이어 두 번째로 많은 진정 사유인 것으로 나타났다.

〈세계일보〉, 2006. 4. 20.

• 화장실과 관련한 위와 같은 문제에 드리워진 한국 사회의 그늘은 무엇인가요?

배제의 공간으로서의 화장실

요즘은 서서히 달라지고 있긴 하지만, 여전히 장애인 전용 화장실이 많이 부족한 게 사실입니다. 장애인의 접근을 막는 화장실은, 장애인과 비장애인 사이에 사회적으로 그어진 넘을 수 없는 선과 같습니다. 장애인용 화장실이 아예 설치되지 않았거나, 설사 설치되었다 해도 사용하기 불편하게 설치된 경우가 많습니다. 장애인 전용 화장실이라고 설치된 곳마저도 그저 형식적으로 설치된 것에 불과한 것이죠. 휠체어를 탄 장애인을 위해 설치해야 하는 경사 계단이 없거나, 경사 계단만 형식적으로 만들어놓았을 뿐 여러 시설물을 제대로 갖추지 않은 화장실이 많습니다. 가령, 변기 둘레에 보조 손잡이를 설치하지 않았거나 휠체

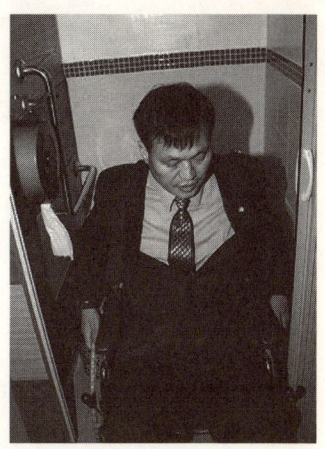

장애인 못 들어가는 장애인 화장실

어를 타고 들어갈 수 없을 만큼 비좁게 만들거나 문턱을 만들어 휠체어의 접근을 아예 막아버리는 식으로 말입니다. 이런 장애인 화장실은 장애인에게 그림의 떡에 불과할 뿐입니다. 이런 시설을 장애인이 혼자 이용하는 것은 거의 불가능합니다. 결국, 다른 사람의 도움을 받아야만 이용할 수 있다는 것인데, 이는 별도로 장애인 화장실을 만들어놓은 본래 취지에 어긋납니다.

광주 지검, 장애인 화장실 잠겨 있어

(전국 공공기관 실태) 팔걸이 폭이 맞지 않아 사용하기 어려운 장애인용 화장실, 전원이 꺼진 채 수 개월째 방치된 휠체어 리프트, 급경사여서 진입 자체가 불가능한 휠체어 사용로……

장애인과 노약자들을 위해 전국의 공공 기관에 설치된 각종 편의 시설이 제대로 작동되지 않는가 하면 형식적으로 설치된 경우가 많아 사실상 이용이 불가능한 것으로 나타났다.

20일 장애인의 날을 앞두고 19일 전국의 공공 기관에 대한 장애인 편의 시설 실태를 조사한 결과, 편의 시설이 형식적으로 설치되고 규정에도 맞지 않는 경우가 많아 실제 장애인들이 이용하는 데 큰 불편을 주고 있었다. 조사 결과, 광주 지방 법원은 건물 내부에 점자 블록도 없었으며, 광주 지검의 1층 장애인용 남자 화장실은 잠겨 있는 등 장애인에 대한 배려가 미비했다. 또 광주 광천 터미널 지하보도에 설치된 장애인 휠체어 리프트는 전원이 꺼진 채 수 개월째 방치돼 장애인들이 왕복 10차로가 넘는 도로를 무단 횡단하는 위험을 감수하고 있었다. 이와 함께 지난해 8월 광주시가 일반 철도역과 지하철 19개 역을 조사한 결과, 화장실이 제대로 설치된 곳은 7곳에 불과했고 점자 블록도 대부분 정확하지 않게 설치되는 등 대부분 지역은 기본적인 편의 시설조차 미흡했다. ……

울산 시청도 내부 계단에 장애인을 위한 핸드레일이 설치돼 있지 않고, 울산 동구청 등은 휠체어 사용로가 급경사여서 진입 자체가 불가능한데도 여전히 개선되지 않고 있었다. 강원 지역도 전체 장애인 편의 시설 설치율이 94.7%에 달하고 있으나 경사로의 경사도가 높고 화장실 내 휠체어 회전 공간이 부족하며 손잡이가 엉뚱하게 설치돼 있는 등 엉터리 시설이 많은 실정이다.

광주시 장애인 총연합회 양철승 간사는 "해마다 편의 시설에 대한 실태 조사를 벌이고

한 화장실 문에 붙은 표지입니다. 장애우라는 표현이 눈에 띕니다. 장애인人을 보다 친근하게 표현하기 위해 장애우友로 표현한 것입니다. 장

애가 있는 사람은 장애가 없는 우리의 친구다? 뭐 이런 의미겠죠. 그러나 곰곰이 생각해보면 장애우라는 표현에는 여러 문제가 있습니다.

우리는 아무에게나 친구라는 말을 쓰지 않습니다. 특히 나이를 중요하게 생각하는 한국 사회에서 나이 어린 사람이 나이 많은 사람을 가리켜 친구라고 말하지는 않습니다. 그런데 장애가 없는 사람에게 장애가 있는 사람은 나이에 상관 없이 모두 친구가 될 수 있다니요. 친구라는 말이 좋은 어감을 지닌 것은 인정하지만, 그렇다고 아무데나 친구라는 말을 갖다 붙여서는 안 되겠죠. 길에서 장애인에게 거리낌 없이 반말하는 사람들을 종종 볼 수 있습니다. 특히 정신 지체 장애인들을 나이 어린 사람 대하듯 아무렇지 않게 하대하는 사람들이 있죠. 이는 사

람을 나이나 서열에 따라 위계적으로 대하는 태도에서 비롯할 겁니다. 그런 사람들은 장애가 있는 사람이 위계 질서의 맨 아래에 위치한다고 생각합니다. 그러니 아무렇지 않게 반말하는 것이죠. 장애우라는 표현이 모든 장애인이 비장애인에 비해 낮은 위계에 있다는 식의 오해를 불러일으키는 것은 아닐까요?

게다가, 장애우라는 표현은 비장애인의 입장에서 사용할 수 있는 말입니다. 비장애인의 입장에서 장애인을 친구처럼 친근하게 대하자는 거죠. 그저 비장애인이 장애인을 일러 사용할 수 있는 표현인 것이죠. 그 말은 장애인이 사용하기에는 다소 적합하지 않습니다. 장애인이 본인을 가리켜 "저는 장애우입니다.(저는 장애가 있는 친구입니다.)"라고 말하는 것은 어색합니다. 결국 장애인을 대상으로 하는 말일 뿐, 장애인을 말의 사용자로 인정하지 않는 말입니다. 그 말은 장애인을 긍정하는 듯하지만, 장애인의 자리—말의 사용자로서 장애인의 자리—를 전혀 고려하고 있지 않죠.

시사 다 지 기

여자 공중 화장실 줄 안 서도 된다

여성용 변기 남성의 1.5배 이상 설치 의무화

새 건축물 29일부터 적용…… 노약자 전용도 생겨

앞으로 공중 화장실을 이용할 때 오랫동안 줄을 서는 불편이 줄어들 것으로 보인다.

새로 짓는 건물은 10월 29일부터, 기존 건물은 내년 말부터 화장실 여성용 변기를 남성용 변기보다 1.5배 이상 설치해야 하기 때문이다. 또 화장실마다 어린이와 장애인, 임신부, 노인 등을 위한 전용 변기도 설치될 예정이다.

행정 자치부는 지난 4월 국회를 통과한 '공중 화장실 등에 관한 법률' 개정안에 따라 10월 29일부터 지하철 환승역, 고속도로 휴게소, 공항 시설, 도시 철도, 대규모 문화 시설 등 하루 이용자가 1000명을 넘는 시설의 공중 화장실에 적용하겠다고 밝혔다. 이에 앞서 유승희 열린우리당 의원과 박순자 한나라당 의원이 각각 여성용 변기 1.5배 설치와 노약자 전용칸 설치를 의무화하는 내용의 개정안을 발의한 바 있다.

이번 조치는 여성이 화장실을 이용하는 시간이 남성보다 3배나 긴데도 변기 숫자는 똑같아 불편을 호소하는 민원이 제기된 데 따른 것이다. 지난해 예술의 전당이 리모델링을 통해 26칸이던 여성용 변기를 66개로 늘린 경우를 제외하면 모든 공중 화장실의 여성용 변기는 남성과 똑같은 수준이다. 이에 행자부는 규정을 어기는 건물주에게 건축 허가를 내주지 않는 방법으로 시행을 강제할 방침이다.

〈여성신문〉 901호, 2006. 10. 27.

• 기사에 의하면 "화장실마다 어린이와 장애인, 임신부, 노인 등을 위한 전용 변기"가 설치된다고 합니다. 어린이와 장애인, 임신부, 노인의 입장에서 화장실이 어떻게 변하면 좋을지 써보세요.

평등한 화장실을 꿈꾸며

앞에서 우리는 화장실을 사회적 공간으로 해석했습니다. 그 과정에서 화장실이 여러 겹의 의미를 지니고 있음을 확인할 수 있었죠. 그것은 차별의 공간이고 위계의 공간이며 배제의 공간입니다. 이제 화장실을 보다 평등하고 자유로운 공간으로 바꿔야 합니다. 화장실의 변화는 단지 화장실에 국한된 변화가 아닙니다. 사회적 차별과 배제의 논리를 극복하기 위한 변화이기도 합니다. 화장실처럼 일상적이고 조그마한 공간에서부터 변화를 시작해야 합니다.

공중 화장실 등에 관한 법률

제7조

(공중 화장실 등의 설치 기준) ① 공중 화장실 등은 남녀 화장실을 구분하여야 하며, 여성 화장실의 대변기 수는 남성 화장실의 대·소변기 수의 합 이상이 되도록 설치하여야 한다. 다만, 행정자치부령으로 정하는 경우에는 그러하지 아니하다.

② 제1항의 규정에도 불구하고 대통령령으로 정하는 장소 또는 시설에 설치하는 공중 화장실 등의 경우에는 여성 화장실의 대변기 수는 남성 화장실 대·소변기 수의 1.5배 이상이 되도록 설치하여야 한다. [신설 2006. 4. 28] [[시행일 2006. 10. 29]]

③ 시장·군수 또는 구청장은 대통령령이 정하는 설치 기준에 따라 공중 화장실 등에 장애인·노인·임산부 등이 사용할 수 있는 변기를 설치하여야 하며, 필요하다고 인정하는 경우 주위 환경과 조화되는 화단·휴식 시설·판매 시설 등의 시설을 설치하게 할 수 있다. 이 경우 장애인·노인·임산부 등이 사용할 수 있는 변기의 설치에 관하여는 「장애인·노인·임산부 등의 편의 증진 보장에 관한 법률」 제8조의 규정을 준용한다. [개정 2006. 4. 28] [[시행일 2006. 10. 29]]

④ 공중 화장실 등에서 발생하는 오수 및 분뇨의 처리는 「하수도법」에 의한다. [2006. 9. 27] [[시행일 2007. 9. 27]]

⑤ 그 밖에 공중 화장실 등의 설치 기준에 관하여 필요한 사항은 대통령령으로 정한다.

• 현대인이 일상에서 마주치는 공간(지하철이나 병원 등) 중에서 어린이나 장애인 등 사회적 약자를 배려하지 않은 사례를 찾아보세요. 사회적 약자를 배려하여 그러한 공간을 바꾼다면 어떻게 바꿀 수 있을까요?

• "화장실이 깨끗해질수록 지구는 더러워진다"는 말이 있습니다. 이 말이 의미하는 바는 무엇일까요? 지구를 조금이나마 덜 더러워지게 하려면 화장실을 어떻게 사용해야 할까요?

읽어 볼 책

김찬호, 『문화의 발견』, 문학과 지성사
250~259쪽, 〈화장실 — 더러움, 그 깨끗함에 대하여〉를
읽어보세요. 화장실에 관한 책은 아닙니다. 현대인이 자주 이용하는
서른 개의 공간에 대한 단상과 다양한 생각거리가 가득합니다.
화장실뿐만 아니라 지하철, 노래방, 편의점, 동물원 등 서른 개의
공간을 흥미롭게 분석하고 있습니다.

성적 소수자 바로 보기

영화 〈후회하지 않아〉의 한 장면과 청국장

 맛 보 기

냄새 때문에 입에도 대지 않는 청국장. 내가 싫어한다고 청국장 먹겠다는 사람을 뜯어말릴 수 없는 일. 동성애도 마찬가지일까요? 자기들이 좋아 사랑하겠다는데 뜯어말릴 필요가 있을까요, 아니면 성적 취향과 맛의 취향은 전혀 다른 문제라서 부득이 뜯어말릴 수밖에 없을까요?

차이를 긍정하라

오랫동안 동성애는 뿌리 깊은 혐오의 대상이었습니다. 많은 이들이 동성애를 '역겹다', '짐승만도 못한 짓이다', '자연의 섭리를 거스른다' 며 비난해왔습니다. 그런 비난들은 아무리 들여다봐도 합리적인 근거를 찾기 어렵습니다. 합리적인 이유가 아니라 단순히 감정적인 거부에서 동성애를 부정하는 것입니다. 그러나 주관적 감정으로 사람을 평가하거나 차별해서는 안 됩니다. 키 작은 사람이 좋다고 해서, 키 큰 사람을 차별해서는 안 되겠죠.

타인의 권리를 부정하고 타인의 자유를 억압하는 주관적 감정을 제외한다면, 감정의 차이는 널리 받아들여져야 할 것입니다. 차이는 소중한 가치이기 때문입니다. 취향의 차이도 마찬가지입니다. 취향의 차이는, 성적 취향의 차이를 포함해서, '옳다/그르다' 의 관점에서 받아들여서는 안 됩니다. '청국장' 냄새를 처음 맡는 사람에게 그 냄새는 역겨울 수 있습니다. 그렇다고 청국장을 그르다고 할 수는 없겠죠. 다른 사람이 청국장을 먹어서는 안 된다고 강제할 수도 없겠죠. 동성애도 마찬가지랍니다. 동성애가 싫다고 해서 동성애를 그르다고, 다른 사람이 동성애를 해서는 안 된다고 말할 수는 없습니다. 자기와 다른 취향에 대해서 우리는 관용의 태도를 지녀야 합니다. 그래야만 자기의 취향도 타인에게 존중받을 수 있답니다. 타인의 취향을 인정하고 관용한 만큼 자신의 취향도 인정받고 관용받을 수 있는 것입니다. 청국장을 즐겨 먹는 사람에게서 청국장을 강요받지 않기 위해서라도 청국장을 인정해줄 필요가 있습니다. 동성애자는 이성애자를 혐오하지도, 이성애자를 부정하지도 않습니다. 또한 이성애자에게 동성애를 강요하지도 않습니다. 이성애자인 우리 역시도 동성애자를 그렇게 대해야 하지 않을까요?

'존재'를 부정할 수 있을까?

동성애가 뇌나 유전자의 차이로 인해 발생한다면, 동성애는 인간의 의지로 어찌할 수 없는 문제가 됩니다. 생물학적으로 결정되는 것이기에 동성애자 본인에게 어떤 책임도 물을 수 없습니다.* 자연적 존재를 거부하거나 부정할 수는 없으니까요. 즉, 동성애는 거부할 수 없는 '존재의 문제'가 되는 것입니다.

길을 가다 지나가는 남자에게 이렇게 말한다고 상상해봅시다. "나는 당신이 남자라는 사실을 인정할 수 없어." 그 남자 옆에 애인으로 보이는 한 여자가 있습니

---

* 마찬가지로 동성애가 후천적이라 해도 동성애자에게 책임을 물을 수 없습니다. 애초에 책임질 일을 했어야 책임을 물을 거 아닙니까? 동성애는 범죄가 아닙니다. 만약 동성애자가 동성애를 목적으로 동성 상대를 추행하거나 강간했다면 그것은 범죄겠죠. 하지만 두 사람의 성인 동성애자가 합의하여 사랑을 한다면 아무런 법적 제재를 받지 않습니다. 우리 나라의 어떤 법에도 동성애를 금지하거나 동성애자를 처벌하는 규정이 없습니다. 물론 법적으로 인정하지는 않습니다. 법적으로 동성애자들은 부부가 될 수 없고, 아이를 입양해 키울 수 없습니다. 동성애자를 범죄자로 처벌하지는 않지만, 사회적으로 동성애를 인정하지 않음으로써 동성애자들의 자유를 제한하고 행복하게 살 권리를 억압할 뿐입니다. 동성애자가 범죄자가 아님에도, 우리는 동성애에 대한 수많은 편견에 휩싸여 그들을 비난하기 바쁩니다.

다. 그 여자를 가리키며 "나는 당신이 이 여자를 사랑하는 것에 반대해."라고 말합니다. 아마 그 남자는 여러분을 길바닥에 내동댕이치고 말겠죠. 우리는 '이성애자라는 것에 반대한다', '이성을 사랑하는 것에 반대한다'는 말이 상식적으로 성립하지 않음을 잘 알고 있습니다. 그런 표현이 부당하고 부자연스럽다고 생각하기 때문입니다. 우선, 이성애가 자연스러운 성애의 방식이라고 생각하기 때문에 '이성을 사랑하는 것에 반대한다'는 표현이 부자연스럽다고 생각하죠. 다음으로, 존재의 자연적 사실을 부정할 수 없기 때문에 '이성애자라는 것에 반대한다'는 표현이 부당하다고 생각하죠.(진중권, 『폭력과 상스러움』, 푸른숲, 160쪽에 인용된 예 참조.)

다소 엉뚱한 이런 상상이 동성애자를 주어로 해서는 할 수 없을까요? 이성애자에게 지극히 당연하게 적용되는 명제('존재의 자연적 사실을 부정할 수 없다.')가 동성애자에게도 당연하게 적용되어야 하지 않을까요? 그러나 이성애자인 우리는 동성애자에게 거리낌 없이 되묻습니다. "당신은 왜 동성애자가 되었죠?", "동성을 사랑하는 이유가 뭐죠?" 한 마디로, 이는 '나는 당신의 동성애를 인정할 수 없다'는 말입니다. 이성애자인 여러분은 자신이 왜 이성애자가 되었는지 설명할 수 있나요? 뿐더러, 이성에게 관심을 갖게 된, 이성을 사랑할 수밖에 없는 이유를 설명할 수 있나요? 동성애자도 이성애자인 우리와 다르지 않습니다. 자기가 왜 동성에게 끌리는지 설명할 수 없는 것입니다. 이성애자가 알 수 없는 이유에서 이성에게 끌리는 것과 마찬가지로 동성애자 역시 알 수 없는 이유에서 동성에게 끌리는 것뿐이랍니다. 그러므로 동성애자에게 "당신은 왜 동성을 사랑하냐?"라고 질문해서는 안 됩니다.

자연적 존재와 성향은 부정과 반대의 대상일 수 없습니다. 누구도 내가 남성인 것에 반대할 수 없습니다. 누구도 내가 동양인인 것에 반대할 수 없습니다. 존재는 선택이 아니라 운명이기 때문입니다. 운명적으로 주어진 것들은 '반대'라는 말을 사용할 수 없는 영역에 속합니다. 이성애자인 우리에게 '동성애'를 강요할 수 없듯이 동성애자인 그들에게도 '이성애'를 강요해서는 안 되는 것입니다.

 **생각** 키 우 기

> (남자에게) "너는 여자와 교합함 같이 남자와 교합하지 말라, 이는 가증한 일이니라."
>
> 「레위기」, 18장 22절

> "누구든지 여인과 교합하듯 남자와 교합하면 둘 다 가증한 일을 행함인즉 반드시 죽일지니 그 피가 자기에게로 돌아가리라."
>
> 「레위기」, 20장 13절

• 이러한 성서의 구절을 글자 그대로 받아들여야 할까요? 아래 제시한 성서 구절과 이에 대한 문화인류학적 설명을 참고하여 설명하세요.

돼지는 굽이 갈라져 쪽발이로되 새김질을 못하므로 너희에게 부정하니 너희는 이 고기를 먹지 말고 그 주검도 만지지 말라 이것들은 너희에게 부정하니라.

「레위기」, 11장 7절~8절

농업과 목축이 혼합된 전반적으로 복합체적인 경제 형태 안에서 돼지고기를 먹지 말라는 신의 금지 명령은 완벽한 생태학적 전략이 되었다. 엉거주춤 정착하고 사는 농경인들에게도 돼지는 재산이기는커녕 오히려 위협적인 존재가 되었다. 하물며 척박한 거주 지역 내에서 돼지를 기를 엄두도 낼 수 없었던 유목 이스라엘인들에게 있어서랴.

그럴 수밖에 없었던 것은, 근본적으로 지구상에 목축을 위주로 하고 있는 지역들은 대개가 비를 이용한 농업을 하기에는 너무 척박하고 관개도 쉽지 않은, 헐벗은 들판과 언덕배기로 이루어진 땅들이었기 때문이다. 이런 땅에서 가장 잘 적응할 수 있는 가축으로는 되새김 동물, 즉 소, 양, 염소 등이 있다. 되새김 동물은 다른 어떤 포유동물보다 훨씬 효과적으로 섬유소가 주성분인 풀, 나뭇잎 등을 소화시킬 수 있게 위의 아래쪽에 벌집위라는 것이 있다. 그러나 돼지는 원래 숲지대와 그늘진 강둑에서 사는 동물이다. 잡식 동물이기는 하지만 주식물은 섬유질이 적은 나무 열매, 과일, 식물 뿌리, 특히 곡식을 주로 먹기 때문에 인간과 직접 경쟁하는 경쟁자일 수밖에 없다. 돼지는 풀만 먹고 살 수는 없다. 따라서 유목, 유랑민들 치고 돼지를 많이 기르는 사람들은 이 지구상 어디에도 없다. 돼지가 지니고 있는 더 큰 약점은 마실 수 있는 젖이 없고 먼 곳으로 몰고 다니기가 무척 어렵다는 점이다.

돼지는 무엇보다도 네겝이나 요르단 계곡 등 성서와 코란에서 나오는 여러 지방의 덥고 건조한 기후에는 잘 견뎌내지 못하는 신체 구조를 지니고 있다. 소, 양, 염소 등과 비교해볼 때, 돼지는 체온 조절 능력을 몸속에 별로 잘 갖추지 못하고 있다. '돼지처럼 땀 흘린다'는 속담이 있지만, 돼지는 전혀 땀을 흘리지 못한다는 사실이 최근에 와서 판명되었다. 포유동물 중에서 가장 땀을 많이 흘리는 인간은 살갗 1평방미터당 한 시간에 1,000그램의 체액을 밖으로 배설하여 체온을 조절한다. 돼지는 기껏해야 30그램의 체액을 배설할까 말까다. 양도 돼지의 두 배는 배설한다. 양에게는 또한 태양 광선을 반사시키고, 기온이 체온보다 높을 때 절연체 역할을 하는 두껍고 흰 털을 지니고 있다는 이점이 있다. 영국 캠브리지의 동물 생리학 농업 조사국의 마운트 씨에 의하면, 다 자란 돼지는 섭씨 37도가 넘는 기온과 직사광선 아래서는 죽고 만다. 요르단 계곡에서는 해마다 여름이면 섭씨 43도가 넘는 날이 거의 대부분이다. 또한 이 지역은 일년 내내 햇볕이 쨍쨍 내리쬔다.

보호막 역할을 하는 털도 없고, 땀을 흘려 체온을 조절할 수도 없는 까닭에, 돼지는 외부의 습기를 이용하여 피부를 습하게 하여야 한다. 그래서 돼지는 깨끗한 진흙 속에 뒹굴어 체온을 조절한다. 그러나 깨끗한 진흙이 없을 경우에 자기의 배설물로라도 피부를 습하게 만들어야 한다. 섭씨 29도 이하일 경우, 돼지는 우리 안의 잠 자리와 식사 자리에는 배설하지 않는다. 그러나 기온이 섭씨 29도를 넘어가면 어디나 가리지 않고 배설을 한다. 기온이 올라갈수록 돼지는 더욱 '더러워지게' 된다. 그러므로 돼지가 종교적으로 불결하게 여겨지는 이유가 실제 몸이 더럽기 때문이라는 이론에도 어느 정도는 일리가 있다. 그러나 돼지의 본성이 자리를 가리지 않고 더러운 것을 좋아한다는 말은 아니다. 오히려 돼지가 자기가 배설한 오물을 뒤집어쓰고 더러운 꼴로 있는 것은 중동 지방의 덥고 척박한 서식지의 특성 때문인 것이다.

마빈 해리스, 『문화의 수수께끼』(한길사), 「돼지 숭배자와 돼지 혐오자」, 49〜50쪽.

글자 그대로의 믿음, 가능할까?

　레위기의 말씀은 근거를 갖춘 논증이 아닙니다. 타당한 근거를 제시하지 않은 채 동성애를 금지하는 일방적인 주장일 뿐이죠. 성서에 동성애가 '가증한 일', 즉 죄악으로 규정되어 있다고 해서, 동성애가 꼭 죄악이 되는 것은 아닙니다. 성서에 쓰인 모든 것이 '진리'는 아니기 때문이죠. 기독교인들은 성서의 일획일점도 잘못된 게 없다고 하지만, 꼭 그렇지만도 않습니다. 성서에는 분명 돼지고기를 금하고 있습니다. 성서를 있는 그대로 믿고 따른다면, 기독교인들은 돼지고기를 먹지 말아야 합니다. 그럼에도 많은 기독교인이 아무렇지도 않게 돼지고기를 먹습니다. 돼지고기 금식을 축자적으로 이해하지 않고 역사적으로 이해하기 때문이죠. 즉, 돼지고기를 먹지 말라는 성서 말씀을 글자 그대로 받아들이지 않고, 역사적 · 문화적 특수성에서 이해하는 것입니다. 다음을 봅시다.

> 여호와께서 모세에게 일러 가라사대 아론에게 고하여 이르라 무릇 너의 대대 자손 중 육체에 흠이 있는 자를 그 하나님의 식물을 드리려고 가까이 오지 못할 것이다. 무릇 흠이 있는 자는 가까이 오지 못할지니 곧 소경이나 절뚝발이나 코가 불완전한 자나 지체가 더한 자나 발 부러진 자나 손 부러진 자나 곱사등이나 난장이나 눈에 백막이 있는 자나 괴혈병이나 버짐이 있는 자나 불알 상한 자나 제사장 아론의 자손 중에 흠이 있는 자는 나아와 하나님의 식물을 드리지 못하느니라.
>
> 「레위기」, 21장 16절~21절

육체에 흠 있는 자는 하나님 가까이 오지 마라? 한 마디로 지체 장애자들은 가까이 오지 말라는 건데요, 이는 명백한 장애인 차별입니다. 글자 그대로 이해한다면 장애인 차별이 아니라고 말할 수 없을 것입니다. 따라서 성서 주석가들은 이를 곧이곧대로 받아들이지 않겠죠. 그렇게 되면 사랑의 하나님은 차별의 하나님이 될 테니까요.

생육하고 번성하여 땅에 충만하라. 땅을 정복하라. 바다의 고기와 공중의 새와 땅에 움직이는 모든 생물을 다스리라.

「창세기」, 1장 28절

성서에 따르면, 자연은 인간의 벗이 아닙니다. 자연은 정복하고 다스릴 대상에 지나지 않습니다. 자연에 대한 인간 우위의 사고방식이죠. 환경 파괴의 싹은 이 같은 사고방식에서 자라났는지도 모릅니다. 인간의 이익과 행복을 위해서 자연은 무제한적으로 개발되었습니다. 그 결과, 자연 자원은 고갈 위기에 처했고, 환경 오염은 돌이킬 수 없는 상황에 이르렀습니다. 동양에서처럼 하늘을 아버지로, 땅을 어머니로 여겼더라도 상황이 지금처럼 악화되지는 않았을 것입니다. 자연을 수단으로 여기는 사고방식으로 전 세계가 당면한 환경의 위기를 극복하기란 불가능합니다. 성서에 쓰인 글자 '그대로'를 믿고 따른다면, 인류는 현재의 위기를 극복하기 어려운 것입니다.

장애인 차별, 자연 정복 등과 같은 극단적인 주장을 공개적으로 펼칠 기독교인은 많지 않을지도 모릅니다. 그렇다면 동성애도 마찬가지여야 하지 아닐까요? 역사적·문화적 특수성에 입각하여 성서의 동성애 금지를 이해할 필요가 있지 않을까요? 기독교의 윤리를 모든 사람에게 강요할 수는 없겠죠. 종교의 자유가 보장된 오늘날 성서의 동성애 금지를 비기독교인에게 일방적으로 강요하는 기독교인은 사라져야 마땅합니다. 지금은 중세의 암흑기가 아니니까요. 이 문제는 비기독교인에 대한 기독교인의 태도와도 관계되지만, 기독교인에 대한 기독교인의 태도와도 관계됩니다. 즉, 교회 안에 존재하는 동성애자들에 대해서도 생각해봐야 한다는 거죠. 교회 안에서 진리의 이름으로 '성 정체성'이 강요되지 않는지 살펴볼 필요가 있습니다.

무엇이 선이고 무엇이 악일까?

선이란 누군가에게 이롭지만 다른 누군가에는 전혀 해롭지 않은 상태를 뜻합니다. 이로움을 누리는 게 남일 수도 있고 나일 수도 있습니다. 남을 이롭게 하지는 못하더라도, 어떤 행위가 자신에게 이롭고 동시에 남에게 전혀 해롭지 않다면 그 행위는 선으로 볼 수 있을 것입니다. 동성애가 그렇습니다. 동성애는 이성애자인 우리에게 아무런 실질적인 피해를 주지 않습니다. 그렇지만 동성애자에게는 쾌락과 행복을 줍니다. 따라서 동성애는 동성애자 본인에게 이롭고 사회에 해롭지 않으므로 '선'이 될 수 있습니다. 오히려 동성애자들의 행복을 비난하고 가로막는 것이 '악'인지도 모르겠습니다. 모든 인간은 자신의 행복을 추구할 권리가 있는데, 근거 없이 이를 억압한다면 그것이 바로 '악'이 아닐까요?

동성애를 인정하자는 주장이 우리 모두가 동성애자가 되자는 주장은 아닙니다. 동성애를 인정하는 것과 동성애자가 되는 것은 전혀 다른 문제입니다. 장애인을 차별하지 말고 장애인의 권리를 인정하자는 주장이, 우리 모두가 장애인이 되자는 주장은 아니듯이 말이죠. 동성애를 인정한다는 것 역시 동성애자가 되겠다는 뜻이 아니라 동성애를 삶의 한 방식으로 받아들이고 관용한다는 뜻입니다. 우리에게 이성애가 자연스럽고 당연한 것이듯, 그들에게는 동성애가 자연스럽고 당연한 것입니다.

동성애에 대한 일반적인 사회적 편견은 '반자연'이라는 데 근거하고 있습니다. 동양식으로 이야기하면 '음양의 순리'에 어긋난다는 것이죠. 그래서 비정상이죠. 자연에서 비정상인 것은 인간의 사회에서도 비정상이라고 간단히 규정하는 겁니다.

도정일·최재천, 『대담』(휴머니스트), 439쪽

• 동성애를 '반자연'으로 보는 사람들은 자연계에서 동성애가 발견되지 않는다는 점을 근거로 제시합니다. 이에 대해서 아래와 같은 단계적 물음을 통해 비판해보세요.

첫째, 동물 세계에서 동성애는 비정상일까요?
둘째, 동물 세계에서 비정상인 것은 인간 세계에서도 비정상일까요?

반자연과 비정상의 굴레

동성애에 대한 기독교적 반론 못지않게 자주 지적되는 자연주의적 반론입니다. 동성애는 자연계에서 관찰되지 않을까요? 이 문제는 조금 뒤에 살펴보기로 하고, 우선 자연계에서 관찰되지 않으니까 잘못되었다는 주장부터 살펴봅시다. 인간은 동물과 유사한 측면도 있지만 다른 측면도 많습니다. 자연계에서 동물들은 돈을 매개로 거래를 하지 않습니다. 그렇다고 인간의 경제 활동을 비윤리적이라고 말하는 사람은 없죠. 자연계에서 관찰되지 않는 행동이라고 해서 비난할 이유는 없는 것입니다. 인간은 동물과 다른 존재니까요. 이렇게 자연에서 관찰되는 동물의 행동을 바탕으로 인간 세계도 그러해야 하지 않을까(혹은 반대로 자연에서 관찰되지 않는 동물의 행동을 바탕으로 인간 세계도 그러해야 하지 않을까) 하는 주장은 '자연주의적 오류'를 범하고 있다고 볼 수 있습니다.

뿐더러, 동성애는 자연계에서 관찰됩니다. 동성애가 '반자연'이라는 생각은 자연을 잘 모르고 하는 생각입니다. 동성애는 자연계에서 관찰될 뿐더러, 그것도 다양한 동물들에서 광범위하게 관찰된다고 합니다. 오히려 자연계에서만큼 동성애를 관찰할 수 없는 인간 세계가 이상하게 여겨질 정도로 흔하게 발견된다고 하네요. 동물행동학의 세계적 권위자인 최재천 교수는 다음과 같이 말합니다.

고릴라나 침팬지 같은 영장류에서 동성애 행위가 관찰된 것은 이미 오래전 일이다. 일명 보노보bonobo라 불리는 피그미 침팬지의 사회는 전반적으로 성에 대해 매우 개방적이다. 암컷들은 맛있는 먹이를 얻기 위해 그리 대수롭지 않게 성을 제공한다. 이 같은 행위는 암컷들이 수컷들뿐만 아니라 다른 암컷들에게도 아무런 거리낌 없이 베푼다. 수컷들 간의 구음口淫도 늘 있는 일이다. 버금 수컷들은 종종 으뜸 수컷에게 슬그머니 다가가 그의 성기를 만져주며 아부한다.

집에서 암코양이들만 따로 키워본 사람들은 그들끼리 암수가 벌이는 성 행위를 모두 하는 걸 보았을 것이다. 동물 세계에서의 동성애는 너무도 광범위하게 알려져 있어 그 예들만 모아놓은 책이 작은 백과사전 분량이 된다. 동성애를 단순히 병리적인 현상으로 보기 어려운 이유가 바로 여기 있다. 오히려 인간 사회에서는 동성애가 왜 이렇게 드물까 의심해야 할 것이다.

최재천, 『생명이 있는 것은 다 아름답다』(효형출판), 52쪽

결국 동성애는 반자연도 아니고, 비정상도 아닙니다. 굳이 비정상이라 한다면, 그것은 평균적인 성향이 아니라는 의미에서만 '비정상'일 수 있겠죠. 즉, '이상하다', '잘못됐다', '그르다'의 의미가 아니라 평균적인 분포에서 벗어나 있다는 의미에서의 '통계학적 비정상'에 불과합니다. 이성애자가 다수인 세상에서 동성애자는 소수입니다. 만약 동성애자가 다수인 세상이라면 이성애자가 소수가 되겠죠. 이처럼 이성애와 동성애는 다수와 소수의 문제, 평균과 비평균의 문제일 뿐입니다. 그 이상도 이하도 아니죠. 다수와 소수 그 자체에 좋음과 나쁨, 옳음과 그름, 선함과 악함 등의 가치가 본질적으로 내포되어 있는 것은 아닙니다.

자연적 성향과 문화적 선택

자연과 인간의 문제를 다뤘으니, 동성애의 원인에 대한 이야기도 좀 해볼까요? 동성애의 원인은 크게 자연적(생물학적)인 것과 인간적(문화적·심리적)인 것으로 나눌 수 있습니다.

동성애의 원인을 밝히려는 연구 및 주장은 수없이 있어왔습니다. 생물학적 요인에서 기인한다는 이론도 있고, 문화적·심리적 요인에서 기인한다는 이론도 있습니다. 생물학적 원인은 대개 선천적인 원인을, 문화적·심리적 원인은 대개 후천적인 원인을 말합니다. 그러나 많은 학설이 일정한 한계를 지니고 있습니다. 최종적으로 하나의 학설이 과학적 이론으로 정립되지는 못했습니다. 생물학적 학설로는 유전설(동성애 유전자로 동성애가 발생한다는 가설), 호르몬설(호르몬 이상으로 동성애가 발생한다는 가설), 뇌 구조설(시상 하부의 간핵 중에서 세 번째 간핵의 크기가 이성애자에 비해 작아서 동성애가 발생한다는 가설) 등이 있고, 문화적·심리적 학설로는 심병설(성장 과정에서 이성 부모에게서 심한 학대를 받아 동성애가 발생한다는 가설), 가정 환경설(남자 아이를 여자 아이처럼, 여자 아이를 남자 아이처럼 키워 동성애가 발생한다는 가설), 영향설(동성애자 친구나 주변의 동성애자에게서 영향을 받아 동성애가 발생한다는 가설), 무매력설(이성에게 매력을 주지 못해 동성애가 발생한다는 가설) 등이 있습니다. 이 밖에도 모벌리 이론(유아기 부모와의 관계에서 채워지지 않은 애정으로 동성애가 발생한다는 가설), 방아쇠 이론(유전적으로 동성애적 경향을 지닌 사람이 환경적, 사회적 여건에 노출되어 동성애가 발생한다는 가설) 등이 있습니다.

동성애 인권 운동가들은 동성애의 원인을 설명하려는 다양한 시도들을 비판적인 시선에서 바라봅니다. 이러한 시도들이 동성애를 비정상적인 상태로 규정하고 연구를 시작한다는 것입니다. 그도 그럴 것이, 이성애자가 왜 이성애자가 되었는지에 대해서는 아무도 설명하려 하지 않습니다. 그런 점에서, 동성애의 원인을 밝히려는 시도는 이성애자를 정상으로, 동성애를 비정상으로 암암리에 전제하고 있는 것입니다. 예전에는 동성애를 병리적으로 다루려는 시도가 많았습니다. 그러나 오늘날은 동성애를 병리적 현상이라기보다는 일반적이지 않은(즉, 평균적으로 수가 적은) 개인적 성향으로 보는 견해가 지배적입니다.

인류를 역병에서 구하라

1980년대 초 뉴욕과 캘리포니아에서는 몇몇 동성애 남성이 희귀한 병을 앓고 있다는 사실이 알려지기 시작하였다. 그 가운데 한 가지는 아프리카 흑인과 지중해 주변의 백인에게만 생기던 피부암의 일종인 카포지 육종이었다. 또 다른 하나는 원생 동물 뉴머시스티스 카리니가 일으키는 매우 드문 폐렴이었다. 그리고 원생 동물이 일으키는 뇌감염증의 일종인 톡소플라스마증도 있었다. 의사들은 잠정적으로 이 병을 '동성애자 관련 면역 질환'이라고 불렀으며, 언론은 더 선정적으로 '동성애자 암'이라고 명명하였다.

〈한겨레21〉, 2004. 01. 01.

자연을 거스른 죄

소설가 김지수

이처럼 창조자의 섭리를 거스른 대가로 치루고 있는 사례는 그 같이 뇌의 조직을 해면처럼 허문다는 광우병뿐만이 아니다. 예기치 못했던 이상 기후나 오존층의 파괴를 비롯하여 현대인의 흑사병이라는 AIDS도 본성에 어긋나는 동성애에 대한 자연의 형벌이라고 보아야 할 것이다.

〈매일경제〉, 2001. 03. 03.

• 아래 자료를 바탕으로 밑줄 친 부분을 비판해보세요.

2006년 에이즈 감염자 분포

신 규 　 감 염 자 　 7 5 1 명				비 　 고
남성(689명)		여성(62명)		11:1
이성 간 감염	동성 간 감염	이성 간 감염	수직 감염[*]	
358명(52%)	331명(48%)	61명(98%)	1명(2%)	

— 질병 관리 본부 발표

바이러스는 사람을 차별하지 않는다

에이즈라는 질병은 자연 발생적으로 생겨날 수 없습니다. 그것은 '바이러스'에 의해서 전염되는 질병입니다. 그래서 에이즈를 발생시킨다는 말 자체가 아예 성립하지 않습니다. 에이즈는 전염되어 발병하는 것입니다. 또한 에이즈는 동성애자 사이에서만 전염되는 질병이 아닙니다. 에이즈는 동성애자뿐만 아니라 이성애자도 전염시킵니다. 바이러스는 동성애자와 이성애자를 차별하지 않습니다. 미국의 농구 스타 매직 존슨과 같은 경우도 이성애자임에도 불구하고 에이즈에 감염되었죠. 확률적으로만 따진다면, 이성애자들에게서 에이즈 감염자

---

* 수직 감염 : 태아가 임산부로터 전염되는 것.

가 생겨나는 비율만큼 동성애자들에게서도 에이즈 감염자가 생겨날 것입니다. 이런 점에서, 에이즈를 '게이 돌림병'으로 여기는 태도는 동성애에 대한 오해에서 비롯한 것입니다.

이성애자보다 동성애자가 에이즈를 더 전염시킨다는 주장도 있습니다. 질병 관리 본부의 통계도 어느 정도 이와 관련된다고 볼 수 있겠죠. 동성애자의 수가

이성애자의 수보다 더 적다는 사실을 감안하면, 남성의 경우에 이성 간 전염 비율과 동성 간 전염 비율이 거의 비슷하다는 점에서 이성애자보다 동성애자가 에이즈를 더 전염시킨다고 생각할 수 있습니다. 그러나 이런 주장은 아주 신중하게 제기되어야 합니다. 우선, 제시된 통계에서 동성 간 감염으로 분류된 사람들은 이성 간 성 접촉을 한 번도 하지 않은 사람들일까요? 과거에 이성 간 성 접촉 경험이 있지만 지금은 동성애자라면(즉, 동성 간 성 접촉만 한다면), 이 경우는 이성 간 성 접촉에 의한 감염인가요, 동성 간 성 접촉에 의한 감염인가요? 비슷한 예로, 양성애자의 경우는 어떻게 봐야 할까요? 이성 간 성 접촉과 동성 간 성 접촉을 동시에 하는 사람이 에이즈에 걸렸을 때, 에이즈의 감염이 이

성에 의한 것인지 동성에 의한 것인지 어떻게 알 수 있나요? 바이러스가 그것을 퍼뜨린 대상의 성별을 알려주는 것도 아닐 텐데 말이죠. 뿐더러, 동성애자의 에이즈 감염 비율이 높다는 주장을 뒷받침하기에 751명이라는 숫자는 다소 부족합니다. 즉, 표본의 수치가 주장을 합리적으로 뒷받침하기에는 다소 무리가 따릅니다. 동성애자의 에이즈 감염 비율이 높다는 주장은 보다 풍부한 표본과 엄격한 실증적 방법을 근거로 하여 검증할 필요가 있습니다. 그렇지 않은 상태에서 일방적으로 제기하는 동성애 에이즈 감염설은 동성애자에 대한 쓸데없는 오해와 편견을 불러일으킬 뿐입니다.

백보 양보해서, 동성애자가 이성애자보다 더 많이 에이즈를 전염시킨다고 가정합시다. 그렇다고 해서, 문제가 달라지는 것은 아닙니다. 이성 간의 성 접촉보다 동성 간의 성 접촉에 의해 에이즈가 더 많이 전염된다면, 이는 차별의 결과일 가능성이 높기 때문입니다. 동성애를 널리 인정하지 않는 사회 분위기 속에서, 동성애자들은 자기들만의 공간(게토)에서 제한된 사람들끼리 관계를 맺을 수밖에 없습니다. 즉, 성 접촉의 스펙트럼이 이성애자에 비해서 훨씬 좁은 것이죠. 그런 이유로 이성애자에 비해 동성애자가 성병이나 에이즈를 전염시킬 가능성이 다소 높아질 수 있을 것입니다. 하지만, 다시 강조하자면 이는 차별이 빚어낸 결과일 뿐입니다. 사회적으로 동성애가 인정되는 분위기에서는 이런 일이 결코 일어나지 않을 테니까요. 뿐만 아니라, 애초에 동성애자들은 피임 기구를 이용할 필요가 없으므로(동성끼리는 임신이 안 되니까요) 콘돔을 이용하는 이성애자들에 비해서 성 질환 감염 비율이 다소 높다고 볼 수도 있을 것입니다. 그러나 이것 역시도 잘 생각해보면 꼭 그렇지만도 않은 듯합니다. 임신 가능 여부를 떠나, 성 질환을 예방하려는 마음이 있다면 이성애자건 동성애자건 콘돔을 사용할 테니까 말입니다.

이상의 논의에서 한 가지 놓친 부분이 있습니다. 특정 질병의 발병률이 높다고 해서, 그 질병의 발병과 관련된 행위를 비난할 수 있을까 하는 문제입니다. 흡연자는 폐암 발생률이 비흡연자에 비해서 높습니다. 그렇다고 폐암 발생률 때문에 흡연을 금지하거나 비난할 수는 없습니다. 왜냐하면 흡연은 취향의 문제이기 때문입니다. 혹시 아버지의 흡연으로 인해 가족 중의 하나가 폐암에 걸렸다면 아버지를 비난할 수도 있겠죠. 이처럼 누군가에게 직접적인 위해를 가한 경우가 아니라면, 어떤 질병의 발생 빈도가 높다고 해서 그 질병의 발병과 직간접적으로 관련된 행위를 비난할 수는 없습니다. 에이즈도 마찬가지 아닐까요? 병은 그저 병일 뿐입니다. 우리가 에이즈를 악마의 병처럼 죄악시하기 때문에 '동성애는 에이즈와 관련된다. 그러니 동성애는 잘못된 것이다.'와 같은 황당한 논리가 성행하는 것입니다. 그러나 에이즈는 자연의 형벌도 아니고 신이 내린 천형天刑도 아닙니다. 에이즈가 처음 발견되었을 때는 죽음의 병, 불치의 병으로 치료가 불가능했지만 지금은 어느 정도 치료가 가능한 질병이 되었습니다. 에이즈 바이러스에 감염된 초기에 치료를 시작하면 보균자 상태로 발병하지 않고 수십 년을 살 수 있다고 합니다. 마치 당뇨, 고혈압 환자가 혈당과 혈압을 조절해 병을 관리하듯이 말입니다. 에이즈는 약물로 관리와 조절이 가능한 질병입니다.

동성애에 대한 또 다른 오해들

동성애자는 변태 성욕자?

결론부터 말하자면, 동성애와 변태 성욕은 무관합니다. 변태 성욕은 크게 두 가지로 구분됩니다. 성애의 대상에 대한 도착과 성 행위에 대한 이상異狀으로 나뉩니다. 전자에는 어린이를 대상으로 하는 소아애(페도필리아), 동물을 대상으로 하는 동물애, 시체를 대상으로 하는 사체애(네크로필리아) 등이 있고, 후자에는 가학증(성적 대상에게 육체적·정신적 고통을 줌으로써 성적 만족을 얻는 이상 성욕), 피학증(육체적 또는 정신적으로 학대를 받고 고통을 받음으로써 성적 만족을 느끼는 병적인 심리 상태), 노출증, 관음증(다른 사람의 성교 장면이나 성기를 몰래 반복적으로 보면서 성적인 만족을 느끼는 성 도착증) 등이 있습니다. 사전을 찾아보면, 동성애 역시 변태 성욕으로 분류하고 있습니다. 그러나 이는 동성애에 대한 오해와 편견에서 비롯한 것입니다. 동성애자들이 변태적인 성 행동을 일삼는다고 말하기는 어렵습니다. 혹시 동성애와 변태 성욕 사이에 관련이 있다면, 그것은 이성애와 변태 성욕 사이에 관련이 있는 만큼 그렇습니다. 즉, 이성애자 가운데 변태 성욕자들이 있는 것처럼, 똑같은 비중으로 동성애자 가운데도 변태 성욕자들이 있을 수 있다는 것이죠. 특별히 동성애자 가운데 변태 성욕자들이 더 많다거나, 모든 동성애자가 변태 성욕자라고 말할 수는 없습니다.

동성애자들과 얘기를 나눠보면, 동성애자도 이성애자처럼 사랑하고 아파한다는 사실을 확인할 수 있습니다. 동성애자도 좋아하는 사람 앞에서 가슴 설레기도 하고 말 못할 가슴앓이로 밤잠을 설치기도 합니다. 이성애자인 우리와 동성애자인 그들이 다른 점이 있다면, 그저 다른 성을 사랑한다는 것뿐입니다.

동성애자는 성 생활이 문란하다?

이런 오해 역시 앞의 오해들과 비슷합니다. 동성애자라고 무조건 성 생활이 문란한 것은 아닙니다. 뿐더러, 모든 동성애자가 자유연애주의자도 아니랍니다. 동성애자 가운데 결혼을 거부하고 성을 탐닉하는 사람이 있다면, 이성애자 가운데 결혼을 거부하고 성을 탐닉하는 사람이 있는 만큼 그럴 것입니다. 대다수의 이성애자들이 자유 연애보다 한 사람과의 가정을 꾸리고 싶어 하듯이 대다수의 동성애자들도 자유 연애보다 한 사람과의 가정을 꾸리고 싶어 합니다. 또한 동성애자들은 아이를 입양해서 키우고 싶어하기도 하죠. 그러나 한국 사회에서 동성애 부부는 법적으로 인정되지 않습니다. 당연히 아이를 입양해 키우는 것도 허용되지 않습니다. 동성애자들은 가정을 이뤄 아이를 입양해 키우고 싶어하지만, 사회가 이를 허용하지 않는 것입니다. 동성애자들은 가정을 거부하지 않습니다. 사회가 동성애자들의 가정을 거부하는 것입니다.

게다가, 성 생활의 문란이나 결혼의 거부가 꼭 나쁜 것만도 아닙니다. 독신은 '처벌' 받아야 할 범죄나 '차별' 받아야 할 문제가 아니죠. 그것은 정당하게 '인정' 받아야 할 삶의 방식입니다. 성 생활의 문란도 마찬가지 아닐까요? 한 사람에 대한 지고지순한 사랑은 아름다운 것이지만, 모두가 지고지순한 사랑을 해야 한다고 강요할 수는 없겠죠. 지고지순한 사랑은 의무가 아니라 선택이기 때문입니다. 한 사람만을 사랑할지, 여러 사람을 두루 사랑할지는 개인이 선택할 문제인 것이죠. 이성애자 가운데 자유롭게 성을 탐닉하는 이들이 있는 만큼 동성애자 가운데도 자유롭게 성을 탐닉하는 이들이 있습니다. 마찬가지로, 성 행위에 관한 이성애자의 자유가 인정되는 만큼 그에 대한 동성애자의 자유도 인정되어야 합니다. 동성애자의 성 생활만 툭 떼어놓고 비난해서는 안 됩니다.

동성애, 제도권 안으로 진입하다

세계에서 최초로 동성애를 법적으로 인정한 나라는 덴마크입니다. 덴마크는 1989년에 '동성 파트너 등록법'을 세계 최초로 시행했습니다. 이는 동성 커플에게도 부부의 권리와 의무를 부여하는 법입니다. 이 법에 따르면, 동성 커플은 상속권 등에서 부부와 같은 법적 지위를 보장받습니다. 덴마크 이후로는 노르웨이(1993), 아이슬란드(1994), 스웨덴(1995), 그린란드(1996), 아일랜드(1996), 네덜란드(1998), 프랑스(1999), 독일(2001), 포르투갈(2001), 핀란드(2002), 벨기에(2003), 뉴질랜드(2004), 캐나다(2005) 등이 뒤를 이어 동성 커플의 권리를 인정했습니다. 동성애를 단순히 파트너로 인정하는, 즉 법적으로 허용하는 것을 넘어 동성 간의 결혼을 인정하는 나라도 있습니다. 네덜란드(2001)와 벨기에(2003), 스페인(2005) 등이 그렇습니다. 2001년에 네덜란드는 동성 간 결혼을 합법적으로 인정했습니다. 2000년 12월 유럽 연합 의회에서도 권리 장전 제21조(차별 금지)에 "성별, 인종, 민족, 유전적 형태, 언어, 종교 또는 믿음, 정치적 혹은 기타 견해, 소수자, 재산, 출생, 무능력, 나이 또는 성적 지향성에 의한 모든 차별은 금지한다"고 규정함으로써 동성애자에 대한 차별 금지를 명문화하였습니다. 미국은 아직 동성애에 대해서 그다지 관용적이지 못합니다. 1960년까지 미국의 모든 주는 동성애 금지법sodomy law을 제정하고 있었는데, 이 법은 남성 사이, 여성 사이 그리고 남성과 여성 사이의 모든 구강 및 항문 성교를 금하였습니다. 1974년에 와서야 미국 정신 의학회에서 공식적으로 동성애를 정신 질환 목록에서 삭제함으로써 동성애자를 미친 사람이 아닌 다른 시각에서 볼 수 있게 되었습니다. 그러나 1986년에 미국 연방 대법원은 동성애가 기본권의 범주 내에 포함될 수 없다고 판결함으로써 동성애에 대한 미국 사회의 뿌리 깊은 편견을 다시 한번 확인시켜주었습니다.

> 만약 한 여자가 다른 여자와 함께, 한 남자가 다른 남자와 더불어 성욕을 충족시킨다면,
> 이는 인류의 목적에 위배되는 것이다. 왜냐하면 성욕에 관하여 인류의 목적은 종의 보
> 존에 있기 때문이다. ……하지만 동성애를 통해서는 종을 보존할 수가 없다.
>
> 칸트, 『도덕 철학 강의』(진중권, 『폭력과 상스러움』(푸른숲) 164쪽에서 재인용)

● 칸트는 유명한 독일 철학자입니다. 유명한 철학자도 가끔 엉뚱한 소리를 하나 봅니다. 칸트의 주장은 아래와 같이 나눠볼 수 있습니다. 각각의 내용을 바탕으로 칸트의 주장을 비판해보세요.

첫째, 성욕에 관하여 인류의 목적은 종의 보존인가요?
둘째, 인류의 목적이 종의 보존이라면 그것이 나의 목적이기도 한가요?
셋째, 그것이 나의 목적이라면 그 목적에 동의하지 않는 사람들을
       전부 비난할 수 있나요?
넷째, 동성애는 종의 보존에 기여할 수 없나요?

동성애는 인류의 종의 보존에 반한다?

칸트의 주장은 동성애가 종의 보존이라는 인류의 목적에 위배되기 때문에 부도덕한 행위라는 거죠? 자, 칸트의 주장을 하나하나 따져보도록 합시다.

첫째, 성욕에 관하여 인류의 목적은 종의 보존에 있다는 주장. 성욕의 목적은 무엇일까요? 사람마다 다르겠죠. 어떤 이는 종의 보존, 즉 임신을 위해 성 행위를 하겠고, 또 다른 이는 임신과 무관하게 쾌락을 위해 성 행위를 하겠죠. 이처럼 성욕의 목적은 개인마다 다를 수밖에 없습니다. 뿐더러, 임신을 목적으로 성 행위를 하는 사람조차도 오로지 임신 때문에 성 행위를 하는 것은 아닙니다. 그가 평생 동안 한 성 행위를 살펴보면, 임신을 목적으로 한 성 행위보다 임신을 목적으로 하지 않은 성 행위가 더 많을 것이기 때문입니다. 만약 성욕에 관하여 인류의 목적이 종의 보존에 있다면, 종의 보존에 목적을 두지 않는 성 행위는 전부 부도덕한 행위가 됩니다. 쾌락을 목적으로 하는 성 행위, 다양한 종류의 피임 등도 마땅히 부도덕하다고 해야겠죠. 여기서 한 발 더 나아가 성교 때 콘돔 사용을 제한, 금지해야 한다는 황당한 주장을 펼 수도 있겠죠. 동성애가 생식이 아니라 쾌락을 목적으로 한다는 점에서 문제가 된다면, 똑같은 논리가 동성애뿐만 아니라 이성애에도 적용될 것입니다. 동성애건 이성애건 성 행위를 통해 쾌락을 추구하는 것은 부도덕한가요? 아무리 생각해봐도 그렇지 않습니다. 우리가 성욕을 충족하는 것은 종의 보존을 위해서가 아니죠. 성욕의 충족은 다른 목적의 수단이 아니라 그 자체가 목적입니다.

둘째, 인류의 목적이 종의 보존이라면 종의 보존은 개인의 목적이기도 하다는 주장. 이 주장은 겉으로 드러나 있지 않습니다. 다음과 같은 논증의 구조에 숨어 있습니다. 〈❶ 인류의 목적은 종의 보존에 있다. ❷개인은 인류에 포함되므로, 종의 보존은 개인의 목적이기도 하다. ❸ 동성애는 인류의 목적에 위배된다.〉 앞에서 성욕에 관하여 인류의 목적이 종의 보존에 있지 않다고 논박했지만, 백보 양보해서 인류의 목적이 종의 보존에 있다고 해봅시다. 종의 보존이 인류의 목적이라 해서 우리가 종의 보존에 매진해야 할까요? 인간의 모든 행위는 종의 보존을 목적으로 해야 하나요? 종의 보존이라는 '전체'의 목적을 곧바로 '개인'의 목적으로 바꿔치기해서는 안 되죠. '나'는 종의 보존, 인류의 존속을 위해 이 땅에 태어난 것이 아닙니다. 나의 존재 이유는 종의 보존을 위해 열심히 씨를 뿌리는 것이 아닙니다. 인간의 존재 이유가 널리, 그리고 많이 씨를 뿌리는 데 있다면 씨 뿌리는 것과 무관한 인간의 활동(가령, 예술 활동이나 종교 활동)은 존재의 질서에 아무런 도움이 되지 않는, 즉 무가치한 활동이 되고 맙니다. 종의 보존이 인류 전체의 궁극적인 목적이라 해서 우리 모두가 그 목적을 위해 살아야 한다고 말할 수는 없죠.

종의 보존을 인류의 목적으로 삼는다면, 그 목적을 '행위의 동기'로서의 목적이 아니라 '행위의 결과'로서의 목적으로 이해하는 것이 더 합당할 듯합니다. 즉,

인간의 모든 행위가 종의 보존을 목적으로 한다기보다는 인간의 어떤 행위가 결과적으로 종의 보존에 기여한다는 것입니다. 나는 씨를 뿌리기 위해 이 세상에 태어난 것은 아니지만, 행복한 삶을 위해 사랑하는 사람을 만나 가정을 꾸리고 아이를 낳습니다. 즉, 나의 행복을 위해 낳은 아이를 통해 나는 의도하지 않았더라도 종의 보존이라는 인류의 목적에 기여하는 것입니다. 전적으로 종의 보존을 위해 사는 것이 아니라 부분적으로 종의 보존에 기여하며 사는 것이죠. 혹시 종의 보존이라는 인류의 목적에 기여하지 않는 이가 있더라도 문제삼아서는 안 됩니다. 임신과 출산이 가능한 사람이 자식을 원한다면 아이를 낳아 기르면 되지만, 그러고 싶지 않거나 그럴 수 없는 사람은 아이를 낳지 않아도 상관없는 것입니다. 생식은 우리의 자유이지 의무가 아니기 때문이죠.

좀 다른 얘기지만, 종의 보존을 인류의 목적으로 삼는다 해도 생식만이 종의 보존에 기여할지는 의문입니다. 출산율이 낮은 일부 국가는 예외겠지만, 전 세계적으로 봤을 때 세계 인구는 이미 포화 상태에 이르렀는지도 모릅니다. 산업 혁명 이후에 세계 인구는 급격히 증가했습니다. 지난 50년 동안 세계 인구는 25억에서 60억으로 2배 이상 늘었습니다. 게다가, 앞으로 50년이 지나면 30억이 더 늘어날 것이라고 합니다. 세계 인구의 급격한 증가가 오히려 인류의 존속을 위협하고 있는 건 아닐까요? 자연 자원의 고갈과 자연 환경의 파괴로 인류의 생존 기반이 무너져가고 있습니다. 지금 이 시간에도 8억이 넘는 사람들이 영양 부족 상태에 놓여 있습니다. 날마다 4만 명이 영양실조로 죽어가고, 그 가운데 절반 가량이 어린 아이들입니다. 아시아와 아프리카, 남아메리카는 빈곤과 기아에 허덕이고 있습니다. 상황이 이러한데, 종의 보존을 위해 무조건 씨를 퍼뜨리자는 맹목적인 주장은 다소 위험해 보입니다. 무조건 낳고 보자는 태도로 종의 보존이라는 인류의 목적을 온전히 성취할 수는 없겠죠. 인구수를 늘리는 것보다 인류 모두가 건강하고 행복하게 삶을 영위하는 게 우선일 듯합니다.

셋째, 종의 보존이 개인의 목적이라면 그 목적에 동의하지 않는 사람들을 비난할 수 있다는 주장. 결론부터 얘기하자면, 종의 보존이 개인의 목적이라 해도 그 목적에 동의하지 않는 사람들을 비난할 수는 없습니다. 종의 보존이 인류의 목적이고 내가 그 목적을 추구한다고 해서 그 목적에 동의하지 않는 사람들을 비난할 자유는 없습니다. 만약 비난할 수 있다고 하면, 종의 보존에 기여하지 않는 독신은 모두 비난받아야 할 것입니다. 그것이 종교적 이유에서 선택한 독신(신부, 수녀, 스님 등)이건 세속적 맥락에서 선택한 독신(독신주의자)이건 마찬가지죠. 왜냐하면 독신은 생식이라는 자연의 질서, 종의 보존이라는 인류의 목적을 거스른 '반인류적인' 행태니까요. 더불어, 애를 낳고 싶어도 낳을 수 없는 불임 부부, 결혼은 했지만 애를 낳지 않는 부부(DINK : Double Income No Kids) 등도 임신을 부정하고 거부했으므로 '반자연적인' 인간으로 비난받아야 하겠죠. 이 얼마나 우스운 꼴입니까. 신부나 수녀를 두고 애 안 낳는다며 '반인류적'이라고 비난하고, 애를 낳고 싶어도 낳을 수 없는 사람을 두고 '반자연적' 이라고 비난하는 꼴이란. 앞에서도 잠깐 언급했지만, 생식을 통한 종의 보존은 좋은 것이지만 이를 모두에게 강요할 수는 없습니다. 생식은 의무가 아니라 선택이니까요. 생식을 선택한 사람이라고 해서 생식을 선택하지 않은(못한) 사람을 비난할 수는 없습니다.

마지막으로, 동성애는 종의 보존에 기여할 수 없다는 주장. 종의 보존이라는 개념의 외연을 조금만 넓혀봅시다. 종의 보존을 단순히 자기와 닮은 개체를 만드는 것에서 종족을 잘 유지하고 관리하는 것으로 확대하자는 것입니다. 그러면 동성애자 역시 종의 보존에 기여한다고 볼 수 있습니다. 일부 동성애자들은 결혼을 하기 원하고 아이를 갖기 원합니다. 동성 커플은 애초에 임신이 불가능하므로 아이를 기르려면 입양할 수밖에 없습니다. 버려진 아이를 입양해서 키우는 것도 인류라는 종을 보존하는 데 기여하는 행위가 아닐까요? 무조건 아이만 낳는다고 인류의 종이 잘 보존된다고 할 수는 없을 것입니다. 낳은 아이를 잘 키워서 그 아이가 다시 종의 보존에 기여하도록 하는 것이 온전한 종의 보존일 것입니다. 그런 점에서, 동성 커플의 입양은 종의 보존에 일정하게 기여할 수 있습니다.

하리수 "아이 기르고 싶다" — 트랜스젠더 입양권 논란

지난달 19일 결혼한 트랜스젠더 연예인 하리수가 "네 명의 아이를 입양해 기르고 싶다"는 뜻을 밝힌 후 트랜스젠더의 입양권을 둘러싼 논쟁이 일고 있다. 포털 사이트 게시판에는 찬반 논쟁이 줄을 잇고 있다. "엄마가 되고 싶다"는 그의 생각을 사회 통념에 거스르는 것으로 보는 의견이 절대 다수다.

본보 취재 결과, 트랜스젠더 부부가 비공식적인 방법으로 입양을 한 사례는 국내에도 이미 있는 것으로 확인됐다. 하지만 유명인인 하리수는 입양 기관에 트랜스젠더임을 밝히고 공개적으로 입양을 추진하고 있고 국내 입양 기관들은 거부감을 보이고 있다. 하리수 부부의 행보는 곧 연예계의 가십 수준에서 트랜스젠더의 입양을 둘러싼 진지한 논쟁으로 바뀔 것으로 예상된다.

〈동아일보〉, 2007. 06. 12.

• 트랜스젠더의 입양에 대해서 어떻게 생각하나요?

하리수는 트랜스젠더지 동성애자는 아닙니다. 트랜스젠더나 동성애자는 성적 소수자입니다. 그 둘은 성적 소수자라는 점에서는 같지만, 법률적 허용 여부에서는 다릅니다. 법적으로 트랜스젠더의 성별 변경은 인정해주고 있으나, 동성애자의 결혼은 인정해주고 있지 않습니다. 그래서 동성애자와는 달리, 트랜스젠더는 아이를 입양해 기를 수 있습니다. 우리 나라는 독신자의 입양을 금지하고 있는데, 동성애 커플은 법적으로 부부가 아니므로 독신자 신분인 동성애자는 아이를 입양할 수 없게 됩니다. 하리수의 경우, 2002년 호적상 남자에서 여자로 전환되었습니다. 따라서 하리수는 법적으로 여자입니다. 이처럼 트랜스젠더는 육체적인 성 전환과 법률적인 성별 변경을 통해 결혼을 할 수 있고, 부부가 되면 아이를 입양할 수 있습니다. 그런데도 법적인 문제를 떠나 사회적으로 트랜스젠더의 입양이 논란이 되고 있는 것이죠. 아이를 낳을지 말지, 아이를 입양할지 말지에 대해서 타인이 왈가왈부하는 것은 아무리 생각해도 주제넘은 짓입니다.

트랜스젠더가 아이를 입양하는 것에는 반대하지 않지만, 입양할 아이가 겪게 될 상처도 생각해야 한다는 주장이 있습니다. 트랜스젠더 부모를 둔 아이가 받을 정신적 충격이나 그 아이를 바라보는 부정적인 시선, 그리고 아이가 겪을지도 모를 성 정체성 혼란 등을 이유로 반대하는 것이죠. 그러나 그런 문제들은 우리가 색안경을 끼고 트랜스젠더를 보지 않는다면 생기지 않을 일이 아닐까요? 사회가 트랜스젠더를 온전하게 인정한다면 크게 걱정할 문제가 전혀 아니죠. 지금은 법적으로 인정하지 않고 있는 동성애 커플의 입양도 마찬가지입니다. 그 경우에도 비슷한 근거로 비판이 가해질 수 있을 텐데, 동성애를 바라보는 사회의 시선이 달라지면 전혀 생기지 않을 문제입니다. 잘못은 입양을 하려는 하리수가 아니라 입양을 막으려는 우리에게 있습니다.

　　사진 속의 남자는 홍석천이
라는 연예인입니다. 한때는 활
발하게 활동했지만, 근래에는
TV에서 보기 어려운 연예인이
죠. 하리수와 마찬가지로 성적
소수자로서 연예 활동을 하는
드문 사람입니다. 하리수를 통

해 사회적으로 트렌스젠더가 많이 알려졌다면, 홍석천을 통해 사회적으로 동성애
가 널리 알려졌습니다. 그러나 커밍아웃(동성애자가 자신이 동성애자임을 세상에 공개적
으로 밝히는 행위)을 한 뒤로 그의 얼굴은 방송에서 사라졌습니다. 방송사가 동성애
자인 그의 연예 활동을 금지했기 때문이죠. 방송 3사는 커밍아웃 이후로 그를 왕
따시켰습니다. 출연하던 프로그램에서는 그를 잘랐고, 주변 연예인들은 그에게서
등을 돌렸습니다. 그렇게 될 줄 그는 몰랐을까요? 누구보다 잘 알고 있었지만, 그
는 커밍아웃을 감행했습니다. 이유는 행복해지기 위해서였다고 합니다. 커밍아
웃을 감행하기 전에 그에게는 사귀던 남자 친구가 있었다고 합니다. 그런데 그가
커밍아웃을 하지 않아서 두 사람의 관계가 발전하지 않았고 결국은 헤어지게 되
었다고 합니다. 그의 말을 들어볼까요. "(둘이) 집에 있을 때만 좋고, 집 밖으로 나
가면 모든 사람의 시선에 대해 거짓말을 시작해야 한다는 것에 굉장히 불행하다

고 느꼈다. 그래서 어떻게 하면 내 인생이 행복해질 수 있을까, 가장 근본적인 부분인 성 정체성에 대해서 당당히 밝혀야 하는 것 아닌가를 고민하다가 2000년에 뭔가 내 인생에 새로운 변화가 필요하다고 보고 커밍아웃을 하게 됐다."(〈노컷 뉴스〉, 2004. 10. 10.) 그 결과, 방송은 그를 거부했고 대중은 그를 비난했습니다. 그런 그가 타임지 아시아판(2004년)이 선정한 '아시아의 젊은 영웅 20인'에 올랐습니다.

美 타임지 선정 아亞 20대 영웅 한국 여자 골퍼·탤런트 홍석천 선정

한국의 여자 골퍼들과 탤런트 홍석천(34) 씨가 미국 시사 주간지 타임이 선정한 올해 아시아의 젊은 영웅 20인으로 뽑혔다. 타임 아시아판 최신호는 4일 40살 이전의 젊은 나이에 패기와 정신력으로 용감하고 대담하며 뛰어난 일을 해낸 아시아의 영웅 20인을 선정했다고 보도했다. ……또 한국의 공인으로서는 처음으로 3년 전 자신이 동성애자라고 커밍아웃한 탤런트 홍석천 씨도 동성애에 대한 보수적인 태도에 변화를 가져왔다고 평가했다. ……앤서니 스패스 타임 아시아판 부장은 "아시아인들은 몇 십 년 전까지만 해도 기존 관습과 규율을 깨는 것을 상상조차 하지 못했지만 지금은 달라졌다"며 "아시아에서 기대되고 있는 역동성은 이제 헤어날 수 없을 정도로 모두 젊음과 연계되어 있다"고 말했다.

〈광주일보〉, 2004. 10. 04.

범죄자에 버금가는 악덕을 행한 동성애자를 가만둬서는 안 됩니다. 그는 단죄되어야 합니다. 이것이 그를 바라보는 한국 사회의 일반적 정서였습니다. 그런데 타임지 아시아판은 그에게 '영웅'이라는 호칭을 부여했습니다. 타임지 아시아판이 제정신이 아니라서 그런 결정을 내렸을까요? 선정 이유가 궁금합니다. 타임지가 밝힌 선정 이유는 '보수적인 대한민국 사회에서 편견에 맞서 싸운 용기를 높이 평가'하였다는 것입니다. 예상되는 사회적 멸시와 차별을 무릅쓰고 스스로 동성애자임을 밝힌 행동이 대단히 용기 있는 행동이라는 평가입니다. 그만큼 한국 사회는 동성애에 대한 강고한 편견과 천박한 무지로 가득합니다. 오해하지는 맙시다. 동성애가 권장할만해서 동성애자임을 스스로 밝힌 행위를 높이 평가하고 있는 것은 아닙니다. 동성애는 그 자체로 좋은 것도 나쁜 것도 아닙니다. 그 행위를 높이 평가하는 이유는 정당한 이유 없이 차별하는 현실에 용기 있게 맞섰기 때문입니다.

흑인이라는 것, 여성이라는 것은 그 자체로 좋거나 나쁜 것이 아닙니다. 흑인이 자신의 권리를 주장하는 것, 마찬가지로 여성이 자신이 권리를 주장하는 것은 흑인이나 여성이 백인이나 남성보다 가치 있다거나 우월하기 때문이 아니라 백인이나 남성 못지않게 가치 있고 존엄하기 때문입니다. 흑인들은 백인이 흑인이 되어야 한다고, 여성들은 남성이 여성이 되어야 한다고 주장하지 않습니다. 이는 동성애자들도 같습니다. 동성애자는 이성애자에게 동성애를 강요하거나 권장하지 않습니다. 흑인이 흑인으로서, 여성이 여성으로서 자신의 권리와 자유를 주장하는 것처럼 동성애자는 단지 동성애자로서 자신의 권리와 자유를 요구할 뿐입니다.

지식 상 자

트랜스젠더와 동성애자 어떻게 다른가요?

트랜스젠더는 자신이 지니고 태어난 신체와 자신의 본래 성이 반대라고 인식하는 사람을 가리킵니다. 즉, 육체적인 성과 정신적으로 느끼는 성이 일치하지 않는 사람입니다. 이와 달리, 동성애자는 자신의 육체적인 성을 부정하지 않습니다. 남성 동성애자는 자신을 여성으로 인식하지 않습니다. 단지, 같은 남성에게 감정적·성적인 이끌림을 느낄 뿐입니다. 일부 트랜스젠더는 성 전환 수술을 통해 정신적으로 느끼는 성을 물리적·육체적으로 회복하려고 합니다. 그러나 모든 트랜스젠더가 성 전환 수술을 하거나 원하지는 않습니다. 어떤 트랜스젠더는 성 전환 수술을 거부하기도 합니다.

• 다름의 관계는 우열愚劣의 관계도, 선악善惡의 관계도 아닙니다. 동성애자는 본래부터 비정상이 아니었습니다. 역사적으로 동성애를 인정한 시대도 있었고 문화도 있었습니다. 다수인 이성애자가 소수인 동성애자를 비정상으로 낙인찍었기 때문에 비정상이 되었던 것입니다. 이성애자는 동성애자를 다양한 방식으로 낙인찍었습니다. 이성애자에 의해서 동성애자는 (종교적) 죄인으로, (정신병리학적) 광인으로, (신체적 결함을 지닌) 환자로 낙인찍혔습니다. 이성애자는 왜 동성애자를 비정상으로 낙인찍을까요?

• 사람들은 자기와 같으면 정상, 자기와 다르면 비정상이라는 식으로 생각합니다. 이런 생각은 자기와 같은 편은 선(善, 좋은 것)이고, 자기와 다른 편은 악(惡, 나쁜 것)이라는 결론으로 쉽게 달려갑니다.

흑백 논리(모든 문제를 흑과 백, 선과 악, 득과 실의 양 극단으로만 구분하고 중립적인 것을 전혀 인정하지 않는 편중된 사고방식이나 논리)적 사고입니다. 다수인 우리는 성적 소수자를 대할 때도 이와 같은 태도를 보입니다.

이런 식의 사고는 우리 일상에 광범위하게 퍼져 있습니다. "이제 모든 나라들은 결정해야만 한다. 우리 편에 설 것인지, 테러리스트 편에 설 것

인지." 미국의 부시 대통령이 한 말입니다. 부시의 말을 흑백 논리와 관련

지어 비판해보세요.

읽어 볼 책

에릭 마커스, 『Is It a Choice? – 동성애에 관한 300가지 질문』(박영률출판사)

제목 그대로 동성애에 관한 300가지 질문에 대한 답변으로

구성되어 있어서 어디를 펴서 읽어도 상관없습니다.

점술 문화

MBC 예능 프로그램 〈무릎팍 도사〉

 생각 맛 보 기

이 프로그램은 도사가 초대 손님인 유명인의 고민을 들어주고 해결책을 제시하는 컨셉으로 되어 있습니다. 이와 같은 프로그램의 컨셉이 그리 낯설지 않게 여겨지는 이유는 무엇인가요?

우리 삶 깊숙이 자리 잡은 점

우리 나라 성인 10명 가운데 4명이 점이나 사주를 본다고 합니다. 그만큼 점은 우리에게 낯설지 않습니다. 오늘의 운세란이 없는 신문은 없습니다. 어느 서점이나 역술서만 따로 모아놓은 코너가 있습니다. 자식이 결혼할 때가 되면 부모는 으레 궁합을 보고, 결혼이 결정되면 역술인에게 의뢰해 택일을 합니다. 게다가, 점술은 더 이상 어른들만의 전유물이 아닙니다. 점술에 대한 관심은 세대를 뛰어넘어 확산되고 있습니다. 손쉽게 이용할 수 있는 운세 사이트(역술 사이트)가 인터넷에 즐비하고, 젊은이들의 취향에 맞춘 사주 카페나 운세 카페가 대학가 여기저기에서 성행하고 있습니다. 휴대폰 부가 서비스로 이용할 수 있는 운세 정보로 누구나 자신의 운세를 손쉽게 확인할 수 있습니다. 점은 우리의 일상이 되었습니다.

점에 관한 딴죽 하나

1) 한날한시에 태어난 아기들의 운명은 똑같은가?

예수와 한날한시에 태어난 수많은 아기들은 예수와 같은 삶을 살았을까요, 다른 삶을 살았을까요? 예수와 같은 성인이 없는 걸로 보아서는 다른 삶을 살았던

게 분명합니다. 사람에게는 정해진 운명이 있고 점이 그 운명을 대변한다면, 왜 한날한시에 태어난 사람들의 운명은 똑같지 않을까요? 나와 같은 해, 같은 달, 같은 날, 같은 시에 태어난 이들은 나와 똑같은 운명의 길을 걸어야 하는 것 아닌가요?

이에 대해 운명은 완전히 결정되어 있지 않고 후천적인 환경과 노력, 그리고 의지에 의해서 바뀔 수 있다고 반론할 수 있을 것입니다. 뿐더러 선천적인 요인 (연월일시)과 후천적인 요인이 함께 한 사람의 운명을 결정한다고 말할 수도 있겠죠. 그러나 선천적인 요인과 후천적인 요인이 사람의 운명에 각각 어느 정도 관여하고 있는지 정확히 알 수 없다면, 굳이 연월일시와 같은 요소로 운명을 점칠 이유가 없지 않을까요? 선천적인 요인에 의한 운명은, 말 그대로 선천적이기 때문에 안다 해서 바꿀 수 없겠죠. 그러니 굳이 알 필요가 없습니다. 그리고 후천적인 요인에 의해 바뀔 운명이야 내가 노력하면 되는 것이니까 운명을 점칠 필요가 없는 것입니다.

연월일시가 같아도 분초分秒가 달라 운명이 다르다고 말할 수도 있을 것입니다. 대통령과 같은 날 태어난 사람은 많지만, 분초까지 같은 사람은 드물겠죠. 그렇다면 과연 지금의 사주는 대단히 부정확한 것 아닌가요? 사주는 연월일시로만 사람의 운명을 점치니까 말입니다. 분초까지도 사람의 운명에 영향을 미친다면 분초까지 고려해 운명을 가늠하는 게 맞지 않을까요? 분초가 다소 다르더라도 연월일시만 제대로 알면 대강의 운명을 알 수 있다손 칩시다. 그렇다면 대통령과 거의 비슷한 시기에 태어난 사람들은 대통령은 아니지만 대통령과 거의 비슷한 운명을 타고 나야 하는 것 아닌가요? 즉, 대통령과 비슷한 길(권력자의 길이건, 리더의 길이건 간에)을 걷고 있어야 하죠. 대통령은 못 되더라도 장관이라도, 하다못해 웬만한 조직의 장이라도 말입니다. 그런데, 과연 그럴까요?

2) 점쟁이는 왜 자신의 운명을 바꾸지 못하는가?

점쟁이(점술가)는 과거를 알아맞히고 미래를 예측하는 것처럼 보입니다. 또한 (부적 등의 방법으로) 미래에 일어날지 모를 나쁜 사건을 방지(하거나 약화)할 수 있는 것처럼 보입니다. 점쟁이가 그런 능력을 가지고 있다면 당연히 자신의 운명도 바꿀 수 있어야겠죠. 자신의 운명에 대해서는 무력하고 오로지 남의 운명에 대해서만 유능할 수는 없을 테니까 말입니다.

이에 대해 점쟁이는 초능력자가 아니라고 반론할 수 있을 것입니다. 점쟁이는 단지 보통 사람에 비해 더 많은 경험과 통계를 지녔을 뿐이라고 말입니다. 그러나 이는 접신接神을 통해 점을 치는 무당에게는 해당되지 않습니다. 강신무* 는

• 강신무 : 신이 내려서 된 무당. 무당이 되기 전에 신병神病을 체험하여 영력靈力을 얻어 인간의 길흉화복을 조절하는 능력을 지닌다. 강신무와는 달리, 세습무는 조상 대대로 무당의 신분을 이어받아 된 무당을 뜻합니다.

영력을 부정하지 않을 뿐만 아니라 적극적으로 내세웁니다. 영력은 당연히 보통 사람이 지니지 못한 비범한 능력입니다. 그런 점에서, 강신무인 점쟁이들이 일반인의 능력을 넘어서는 능력, 즉 초능력과 무관하다고 말할 수는 없습니다.

부적은 일부 점쟁이의 나쁜 술수로 만들어진 것에 불과하고, 운명은 알 수만 있고 바꿀 수는 없다고 주장할 수도 있을 것입니다. 그래도 문제는 남습니다. 어차피 바꿀 수도 없는 운명이라면 그런 운명은 알아서 뭐하나요? 도움의 여부를 떠나서 궁금한 것을 알아내는 게 인간의 본성인지도 모릅니다. 그러나 바꿀 수 없는 운명이라면 차라리 모르고 사는 게 더 행복한 삶이 아닐까요? 미래의 불행을 미리 알아내어 막을 수 없다면, 다가올 불행을 기다리며 불안하게 살 이유는 없습니다.

지식 상 자

점이란?

점에는 크게 신비점과 작괘점作卦占이 있습니다. 접신을 통해 길흉화복을 점치거나 쌀이나 엽전 등을 이용해 길흉화복을 점치는 것이 신비점입니다. 작괘점은 음양오행陰陽五行의 원리에 따라 과거를 알아맞히거나 앞날의 운수나 길흉을 예측하는 점입니다. 대표적으로 사주팔자와 토종비결이 있습니다. 사주팔자四柱八字에서는 출생 연월일시가 사람의 운명을 결정한다고 봅니다.

여기서 사주란 출생 연월일시를 뜻합니다. 인간의 운명을 결정하는 네 개의 기둥(柱)이라는 거죠. 이와 달리, 토정비결에서는 출생한 해를 제외한 출생 연월일만을 고려하여 사람의 운명을 파악합니다. 신비점과 작괘점은 예로부터 내려오는 전통적인 점술 방법입니다. 최근에는 점성술, 타로카드 점, 수정구술 점, 동물 점 등 서양의 점술 방법이 많이 들어왔답니다.

생각 키 우 기

책 제목이기도 한 블링크blink는 2초 안에 일어나는 순간적인 판단을 말한다. 순간적인 판단은 무의식의 영역에서 일어나는 문제 해결 방식으로, 우리가 보통 직관 또는 통찰이라고 부르는 능력과 비슷하다.

……사실 이 능력은 우리에게 낯설지 않다. 우리는 '감' 또는 통찰력 있는 사람을 일상생활에서도 자주 만날 수 있다. 뛰어난 직관력으로 일을 추진하는 기업체 CEO들도 결국 오랜 경험과 노하우를 통해 자신의 순간적인 판단력을 믿고 활용하게 된 사람들이다. 얼굴만 보고도 그 사람의 모든 것을 포착해내는 미아리의 용한 점쟁이도 실은 순간적인 판단력이 아주 강한 사람이다. 동양에서 이것을 사주 역학으로 표현하였다면, 서양에서는 과학적 심리학 연구로 풀어낸 것이다. 경마 조사원으로 일할 때 말의 표정을 읽고 경마 결과를 예측하여 이것으로 뉴욕의 고급 아파트에서 살 수 있을 만큼 부자가 된 톰킨스 교수, 얼굴 표정 관찰을 통해 마음 읽기 능력을 보여준 심리학자 폴 에크만의 이야기는 마치 미국판 '관상쟁이'를 연상시킨다.

심리학자 존 고트먼은 일상적인 대화를 나누는 부부의 15분짜리 비디오 테이프만 보고도 이들이 15년 뒤에 계속 부부로 있을 확률을 90% 이상 예측할 수 있었다. 고트먼은 비디오 테이프를 분석하여 표정을 하나하나 코드화하였다. 그리고 경멸의 감정이 이별의 징후임을 알아내었다. 즉, 얼굴에서 경멸의 신호만 읽어내도 그 결혼 생활의 패턴까지 알 수 있었던 것이다.

말콤 글래드웰, 「블링크 : 첫 2초의 힘」(21세기북스), 8~9쪽 '감수자의 말' 생각 기르기

- 제시문에서는 용한 점쟁이의 능력을 어떻게 이해하고 있나요?
- 점쟁이가 '신비한 능력'을 가지고 있다고 생각하나요? 그렇게 생각한다면, 그 신비한 능력은 무엇이라고 생각하나요? 그렇게 생각하지 않는다면, '용한 점쟁이'로 소문난 이들이 가진 능력이 무엇이라고 생각하나요?

용한 점쟁이, 무엇이 용한 걸까?

—— 삶은 평균치의 위아래로 진동한다.

사람들은 대체로 고만고만한 삶을 삽니다. 대부분의 사람은 평균치의 삶에서 약간 웃돌거나 밑돌게 살아갈 뿐입니다. 일상은 비슷한 고민과 공통의 문제로 채워집니다. 비슷한 시기에 비슷한 고민을 안고 살아가는 평범한 사람들, 그들이 점집을 찾습니다. 우리는 어떤 시기에 어떤 고민들을 하며 살아갈까요?

10대	적성 또는 진학
20대	진로 또는 취직
30대	연애 또는 결혼
40대	자식 또는 사업
50대	가족 또는 건강

저 나이 때, 우리는 저런 문제를 주로 고민합니다. 물론, 저런 문제 말고도 사람에 따라서 다른 고민을 하기도 합니다. 가령, 10대의 경우에 적성이나 진학 이외에도 교우 관계, 애인 문제 등에 대해서 고민할 수도 있을 것입니다. 20대의 경우에도 연애나 결혼 등을 고민하는 이들도 있겠죠. 그럼에도 불구하고 대부분의 고민이 제시된 항목들에서 크게 벗어나지 않는다는 점은 마찬가지입니다. 용한 점쟁이는 함부로 입을 열지 않습니다. 연령대별로 빈도수가 높게 발생하는 문제들을 중심으로 점 보러온 사람에게 넌지시 이야기를 꺼낸답니다.

과거는 알고 미래는 모르는 점쟁이들

점을 보고온 사람들이 흔히 하는 말이 있습니다. "그 점쟁이, 과거는 족집게 같이 잘 맞추더라. 근데, 미래에 대해서는 확실하게 이야기해주지 않더라고." 점쟁이는 왜 지나온 일은 놀랄 만치 정확하게 알아맞히면서 앞으로 일어날 일은 확실하게 이야기해주지 않을까요? 점쟁이가 점을 치는 과정을 잘 살펴보면 그 이유를 알 수 있습니다. 점쟁이는 누구보다 뛰어난 관찰자입니다. 점 보러온 사람이 점쟁이에게로 걸어오는 모습, 앉은 자세, 말하는 태도, 사용하는 어휘, 목소리의 톤과 음색, 대화중에 하는 몸짓 그리고 무의식중에 나온 행동을 통해 점 보러온 사람에 대해 이해합니다. 뿐만 아니라 점 보러온 사람의 복장이나 소지품(시계나 가방, 지갑 등), 액세서리를 통해서도 그를 이해합니다. 또한 점쟁이가 중요하게 생각하는 몇 가지 질문에 대한 답변을 단서로 삼아 점 보러온 사람을 더욱 분명하게 이해하고 판단합니다. 점쟁이는 점 보러온 사람에 대한 면밀한 관찰과 이해, 그리고 깊은 통찰을 바탕으로 과거의 이야기를 조합해내는 것이죠. 점쟁이는 점 보러온 사람이 자신도 모르게 흘리는 정보를 조합하여 실타래처럼 얽히고설킨 과거 사건에서 의미 있는 설명을 길어냅니다. 그래서 점 보러온 사람조차 잊고 있었던 과거의 사건들을 명쾌하게 엮어줍니다. 그 순간, 점 보러온 사람에게 '무질서' 했던 과거는 '질서' 잡힌 무언가로 다가옵니다. 그리고 그의 머릿속을 스치는 생각이 바로 '아, 이 점쟁이 용하네!' 입니다. 이처럼 용한 점쟁이는 뛰어난 관찰자인 동시에, 탁월한 순발력과 판단력을 지닌 이야기꾼입니다.

또한 용한 점쟁이는 세상 돌아가는 흐름도 잘 알고 있어야 합니다. 주식 투자에서 표심의 향배까지 각종 문의가 들어오는데, 이를 제대로 상담해주려면 주가의 등락에서 민심의 향배까지 세상의 흐름을 두루 알고 있어야 하죠. 즉, 사람의 마음을 잘 읽어내고 세상의 흐름을 잘 읽어내면 용한 점쟁이가 되는 것입니다.

영화 〈양들의 침묵〉에서 살인자 렉터 박사는 수사관 스털링의 체취와 옷차림, 그리고 간단히 주고받은 몇 마디로 그녀의 출신과 성장 배경을 단번에 알아맞힙니다. 뛰어난 관찰력을 바탕으로 상대방을 간파해내는 능력을 잘 보여주는 대목입니다. 렉터 박사는 점쟁이는 아니지만, 웬만한 점쟁이보다 뛰어난 관찰력과 직관력을 소유하고 있습니다.

렉터 박사 : 오늘 당신은 에비앙Evyan 스킨 크림을 사용했고, 간혹 레흐뒤탕L'Air du Temps을 사용하기도 한다. 그러나 오늘은 쓰지 않았다. ……당신의 싸구려 가방과 값싼 단화. 당신은 깔끔하게 차려 입었지만 내 눈에는 풋내기에 지나지 않는다. 영양 상태는 좋지만, 그리 부유한 환경에서 자라지는 못했다. 당신의 억양에서 미국 남부의 평범한 백인 가정에서 자랐음을 알 수 있다. 또한 당신의 말투에서 웨스트버지니아 촌뜨기임을 감추려는 안간힘을 엿볼 수 있다. 당신의 아버지는 무슨 일을 했나? 광부였나? 일하고 돌아온 그의 몸에서 악취가 났던가? ……가난의 굴레에서 벗어나고 싶었겠지? 가난한 소녀는 그래서 FBI가 되었던 것 아닌가?

영화 〈양들의 침묵〉 중에서

점에 관한 딴죽 둘

점은 일정한 경험적 통계를 바탕으로 만들어졌습니다. 신비점은 그렇지 않다 하더라도 작괘점 같은 경우에는 분명 그렇습니다. 물론, 신비점 역시도 점쟁이 개인의 축적된 경험을 어느 정도 바탕으로 하고 있을 것입니다. 하여간 신비점을 제외한 주역周易, 사주팔자, 토종비결 등은 축적된 경험을 토대로 하고 있습니다. 점이 수천 년의 역사를 지니고 있다는 것이 이와 같은 사실을 뒷받침합니다. 주역만 하더라도 수천 년 동안 수많은 이들의 운명을 경험하며 축적된 법칙성과 연관성을 기반으로 '거대한 체계'를 형성하고 있습니다.

문제는 점이 기초하고 있는 통계가 전통 사회의 통계라는 점입니다. 사주나 토종비결에서는 '시간'이라는 변수를 중시합니다. 몇 년, 몇 월, 며칠, 몇 시에 태어났는가를 다른 무엇보다 중요하게 여깁니다. 왜 그럴까요? 전통적인 농경 사회에서 시간은 인간의 생사를 결정하는 중요한 조건이었기 때문입니다. 옛날에는 새싹이 움을 틔우는 때, 태풍이 오거나 홍수가 지는 때, 첫서리나 첫눈이 내리는 때를 제대로 알아야만 생명을 보존하고 삶을 이어갈 수 있었습니다. 계절과 기후가 농사에 지대한 영향을 미쳤기 때문입니다. 때를 놓치거나 때를 거스르면 인간의 생존은 자연의 거대한 힘 앞에서 주저앉고 말았죠.

하지만 인간의 삶은 '시간'에 의해서만 결정되지 않습니다. 부모가 물려준 유전자, 부모의 경제적 능력, 자라온 환경, 받아온 교육 등 다양한 요소가 한 사람이 살아가는 삶의 모양새를 결정합니다. '시간'과 대비해서 말하자면, '공간' 역시 우리 삶에 중요한 영향을 미친다고 할 수 있습니다. 현대 사회에서는 오히려 '언제 태어났느냐'보다 '어디에서 태어났느냐'가 더 중요한 조건이 되어버렸는지도 모릅니다. 어떤 부모 밑에서 태어났느냐에 따라 사람의 인생이 달라지죠. 국적이나 인종도 공간적 요소에 속합니다. 미국에서 태어난 사람과 아프가니스탄에서 태어난 사람의 운명은 갈립니다. 그럼에도 불구하고 사주나 토종비결에서는 공간적 요소는 물론, 다른 요소를 전혀 고려하지 않습니다.

더 중요한 문제는 경험적 통계를 검증할 방법이 전혀 없다는 점입니다. 점이 경험적 통계에 기반하고 있다는 사실을 인정한다 해도, 점이 어느 정도의 정확성과 예측성을 지니는지 명쾌하게 설명하기 어렵다면 문제는 여전히 남습니다. 점이 통계에 기반을 두고 있다는 점을 인정해도, 그 통계적 기반은 '느슨한' 상관관계일 뿐 '엄격한' 인과관계가 아닐 가능성이 큽니다. 상관관계와 인과관계는 전혀 다릅니다. 상관관계를 지닌다는 것은 변수들 사이에 일정한 관계가 있다는 점만을 말해줍니다. 시민 1인당 경찰의 수가 많은 도시일수록 범죄율이 높다고 합시다. 그러면 시민 1인당 경찰의 수가 원인이고 범죄율은 결과인가요? 그렇지 않습니다. 그 둘의 관계는 상관관계일 뿐, 인과관계는 아닙니다. 상관관계는 두 변인의 변화가 관련성을 지니고 있다는 뜻입니다. 즉, 경찰의 수와 범죄율의 변화가 일정한 관련을 맺고 있는 것이죠. 범죄율이 증가하면 경찰의 수가 많아지는 식으로 말입니다. 그렇다면 반대로 범죄율이 원인이고 경찰의 수는 결과인가요? 부분적으로 그렇게 볼 수도 있지만, 꼭 그런 것만은 아니기 때문에 엄격히 인과관계라고 말하기는 어렵습니다. 범죄율이 증가하지 않아도 경찰의 수가 많아질 수 있기 때문이죠. 가령, 신규 경찰관을 계속 채용하는데 퇴직 경찰관이 줄지 않는다면 경찰의 수는 증가할 수 있습니다. 이처럼 인과관계라고 말하기 위해서는 결과에 영향을 미치는 다른 요인이 없어야 합니다. 그래야만 원인과 결과의 관계를 분명하게 확인할 수 있습니다. 마찬가지로 점을 뒷받침하는 통계적 기반에 다소간의 인과성이 있더라도, 다른 변수들이 운명에 영향을 미칠 가능성을 완전히 배제할 수 없다면 그것은 제대로 된 인과관계로 보기 어려운 것입니다. 즉, 연월일시라는 네 가지 변수 이외에 다른 변수들이 인간의 운명에 영향을 미친다는 사실을 완전히 부정할 수 없다면 인과론적 측면에서 점의 가치는 없다고 봐야 마땅한 것이죠.

"IMF 위기 이후 역술인수가 크게 늘어난 게 사실이지요. 당장 거리에 나가봐도 예전보다 점집이 많이 늘지 않았습니까?"

한국 역술인 협회 사무국 관계자는 "최근 5~6년 사이 운세 산업 종사자 규모가 눈에 띄게 늘었다"면서 "과거와 달리, '사업'의 한 분야로 보는 시각이 많아졌기 때문"이라고 밝혔다. IMF 위기를 지나면서 운세 비즈니스가 '유망' 사업 분야로 떠올랐고, 이에 따라 시장 규모가 눈에 띄게 급팽창했다는 이야기다.

실제로 역술, 무속에 종사하는 사람은 전국적으로 45만 명에 이른다는 게 한국 역술인 협회의 추정이다. 철학관 등을 운영하는 역술인이 30만 명, 신을 모시는 무속인이 15만 명 수준이라는 것이다. 이밖에 단기 학원이나 문화 센터 과정을 마치고 활동하는 초보 역술인들까지 감안하면 그 수가 50만 명은 족히 넘을 것이란 예상이다. 이를 기반으로 추정하는 운세 산업 규모는 2조 원에 달한다.

일부에서는 부적, 굿 등 고액의 서비스 거래와 신종 창업 아이템인 사주 카페의 증가를 감안하면 이보다 2배 많은 4조 원에 육박한다는 의견을 내놓기도 한다. 4조 원 시장이라면 이는 애완 동물 시장, 로또 복권 시장을 능가하는 규모다.

〈한경비즈니스〉, 2006. 1. 15.

• 기사에서는 "IMF 위기 이후 역술인 수가 크게 늘어난 게 사실"이라고 말하고 있습니다. 아래 자료를 활용하여 우리 사회에서 점의 열기가 식을 줄 모른 채 확산되는 이유를 설명해보세요.

직업별 점 이용 유무

	농/임/어업	자영업	블루칼라	화이트칼라	가정 주부	학생	무직
사례수(명)	33	42	52	126	182	46	40
있다(%)	28.4	30.1	18.2	8.0	22.6	15.7	9.7
없다(%)	71.6	69.9	81.8	92.0	77.4	84.3	90.3

조사 기관 : 한국 갤럽, 조사 시기 : 1996.01.04, 의뢰 기관 : MBC 보도 본부

점, 빠져들 수밖에 없는 시대 — 불안정한 현실, 불확실한 미래

사람들은 미래를 불안해합니다. 미래가 불안한 사람일수록 더 쉽게 점에 빠져드는 경향이 있습니다. 개인적인 성정 때문에 남보다 더 불안을 느끼는 사람이 있는가 하면, 처한 조건이 불안정해서 남보다 더 불안을 느끼는 사람이 있습니다. 가령, 생활 형편이 열악하거나 직장이 불안정한 사람일수록 불안감은 커지고 점에 대한 의존도도 높아질 수 있습니다. 전문직보다는 일용직에 종사하는 사람들이 점에 더 기댈 수 있고, 같은 이유에서 공무원보다는 자영업자가 점에 더 기댈 수 있

습니다.[*] 공무원처럼 안정된 자리가 보장된 사람들이나 전문직처럼 안정된 보수가 보장된 사람들은 점에 무관심할 가능성이 큽니다. 그렇다면 유명 정치인들이 점을 보는 것은 어떻게 설명할 수 있을까요? 대선이 있는 해마다 어느 점쟁이가 누구를 대통령으로 지목했다느니, 어느 유명 정치인이 누구 점쟁이와 친하다느니 하는 얘기들이 떠도는 이유는 무엇일까요? 정치인들은 사회적으로 높은 지위를 누리지만, 그들은 대단히 불안한 위치에 놓여 있습니다. 알 수 없는 표심의 향배 앞에서 정치인의 미래는 항상 불안정할 수밖에 없기 때문입니다. 현실이 불투명하고, 미래가 불확실할 때 사람들은 점에 기대고 싶은 심리를 갖게 되는 것입니다.

어느 사회나 비합리적인 신앙은 존재합니다. 신앙 자체가 본질적으로 비합리적이죠.(엄격히 구분하자면, 이는 '비합리'가 아니라 '초합리'겠죠. '비합리'가 '불합리', 즉

---

[*] 제시한 자료를 통해 점과 직업적 안정성의 관계뿐만 아니라 다른 가설도 제기할 수 있을 것입니다. 그것은 점과 교육 수준의 관계에 대한 가설입니다. 화이트칼라에 속하는 사람들은 직업적 안정성뿐만 아니라 교육 수준이 비교적 높습니다. 즉, 화이트칼라의 점 이용 비율이 낮은 이유는 직업적 안정성뿐만 아니라 높은 교육 수준 때문이라고 볼 수 있습니다. 다시 말해, 교육 수준이 높다는 것은 보다 합리적인 사고를 할 수 있다는 것입니다. 합리적인 사고를 하는 사람은 대개 점을 가까이하지 않는다고 볼 수 있죠. 그러나 이런 관점으로는 블루칼라와 자영업자의 차이를 설명하기 어렵습니다. 블루칼라와 자영업자는 화이트칼라에 비해 상대적으로 교육 수준이 낮다는 공통점에도 불구하고, 자영업자가 블루칼라보다 훨씬 많이 점을 이용하고 있습니다. 자영업자가 블루칼라보다 교육 수준이 낮은 것도 아닐 텐데 말입니다. 결국 교육 수준도 점 이용에 일정한 영향을 미치지만, 교육 수준의 영향은 직업적 안정성이 점 이용에 미치는 영향보다 더 적다고 보아야 합니다.

합리적이지 못하다는 뜻이라면, '초합리'는 합리의 영역을 벗어나 있다는 뜻입니다.) 아무튼 서구 사회에도 오컬트occult 문화라고 해서 과학적으로 해명할 수 없는 신비적 · 초자연적 현상에 대한 관심이 있습니다. UFO, 외계인, 마법, 심령술, 초능력, 점성술, 예언(노스트라다무스) 등 신비적인 현상에 대한 관심이 오래 전부터 있어왔습니다. 세계적으로 선풍적인 인기를 끌고 있는 해리포터만 해도 마법의 세계를 다루고 있죠.

그러나 한국의 점술 문화는 다른 나라의 그것보다 훨씬 광범위하고 뿌리가 깊습니다. 역술 시장이 영화 산업에 버금가는 규모라는 의견이 있을 정도로 점술에 대한 관심이 폭넓게 퍼져 있습니다. 이와 같은 현상에는 역사적 특수성이 자리하고 있습니다. 다들 알고 있다시피, 한국의 현대사는 격동의 역사였습니다. 일제 강점, 한국 전쟁, 독재 정권, 민주화, 외환 위기 등 무수한 고비를 넘어왔습니다. 또한 아주 짧은 시간에 농경 사회에서 산업 사회로, 산업 사회에서 다시 정보 사회로 옮겨왔습니다. 무서운 속도로 사회가 변화함으로써 그 속에서 사람들이 느끼는 현기증도 극심했습니다. 근대화의 결과로 한국 사회는 나름대로 발전을 이루었지만, 동시에 급속한 근대화의 후유증으로 유착과 부정, 그리고 부패의 상처를 갖고 있습니다. 급속한 근대화의 길에서 원칙보다 편법을, 과정보다 결과를, 합리보다 인정(연줄)을 앞세우는 사고방식이 자리 잡았습니다. 원칙이 무시되고 원칙이 통하지 않는 상황에서 '불안정성'과 '예측 불가능성'은 심화될 수밖에 없습니다. 현실이 칠흑 같이 어둡고 미래가 안개로 가득할 때 사람들이 기 댈 곳이라곤 별로 없습니다. 이와 같은 사회 분위기를 토양으로 점술 문화의 싹 이 깊게 뿌리를 내려왔던 것입니다.

투명한 현실을 바탕으로 미래를 정확하게 예측할 수 있다면 사람들은 점을 가 까이하지 않을 것입니다. 풍부한 자료와 정확한 분석이 있다면야 미래에 대한 '합리적인 예측'이 어느 정도 가능할 테니까요. 일상은 끊임없는 선택의 연속입 니다. 게다가 한국처럼 역동적인 사회에서는 매우 신속한 선택과 결정이 요구됩 니다. 머뭇거리고 있다가는 금세 뒤처지고 맙니다. 신속한 선택의 요구는 상당 한 긴장감을 낳습니다. 잘못된 선택이 돌이킬 수 없는 결과를 낳을 수 있을 때 선 택의 긴장감은 더욱 높아집니다. 그럴 때 사람들은 손쉬운 방법으로 점에 기대게 되는 것입니다.

물론 위의 조사 결과는 지금의 현실과는 다소 차이가 있을 것입니다. 1996년 은 IMF 사태가 터지기 전이었습니다. IMF 이후에 우리 사회에는 구조 조정의 칼바람이 불었습니다. 그리고 이어서 명퇴(명예 퇴직)의 바람이 불기 시작했습니 다. 사오정(45세 정년), 오륙도(56세까지 근무하면 도둑), 이태백(이십대 태반이 백수) 등 의 표현이 유령처럼 우리 사회를 떠돌았습니다. 화이트칼라 종사자들이 마냥 안 심하고 있을 수만은 없는 상황인 것입니다. 최근에 이루어진 조사 결과가 없어서 단정할 수는 없지만, 지금 똑같은 설문 조사를 실시하면 결과는 많이 다를 것입니다. 1996년도보다 2006년은 사회·경제적으로 더욱 불안정하기 때문입니다.

점점점 커져가는 '운세 산업' 연 2조 원 시장

장면 1.

MBA(경영학 석사) 출신의 한 벤처 기업 사장(39). 얼마 전 이 남자가 의외의 말을 들려줬다. "직원을 뽑거나 사업상 큰 결정을 할 때 무당을 찾아 굿을 합니다." 아니, 평소 온갖 차트와 숫자를 신봉하며 논리로 무장한 그가 아닌가. 혹시 저 매끈한 양복 안주머니에 액땜 부적이라도……?

"왜, 집안에서 제사 지내잖아요. 그것처럼 심리적인 겁니다. 여러 신에게서 좋은 기운을 받아 자신감 있게 일을 추진할 수 있도록 하는 거죠." 굿 한 번에 들어가는 비용은 100만 원 상당. 하지만 그는 "돈이 아깝지 않을 정도로 마음의 위안과 자신감을 얻고 돌아온다"며 웃었다.

장면 2.

'점술 밸리'를 아시는지. '점술 밸리'란 최첨단 패션의 현장인 서울 압구정동 로데오 거리의 점집들을 가리키는 말이다. 화려한 수입품 매장과 고급 레스토랑 사이로 점집과 사주 카페 70여 개가 모여 있어 붙은 이름이다. 전통 역학부터 구슬 점, 타로카드, 대나무 뽑기 등 종목은 다양하다.

첨단 과학·인터넷 정보 시대가 활짝 열렸지만 '점占'은 사라지지 않고 '운명 산업'으로 진화하고 있다. 젊은이들 구미에 맞춰 재미를 강조하고 있고, 재테크·입시·이혼 등 전문 영역으로 세분화하는 형식이다.

덕분에 인터넷 '운세' 콘텐츠는 '게임' 다음으로 불티나게 팔린다. SK 텔레콤의 지난해 운세 서비스도 매출이 전년보다 40% 증가했다. 현재 45만 역술·무속인이 관련된 전체 운명 산업의 규모는 2조 원(역술인 협회 추산)이 넘는다. 영화 산업 규모(2004년 2조 3000억 원)와 맞먹을 정도다. 고객도 과거의 주부나 공무원 등에서 전문직으로, 중년에서 대학생 등으로 확대되고 있다.

운명 산업의 형태도 쇼핑 플라자, 인터넷, 휴대폰 등으로 다양해졌다. 신세대 직장인 성혜지(25·대학교 직원) 씨의 휴대폰엔 부적이 다운받아져 있다. 노란색 바탕에 붉은 글씨인데, 일명 '애인 생기는 부적'이다. 그의 휴대폰 벨소리는 이달 그의 운세를 상승시켜 준다는 피리 소리. 모두 돈을 주고 인터넷에서 구입했다. 성 씨는 "그리 비싸지도 않아 친구끼리 재미로 주고받는다"고 말했다.

인터넷상에서 이 같은 운세 서비스를 제공하는 역술 사이트는 모두 150여 개. '사주 닷컴'은 이 중에서도 기업형에 속한다. 이 회사는 새해를 '해외 사업 확장'의 해로 설정했다. '사이버 부적'이나 로또 번호 운세 등 국내 인기 아이템을 일본과 중국에 선보인다는 전략이다. 여기에 국내 오프라인 영업 활성화를 위해 '운세 종합 쇼핑몰'을 거점 지역에 세우기로 했다. 2000년에 '사주 닷컴'을 만든 성정용 사장은 "수천 년 동안 존재해온 점술 문화를 비즈니스와 접목하면 엄청난 사업이 될 수 있다고 생각했다"고 말했다. 사주 닷컴은 작년 매출액이 50억 원에 이르고 올해는 90억 원을 목표로 하고 있다. 코스닥 상장에도 도전할 예정이다.

<주간조선>, 2006. 2. 8.

• 첨단 과학 시대에도 점은 사라지지 않고 오히려 디지털 기기들을 활용해 더욱 확산되고 있습니다. 점의 열기가 시들지 않는 이유는 무엇인가요? 점이 사람들에게 주는 효용성을 바탕으로 설명해보세요.

카운슬링의 부재를 파고드는 점술 문화

점집을 찾는 이들의 말을 들어보면, 점쟁이나 역술인과 상담하는 동안 심신의 안정을 경험했다고 합니다. 그들이 경험한 심신의 안정은 단지 착각에 지나지 않을까요? 점쟁이와 고객의 관계를 들여다보면, 단순한 착각은 아닌 것 같습니다. 사람들은 삶의 고비와 갈림길에 서 있을 때 점집을 찾습니다. 미래의 불안감과 선택의 부담감이 극심할 때 점집을 찾는 것이죠. 자신의 고민을 들어줄 사람이 부재한 상황에서, 믿고 얘기할 사람이 부재한 상황에서 사람들은 점쟁이에게 고민을 털어놓습니다. 점집에서 완벽한 해답(해결책)을 구하지는 못하더라도, 가슴 깊이 담아두었던 말 못할 고민을 꺼내놓음으로써 마음의 안정을 찾는 것입니다. 뿐더러, 꼭 믿고 얘기할 사람이 없어서라기보다는 비밀이 보장되는 상황에서 고민을 털어놓을 수 있어서 점집을 찾는 사람들도 있을 것입니다.

가족 간의 대화 부족도 중요한 원입니다. 권위적인 아버지는 어려움이 있을 때 혼자 끙끙댈 뿐 가족에게 내색하지 않습니다. 가족과 고민을 나누고 함께 해결책을 찾아야 하는데, 가족에게 고민을 털어놓지 않는 것이죠. 왠지 계면쩍다는 이유로 말입니다. 어머니도 마찬가지입니다. 남편은 바깥일을 핑계로 자식들 교육에 대해서는 모르쇠로 일관합니다. 마땅히 고민을 들어줄 사람이 없는 상황에서 사람들은 더 점집을 찾게 됩니다. 고민을 털어놓고 해결책을 찾는 과정에서 그들은 생각을 전환하고 마음을 정리할 수 있습니다. 그렇게나마 무겁게 어깨를 짓누르던 짐을 잠시 벗어던지는 것이죠. 적절한 카운슬러가 없는 이들에게 점은 유용한 카운슬링의 방식으로 이용되고 있는 것입니다.

우리 사회에는 전문적인 상담소가 별로 없습니다. 과거에 비해 상담을 필요로 하는 사람이 상당히 늘었지만, 전문적인 상담을 해줄 사람은 턱 없이 부족한 상황이죠. 게다가 정신과 병원이나 심리 상담소는 '정신 질환'에 대한 부정적 이미지 때문에 기피 대상입니다. '미친 놈'을 비롯해 '지랄(병)'과 같은 욕설은 정신 질환에 대한 부정적 이미지를 잘 보여줍니다. 정신과 상담에 대한 편견 때문에 사람들은 적절한 상담과 치료를 받지 않고, 오히려 점쟁이를 찾거나 굿판을 벌입니다. 또한 이야기 한번 들어주고 지불하는 대가가 너무 크다고 생각하는 서민들도 경제적인 부담 때문에 정신과 의사를 찾지 않습니다. 이런 상황 때문에 서구 사회에서 신부나 정신과 의사, 또는 심리 상담사가 하는 역할을 한국 사회에서는 점쟁이나 역술인들이 맡고 있는 것입니다. 삶의 문제들을 합리적이고 체계적으로 해결할 방법(가족 치료, 심리 상담 등)이 별로 없는 사회이기에 점쟁이들이 그런 역할을 맡는 것이죠. 적성이나 진로, 취업은 물론 육아나 교육, 가정 문제에 대한 전문적인 도움을 사회적인 차원에서 제공하지 않는 한국 사회에서 점쟁이들은 지금까지 독점적 역할을 해왔습니다. 점쟁이들은 심리 상담사이고 취업과 진로의 조언자이며 자녀 교육의 후견인입니다.

시사 엿보기

2007년 1월 11일부터 15일까지 서울 무역 전시장에서는 독특한 박람회가 열렸습니다. 바로 사주 박람회입니다. 아래 자료를 활용하여 한국인들이 점에 기대는 이유를 설명하고, 점술 문화의 부정적인 측면을 제시하세요.

2007 사주 박람회 포스터

질문 : 궁합이 나쁘면 결혼하지 않는 것이 좋다

공 감 정 도	1 0 0 0 명
매우 공감한다	7.4%
어느 정도 공감한다	24.3%
그다지 공감하지 않는다	33.9%
전혀 공감하지 않는다	3.1%

조사 기관 : 한국 갤럽, 조사 시기 : 2001. 11. 14~ 2001. 11. 23, 의뢰 기관 : MBC 보도 본부

한국인들은 왜 점에 집착하는 걸까?

우선, '동양적인 운명론'에 대한 믿음을 들 수 있겠죠. 잘 알지는 못하지만, 우리의 삶을 결정하는 숙명이 존재한다는 믿음 말입니다. 그러나 이런 믿음은 동양에만 있었던 것은 아닙니다. 뿐더러 시대와 문화가 변한 지금, 이러한 운명론이 그대로 받아들여지고 있지도 않습니다. 그런 이유 때문에 지금까지 동양적 운명론이 아닌 사회적 원인을 찾아보았던 것입니다. 사회적 원인을 크게 두 가지로 살펴보았죠. 하나는 불확실성과 예측 불가능성이 높은 사회 · 역사적 분위기였습니다. 다른 하나는 적절한 카운슬링이 부재한 문화였습니다. 여기에 하나의 원인을 더 추가할 수 있을 듯합니다.

자기에 대해서 잘 모른다

많은 사람이 의외로 자기 자신에 대해서 잘 알지 못합니다. 여러분도 그렇지

않나요? "당신은 누구인가요?"라는 질문을 받는다면 자신을 어떻게 소개하겠습니까? "내 이름은 ○○○입니다."는 자기 소개가 아닙니다. 그것은 자기의 이름을 소개한 것이죠. 이름이 한 사람의 일부이긴 하지만, 한 사람 안에는 이름보다 더 중요한 것들이 많이 있습니다. 그걸 얘기해야 제대로 된 자기 소개라고 할 수 있겠죠. 자, 그게 무엇인지 분명하게 얘기할 수 있나요? 얘기할 수 있다면 자기를 잘 아는 사람이고, 얘기할 수 없다면 자기를 잘 모르는 사람입니다.

자기가 누구인지 잘 아는 사람은 점을 볼 확률이 적습니다. 물론, 자신에 대해 잘 아는 사람이라도 처한 상황이 아주 복합하여 앞날에 대한 예측이 어려울 때는 점을 볼 수도 있을 것입니다. 어쨌든 상황이 비슷할 때 심리적으로 남보다 더 불안감을 느끼는 사람과 자기 자신에 대해서 잘 모르는 사람이 점에 기댈 확률이 높다고 하겠죠. 자기가 어떤 사람인지, 어떻게 살아왔고 어떻게 살아갈지를 잘 아는 사람이라면 점에 기댈 이유가 없습니다. 또한 자기뿐만 아니라 자기가 만나는 사람에 대한 믿음과 확신이 있다면 '궁합'에 관심을 가질 이유가 없습니다. 상대방에 대한 믿음과 확신이 없을 때 사람들은 점에 기대어 미래를 내다보려 합니다. 자기가 어떤 사람과 잘 어울리는지, 어떤 사람과 사는 게 행복한지, 그런 문제들에 대해서 자기의 주관이 뚜렷하다면 점에 관심을 가질 이유가 전혀 없습니다. 자기 삶에 대한 주관과 확신이 없는 사람들이 손쉬운 방법으로 의지하는 것이 점입니다.

무엇이 문제인가?

1) 운명은 자신이 결정하는 것입니다. 운명이 정해져 있다면, 우리의 삶은 아무런 의미도 없지 않을까요? 나를 둘러싼 세상은 복잡하고 거대합니다. 때로는 자신의 노력이나 의지로 안 되는 일들도 있습니다. 그런 경험들이 쌓이고 쌓이다 보면, 인간의 삶을 짓누르는 어떤 거대한 힘을 상상하게 됩니다. 그 거대한 힘을 '운명'이라 부르는 건 아닐까요?

정해진 운명이 있다고 생각하면, 우리의 삶은 그저 꼭두각시 놀음이 되고 맙니다. 중요한 것은, 그 운명의 향배를 정확히 아는 것뿐입니다. 어떻게 살아갈지는 중요하지 않습니다. 무슨 선택을 할지도 중요하지 않습니다. 단지, 운명의 길을 정확히 파악해야 합니다. 정해진 운명의 길을 따르고자 하는 이의 삶은 수동적이고 의존적일 수밖에 없습니다. 마찬가지로 그런 사람은 체념적이고 방관자적인 태도로 인생을 대할 것입니다. 어떤 삶이 의미 있고 가치 있는 삶인지에 대해서는 고민할 필요를 못 느끼고 그저 어떤 운명이 나의 운명일지에 대해서만 고민한다면, 우리가 사는 세상이 얼마나 무의미해지겠습니까?

2) 긍정적인 예측(예언)은 긍정적으로 작용할 수 있으나 부정적인 예측(예언)은 부정적으로 작용할 수 있습니다. 미래에 대한 막연한 불안감은 오히려 사람의 정신 건강에 해로울 수 있습니다. 혹여, 점쟁이가 불길한 예언을 했다고 칩시다.

점을 보고온 사람이 그 말에 너무 신경을 써서 오히려 괜한 스트레스를 받고, 심지어는 예언 이후의 불안한 마음 때문에 일을 그르칠 수도 있습니다. 이를 심리학에서는 '노시보 효과'라고 합니다. 또한 미래에 대한 막연한 불안감을 가짐으로써 상황 대처 능력을 떨어뜨리는 문제를 낳기도 합니다. "호랑이에게 물려가도 정신만 차리면 산다"는 속담처럼, 명료하고 차분한 정신이 있어야 위기의 순간을 지혜롭게 헤쳐 나갈 수 있습니다. 불안하고 산만한 마음은 오히려 해만 될 뿐입니다.

플라세보 효과
플라세보 효과란 약효가 전혀 없는 거짓 약을 진짜 약으로 가장하여 환자에게 복용토록 했을 때 환자의 병세가 호전되는 효과를 말한다.

노시보 효과
적절한 처방이나 약도 정작 환자 본인이 믿지 않고 의구심을 가지면 약을 먹는다 해도 잘 낫지 않는다는 것을 나타낸다.

3) 점을 맹신하는 사회에는 건전하고 합리적인 사고가 자리 잡을 수 없습니다. 점과 이성理性이 꼭 대립하는 것은 아니겠으나, 대체로 점의 확산은 합리적 이성의 퇴조와 비례합니다. 점을 무조건적으로 미신이라 매도할 수는 없지만, 합리

적 사고와 무관하다는 점에서 점은 일정 부분 미신적인 측면을 지니고 있습니다. 미신이 팽배한 사회에서 사람들의 이성은 마비되고 신비화된 이야기, 막연한 공포심만 더욱 확산됩니다. 여름밤을 수놓는 무수한 납량물, 끝 없이 출몰하는 귀신 이야기들만 봐도 알 수 있습니다. "생명선이 긴 사람은 오래 산다"는 말에서 볼 수 있듯이, 손금의 길이라는 시각적 이미지가 즉각적으로 오래 산다라는 개념적 의미로 연결되는, 비합리적 인과론이 우리를 지배할지도 모릅니다. 게다가, 사람들의 막연한 불안감과 두려움을 돈벌이 수단으로 이용하는 점쟁이들도 문제입니다. 점을 보다가 나쁜 말을 들으면 누구나 불안한 마음이 드는 것은 사실입니다. 일부이긴 하겠지만, 무속인은 이런 심리를 이용해 수백만, 수천만 원짜리 굿을 강요하기도 합니다.

(물론 전통적 사고가 전부 미신은 아닙니다. 주역만 보더라도, 단순히 미신으로 치부하기에는 그 내용과 체계가 엄청납니다. 문제는 명쾌하게 설명할 수 없는 숙명론을 절대화하고 신성시하는 태도일 것입니다. 이 글에서는 그런 태도를 '미신'으로 규정하고 있습니다. 설명할 수 없는 것들을 절대화하고 신성시함으로써, 사람들에게 막연한 불안과 공포를 가중시키는 것들 말입니다.)

• 2007년 7월 7일자 〈뉴욕타임즈〉는 "한국인들은 무속 신앙을 문화의 중요한 부분으로 받아들이며, 특히 올해와 같은 선거철에는 기독교 신자든 불교 신자든 무속인과 점집을 찾는 정치인들이 끊이지 않는다"고 보도했습니다. 선거철에 점집을 찾는 정치인들이 많아지는 이유가 무엇일까요? 이러한 정치인들은 우리 사회에 어떤 영향을 미칠까요?

• 장회익(서울대 물리학과 교수를 지낸 원로 과학자)이 쓴 『삶과 온생명』(솔)에는 주역과 양자 역학을 비교·분석해놓은 한 편의 글이 실려 있습니다. 물론 이 글은 주역을 일방적으로 비판하거나 매도하는 글은 아닙니다. 이런 글이 나온 걸 보면, 과학자의 눈에 비친 주역이 그저 비과학적이기만 한 것은 아닌가봅니다. 관상이나 점술, 풍수 등을 현대적으로 합리화할 수 있는 방법이 있을까요?

읽어 볼 책

로버트 토드 캐롤, 『회의주의자 사전』(잎파랑이)
66~70쪽 〈점성술〉, 187~189쪽 〈점〉, 476~477쪽 〈손금〉, 492~495쪽 〈관상학〉,
637~638쪽 〈심령술〉, 651~653쪽 〈타로 카드〉를 읽어보세요.

대형 서점 어디나 역술서를 모아놓은 코너가 따로 있습니다.
그러나 점술 문화를 비판적으로 고찰한 책은 별로 없답니다.
그나마 『회의주의자 사전』은 오컬트 문화(과학적으로 해명할 수 없는 신비적·
초자연적 현상과 관련한 문화)를 광범위하게 비판하고 있습니다.
『회의주의자 사전』은 연금술, 점성술, 점술, 유령, 환생, 최면 등 400여 개의 문제에 대해
과학과 상식에 기초한 논거를 통해 비과학적인 요소를 분석·비판하고 있습니다.
다만 너무 많은 항목을 다루다보니 내용의 깊이가 다소 부족한 게 흠입니다.

죽음을 직시하자

생각 맛 보 기

이와 같은 현상이 벌어지는 원인을 사회적인 측면, 정치적인 측면, 문화적인 측면에서
각각 설명해보세요. 다음 단어들을 활용하여 설명하세요.

지역 이기주의, 형식적인 공청회(의사 결정 과정의 비민주성), 죽음에 대한 혐오

화장터 반대의 앞과 뒤

우선 떠오르는 생각은 님비? 이런 현상을 접하면 흔히들 그렇게 생각합니다. 그런 측면이 없는 것은 아닙니다. 하지만 그런 식으로 몰아세우기에 앞서 지역 주민들이 입게 될 피해를 고민해봐야 하지 않을까요? 아무런 피해도 없는데 반대하는 것은 분명 옳지 못한 태도입니다. 그러나 분명한 피해가 예상되는데도 침묵한다면 그것은 민주 시민의 자세가 아닙니다. 자신의 권리와 이익이 침해당할 때 우리는 그에 대해서 항의해야 합니다. 그러한 항의는 정당한 의사 표현에 속합니다. 특정한 집단만이 일방적으로 피해와 불이익을 감수하는 것은 형평성에 어긋납니다. 해당 시설이 사회 전체에 꼭 필요한 시설이라는 사실은 권리 침해의 정당한 이유가 되지 못합니다. 사회적으로 반드시 필요하되 일정한 피해를 주는 경우라면, 예상되는 피해와 불이익에 상응하는 보상과 혜택을 주어야 마땅합니다. 사회적 필요성은 그에 합당한 사회적 대가를 통해 마련되어야 하기 때문이죠. 대가를 지불하지 않고 이익을 보려는 태도는 그것이 개인이건, 사회이건 용납할 수 없습니다.

물론, 흔히 혐오 시설로 분류되는 것들이 동일한 양의 피해와 불이익을 주는 것은 아닙니다. 방사능 폐기물 처리장, 쓰레기 처리장, 화장터와 납골당, 장애인 시설, 치매 노인 요양 시설 등은 피해의 정도에서 다소 차이를 보입니다. 방사능 폐기물 처리장 같은 경우에는 거의 완벽에 가깝게 관리된다고 하지만, 만약 문제가 발생하면 어마어마한 피해를 줄 수 있겠죠. 쓰레기 처리장은 매연과 악취와 같은 직접적인 피해가 예상됩니다. 그러나 장애인 시설이나 치매 노인 요양 시설 같은 경우에는 사회적 편견 때문에 '혐오' 시설로 간주될 뿐, 실제적인 피해는 거의 없다고 볼 수 있습니다. 제시된 화장터 역시 마찬가지일 것입니다. 매연이나 악취 등의 직접적인 피해는 별로 없다고 여겨집니다. 물론, 그 역시도 화장터의 규모와 화장터가 처리하는 시신의 정도에 따라 판단이 달라질 수는 있습니다. 어쨌든 직접적인 피해가 거의 없다고 판단됨에도 불구하고 지역 주민들이 무조건 반대한다면 이 경우에는 '집단 이기주의' *라는 비판이 가능할 것입니다.

---

* 개인주의와 이기주의 어떻게 다른가?

개인주의와 이기주의를 혼동하는 사람들이 있습니다. 많은 사람이 두 단어를 동의어로 간주합니다. 하지만 이는 두 개념을 잘못 이해한 것입니다. 개인주의와 이기주의는 엄연히 다른 개념입니다.

개인주의와 이기주의는 공통적으로 개인의 이익과 권리를 추구하는 태도입니다. 개인의 이익과 권리를 추구하되, 그것이 타인의 이익과 권리와 충돌할 때 어떤 태도를 취하느냐에 따라 개인주의와 이기주의는 구별됩니다. 개인주의는 타인의 이익과 권리를 존중합니다. 자기의 권리와 이익이 타인의 그것과 충돌하면 대화와 타협을 통해 합리적인 해결책을 모색합니다. 자기의 이익과 권리가 소중한 만큼 타인의 이익과 권리도 소중하다고 여기기 때문입니다. 이와는 달리, 이기주의는 타인의 이익과 권리를 침해하면서까지 자신의 이익과 권리를 추구합니다. 이기주의자는 자기의 이익과 권리가 제일 중요하다고 여기기 때문입니다.

또 하나의 문제는 의사 결정의 일방성. 주민들이 머리에 띠를 두른 채 피켓을 들고 구청이나 해당 기관으로 몰려가는 사태의 뿌리에는 일방적인 의사 결정 과정이 있습니다. 주민들의 의견과 동의를 구하지 않고 정부가 일방적으로 정책을 입안하고 추진하면 반드시 반대 여론에 부딪치게 되어 있습니다. 형식적인 공청회 몇 번만으로 주민들의 의사를 반영했다고 주장하는 것은 변화한 시대에서 설득력을 잃었습니다. 주민들은 결정된 정책의 객체가 아닙니다. 그들은 정책을 결정하는 주체입니다. 따라서 의사 결정 과정에서 더 적극적으로 주민 의사를 반영해야 합니다. 주민의 목소리가 배제된 지역 사업은 주민의 무관심과 저항만을 부를 뿐입니다.

가능한 한 죽음을 멀리하라

집단 이기주의, 의사 결정 과정의 일방성 이외에도 이 문제에는 중요한 측면이 하나 더 있습니다. 이런 측면들 이외에 어떤 측면이 더 있을까요? 피켓을 든 이들의 눈에는 죽음을 멀리하려는 마음이 읽힙니다. 죽음과 주검에 대한 현대인의 태도 말입니다. 현대인은 죽음과 주검을 가능한 한 멀리하려고 애씁니다. 어른들은 죽은 사람의 모습을 아이에게 보여주지 않으려고 합니다. 아이가 상처받을지도 모른다는 막연한 불안감 때문입니다. 그 결과, 아이들도 반드시 알고 이해해야 할 사실들(모든 사람은 죽는다, 언젠가는 너도 죽을 것이다, 죽으면 우리 몸은 썩어 없어진다 등등.)

은 숨겨지고 맙니다. 죽음은 철저히 외면되는 것이죠. 죽음에 대해 초연해서가 아닙니다. 4층 대신 F층이라는 말을 쓰는 데에서 짐작할 수 있듯이, 죽음을 막연히 두려워하고 애써 피하기 때문입니다. 건강, 웰빙, 젊음, 생명 연장에 대한 열정은 죽음에서 느끼는 두려움과 허무감에서 도망가려는 마음의 표현인지도 모릅니다. 아무도 죽음의 얼굴을 마주하려고 하지 않습니다. 그것은 철저히 은폐해야 합니다. 끊임 없이 은폐하는 과정에서 죽음은 공포의 이미지를 더욱 강화해 나갑니다.

생각 키 우 기

> 옛날에는 죽어가는 것이 오늘날보다 상당한 정도로 공개되어 있었다. 그 당시 조건으로 보았을 때 다른 식으로 죽는다는 것은 거의 불가능했다. 무엇보다 사람들이 혼자 있는 경우가 드물었다. 수녀와 수사라면 자기 방에서 혼자 있었을지도 모르지만, 보통 사람들은 다른 이들과 계속 함께 지내야 했다. 그러한 주거 형태가 그들에게 다른 선택의 여지를 주지 않았다. 출생과 사망──인간의 다른 동물적인 측면과 마찬가지로──은 훨씬 공개적이었고, 따라서 오늘날과 비교했을 때 훨씬 사회적이었다. 그 영역들은 사적인 성격을 덜 가지고 있었다.
>
> 노베르트 엘리아스, 「죽어가는 자의 고독」(문학동네), 28쪽

• 죽음은 과거와 다르게 오늘날 어떻게 진행되고 받아들여지나요? 이와 같은 변화는 죽음에 대한 우리의 인식에 어떤 영향을 미치나요?

외따로 떨어진 죽음

옛날의 죽음은 공개적이었습니다. 또한 죽음이 망자에게만 해당하는 사건이 아니었다는 점에서, 즉 개인적이지 않았다는 점에서 집단적이었습니다. 가족들은 임종을 함께 했고, 혹시 임종을 지키지 못하게 되면 그로 인해 한스러워했습니다. 죽음은 숨기고 감출 사건이 아니라 주변 사람들이 함께 참여하는 행사였습니다. 마을 공동체가 한 사람의 죽음을 함께 감당하고 처리했던 것입니다. 죽음을 치러내는 일은 죽은 자의 몫일 뿐더러, 산 자의 몫이기도 했죠. 마을 공동체는 한 사람의 죽음을 통해 화합하고 단결했습니다. 요즘도 시골 마을에서는 마을 사람들이 커다란 상여를 이고 장지葬地로 이동하는 모습을 볼 수 있습니다. 죽음의 공동체적 성격을 보여주는 대목입니다. 죽음의 의례는 일상에서 분리되지 않았습니다. 주기적인 제사는 일상의 한 부분이었죠. 죽음의 공간 역시 일상의 공간에서 멀리 떨어져 있지 않았습니다. 가령 묘지와 같은 죽음의 공간은 일상의 공간 뒤편으로 숨겨놓지 않았습니다. 뒷산 여기저기에는 묘들이 가득했습니다. 논을 매다가도 볼 수 있는, 물을 길러 가다가도 볼 수 있는 거리 안에 자리했던 것이죠. 삶과 죽음은 그렇게 얼굴을 맞대고 있었던 것입니다.

오늘날은 어떤가요? 오늘날 죽음은 오로지 망자의 일이 되었습니다. 죽어가는 이는 대가족과 친지에 둘러싸여 익숙한 공간에서 편안하게 생을 마감하지 못합니다. 죽어가는 이는 대개 병실 침상 위에서 고독하게 죽음을 맞습니다. 죽음에 함께 참여하는 대가족도, 마을 공동체도 없습니다. 게다가, 아이들은 죽음에서 멀찍이 물러나 있습니다. 아이들은 시신을 가까이에서 보지 못합니다. 부모는 아이를 죽음(주검)에서 멀찍이 떨어뜨려 놓습니다. 죽음의 목격이 아이의 정신 건강에 해로울 것이라는 걱정 때문이죠. 죽음의 의례는 마을 공동의 행사가 되지 못하고, 전문 장례업체의 일거리가 되고 맙니다. 죽음의 자리 역시 삶의 공간과 철저하게 분리됩니다. 화장터나 납골당은 물론, 묘지도 사람이 사는 곳에서 멀리 떨어져 있습니다. 죽음은 현대인과 격리되어 있습니다. 그것도 철저히 격리되어 있습니다. 죽음이 숨겨지면 숨겨질수록 죽음은 독특한 이미지를 확대해갑니다. 비밀스럽고 공포스러운 이미지가 그것이죠.

전통적인 죽음의 이해 방식

전통적으로 죽음을 이해하는 방식은 천국과 극락과 같은 사후 세계를 바탕으로 합니다. 오늘날에도 많은 기독교인이 이런 방식으로(천국과 지옥) 죽음을 이해합니다. 기독교의 영향 때문인지 기독교인 아니어도 '아마 좋은 곳에 가셨겠지' 라는 식으로 죽음을 받아들이는 경우가 많습니다. 이와 같은 표현은 두 가지 가정을 전제하고 있습니다. 첫째는, 죽음 이후에 이어지는 존재. 둘째는, 죽음 이후에 펼쳐지는 세계. 그러나 사후에 육체를 벗어버린 어떤 존재가 남을지, 그리고 죽음 이후의 세계가 존재할지는 미지수입니다. 이와 같은 죽음 이해 방식의 뿌리는 멀리 그리스 철학에 가닿습니다. 소크라테스의 다음과 같은 진술을 봅시다.

이처럼 육체의 우매함에서 벗어나 정화되어야만 깨끗한 사람들과 함께 있게 될 것이며, 우리 자신을 통하여 모든 진리를 알게 될 걸세. 깨끗하지 못한 것은 깨끗한 것에 다가갈 수 없을 것이 아니겠나? ……

그런데 지금까지 내가 말한 바와 같이, 정화란 바로 영혼이 육체에서 해방되는 것이 아니고 무엇이겠는가? 영혼이 육체에서 벗어나 자기 자신을 수습하고 이 세상에서도 저 세상에서와 마찬가지로 될 수 있는 대로 혼자서 살 수 있는 습관을 붙이는 것이 아니겠나? 즉, 영혼이 육체의 사슬에서 벗어나는 것이 아니겠나? ……

우리가 언제나 육체와 싸우며 영혼과 함께 순수해지기를 소망했다면, 이 소원이 성취되었을 경우에 만일 우리가 거기('저 세상')에 도착하여 이 세상에서 바라던 것, 즉 지혜를 얻게 될 희망이 있고 동시에 우리의 원수('육체')와 함께 있지 않을 곳으로 떠나려고 하는데 기뻐하지 않고 오히려 벌벌 떨며 싫어한다면 이와 같은 모순이 또 어디 있겠나?

플라톤, 『소크라테스의 대화록』「파이돈」(집문당), 71~72쪽 인간을 육체와 영혼의 결합으로 이해한 소크라테스는, 육체를 벗어버린 영혼만이 온전한 사유를 통하여 지혜에 도달할 수 있다고 생각했습니다. 소크라테스는 〈영혼=순수/육체=비순수〉라는 도식을 갖고 있었던 거죠. 이와 같은 도식은 이후에 기독교를 만나 〈영혼=구원=영생/육체=죄악=사망〉의 도식으로 발전합니다.

죽음에 대한 동양적 이해 방식은 유교, 불교, 노장 철학이 다릅니다. 유교는 대체로 죽음에 대해 침묵으로 일관해왔습니다. 공자는 "태어나는 것도 모르는데 어찌 죽음을 알리요."라고 말했습니다. 경험할 수 없는 것은 알 수 없고, 알 수 없는 것은 말하지 말자는 거죠. 불교는 윤회輪廻를 이야기함으로써 끝없이 이어지는 삶의 한 과정으로 죽음을 이해합니다. 노장 철학에서는 장자가 대표적입니다. 장자는 처가 죽었을 때 두 다리를 쭉 뻗고 앉아서 노래를 불렀다고 합니다. 친구인 혜자惠子가 장자를 위로하러 왔다가 그 모습을 보고 놀라서 장자에게 그 연유를 물었습니다. 장자는 "기가 변하여 형체가 생긴 것이고, 형체가 변하여 생명이 생겨난 것이다. 그것이 이제 다시 변화하여 죽음으로 간 것일 뿐이다. 이것이 춘하추동 네 계절의 변화와 무엇이 다르겠는가."라고 대답했답니다. 얼핏 무슨 말인지는 대충 알겠지만, 어쨌든 하나밖에 없는 아내의 죽음을 두고 춘하추동의 변화에 빗댄 것은 좀 심한 것 같기도 합니다. 장자는 죽음을 인칭적, 개별적 사건이 아니라 우주적, 보편적 사건으로 이해하고 있습니다. 죽음은 대우주의 섭리에 속하며, 우리는 마땅히 그 섭리에 따라야 하고 그 섭리의 결과를 받아들여야 한다는 거죠.

그러나 일반인에게 죽음은 우주적 사건으로 다가오지 않습니다. 죽음은 지극히 개인적이고 감정적인 사건이죠. 일반인에게 죽음은 한없이 슬프고 두려운 것일 뿐입니다. 나의 죽음은 두렵고, 사랑하는 이의 죽음은 슬프죠.

지식 상 자

시신을 처리하는 방식은 문화마다, 시대마다 차이가 납니다. 사회의 관습은 물론 죽음과 내세를 바라보는 관점에 따라 다양한 방식이 존재합니다. 가장 흔한 방법은 시체를 땅에 묻는 매장埋葬입니다. 그 외에 흔히 사용하는 것은 화장火葬이겠죠. 여기에 문무왕의 수중릉처럼 수장水葬도 있고, 한데 두어 비바람에 풍화시키는 풍장風葬, 새의 먹이로 던져주는 조장鳥葬, 절벽 끝에 놓아두는 애장崖葬, 가족들이 나눠 먹는 인복장人腹葬 등 다양한 방법이 있답니다. 최근에는 묘지 자체가 필요 없으면서 보다 자연 친화적인 매장 형태인 수목장樹木葬이 등장하기도 했습니다.

이들 국가에서는 사람이 죽으면 대개 곧 방부 주사를 놓고 시체를 사치스럽게 단장한다. 가장 좋은 옷으로 갈아입히고 얼굴은 진하게 화장시키며 주위는 온갖 꽃들로 장식한다. 조문객은 우리 나라에서처럼 관이 보이지 않는 휘장 밖으로 향을 사르고 절을 하는 것이 아니라 한 사람씩 시체에 다가가서 죽은 사람의 얼굴을 마주보며 하직 인사를 한다.

김병호, 『벌거벗은 문화 체험』(푸른숲), 174쪽

- 꽃으로 장식한 관, 화장으로 꾸민 시신의 얼굴, 관 앞에 다가가 고인의 얼굴 마주보기. 이와 같은 장례 풍습은 '죽음'을 다소 긍정적으로 받아들이고 있다는 느낌을 줍니다. 동시에 '죽음의 얼굴'과 온전히 대면하지 못하고 있다는 느낌을 주기도 합니다. 이와 같은 장례 절차를 죽음의 은폐라는 측면에서 논하시오.

화장으로 가린 늙음

위와 같은 장면은 외국 영화에서 흔히 볼 수 있는 장면입니다. 가족과 친지들이 죽은이의 얼굴을 차례차례 확인합니다. 죽은이는 산 사람처럼 '화사한' 얼굴로 관 속에 누워 있습니다. 시신의 얼굴은 핏기 없는 얼굴일 텐데, 어떻게 화사할 수 있을까요? 죽은이의 얼굴에 짙은 화장을 했기 때문입니다. 고인을 생전 모습 그대로 떠나보내고 싶어하는 유족의 바람이 이와 같은 결과를 낳았을까요? 그럴 수도 있겠지만, 생전에 화장을 한 사람뿐만 아니라, 하지 않은 사람에게도 화장하는 것을 보면 꼭 그 이유 때문만은 아닌 듯합니다.

납골당의 모습

덕지덕지 바른 화장, 애써 감춘 주름살. 두꺼운 화장 아래로 늙음의 흔적이 자취를 감춥니다. 현대인은 화장으로 늙은 얼굴을 감추려 합니다. 늙음은 추함이라는 인식을 갖고 있기 때문입니다. 더불어, 늙어간다는 것이 죽음에 가까워진다는 것을 의미하기 때문이기도 합니다. 주름살은 늙음의 징표이고 죽음의 징후이죠. 죽음의 이미지는 불쾌한 것이고 숨겨야 할 것입니다. 화장이 늙음을 감추듯이, 화장은 죽음을 지웁니다. 고인의 얼굴은 살아생전보다 더 화사하게 화장되어 있습니다. 죽음을 있는 그대로 바라보려 하지 않는 산 자 때문이죠. 여기서 우리는 삶의 얼굴로 가려진 죽음의 얼굴을 발견하게 됩니다. 죽음의 얼굴을 직시하지 못하는 현대인의 자화상을 발견하게 되는 것이죠.

죽음의 자리 역시 삶의 공간과 철저하게 격리되어 있습니다. 화장터나 납골당, 공동 묘지는 사람이 사는 곳에서 멀찍이 떨어진 교외에 자리합니다. 더구나 그곳은 죽음을 전혀 떠올릴 수 없을 만큼 깔끔하고 화려하게 꾸며져 있습니다. 장례식장이나 납골당은 밝은 조명과 깨끗한 시설로 죽음의 이미지를 말끔히 걷어냅니다. 밝은 조명과 깨끗한 시설 어디에서도 죽음을 연상시키는 것은 없습니다. 그 안에서 죽음의 이미지('모든 시체는 썩어 없어진다')는 증발합니다. 죽음의 실상이 철저히 망각되는 거죠. 방부 처리한 시신, 짙게 화장한 시신의 얼굴, 깔끔하게 꾸며진 장례식장과 납골당……. 이 모든 것에서 죽음을 철저히 은폐하려는 산 자들의 끈질긴 노력이 안쓰럽게 읽힙니다.

죽음까지 '상업화'한 시대

죽음의 은폐와 더불어 우리가 살펴봐야 할 죽음의 문제는 죽음의 상업화입니다. 오른쪽 포스터는 가족 봉안묘 광고 포스터입니다. 광고 어디에도 죽음의 그림자는 찾아볼 수 없고, 대신에 '투자'라는 말이 큼지막하게 눈길을 끕니다. 죽음은 산 자에게 그저 투자의 대상이 된 것일까요?

죽음의 이용은 어느 시대에나 있어왔습니다. 과거에도 그랬고, 지금도 그렇습니다.

또한 한국 사회에만 해당되는 것도 아닙니다. 죽음은 개인적으로도, 집단적·사회적으로도 이용됩니다. 우선, 타인의 죽음을 생계 수단으로 삼는 사람들이 있습니다. 장의사가 대표적입니다. 그 외에도 시신 화장, 묘지(납골당) 관리 등에 종사하는 이들도 마찬가지입니다. 죽음의 사적·이용은 생계 수단으로만 국한되지 않습니다. 가령 일본의 고이즈미 전 총리(2001~2006)의 야스쿠니 신사 참배를 봅시다. 고이즈미는 신사 참배를 자신의 정치적 입지를 강화하는 수단으로 이용했습니다. 고이즈미는 2001년 자민당 총재 선거에서 제시했던 공약을 지키기 위해서, 일본의 우경화 기류에 편승해 강한 지도자라는 이미지를 주기 위해서 신사 참배를 감행했던 것입니다. 죽음은 집단적으로 이용되기도 합니다. 이런 예는 우리 현대사에서 찾아볼 수 있습니다. 시위 도중에 사망한 학생의 시신은 권력에 대한 격렬한 저항을 이끌어내는 주요한 수단이었습니다. 4·19 당시 최루탄을 맞고 사망한 김주열 군의 사체는 시민들에 의해 지켜졌습니다. 시민들은 민주주의를 지킨다는 마음으로 경찰로부터 그 사체를 지켜냈습니다. 한국의 민주화를 진일보시켰던 87년 6월 항쟁은 서울대생 박종철의 고문 치사가 알려지면서 시작되었습니다.

오늘날 죽음을 이용하는 일은 그 범위가 훨씬 넓어졌습니다. 생계 수단으로 죽음을 처리하고 다루는 일은 어느 시대에나 있어왔지만, 그것은 그 직종에 종사하는 몇몇 사람에 한정됐습니다. 그런데 오늘날 죽음은 '경제적 가치'와 밀접한 관계를 맺는 사건이 되었습니다. 보험도 그렇거니와, 유언과 유산을 둘러싼 암투도 그렇습니다. 심지어 보험금을 노린 친족 살인도 일어납니다. 보험금을 노린 죽음이 꼭 패륜적 범죄로 이어지는 것은 아닙니다. 보험금 때문에 목숨을 버린 가장의 슬픈 이야기도 있습니다. 죽음을 팔아 처자식을 먹여 살리겠다는 것이죠. 호스피스˚ 사업도 여기에 해당합니다. 이렇듯 현대 사회에서 죽음은 돈과 깊은 관계를

˚ 호스피스 : 죽음을 앞둔 환자를 입원시켜 평온하게 삶을 마무리할 수 있도록 돕는 기관. 환자의 육체적 고통을 덜어 주기 위한 치료를 하며, 마지막 삶을 인간적으로 누릴 수 있도록 심리적·종교적인 도움을 준다.

맺고 있는 것입니다. 죽음은 자본을 불러들이고 자본을 증식하는 사건이 되고 말았습니다.

　제시된 광고 역시 죽음의 상업화, 자본화를 극명하게 보여주고 있습니다. 광고는 가족 봉안묘를 장만해두는 것이 가치 있는 투자라고 속삭입니다. 가족 봉안묘는 죽은 사람을 기리는 공간일 뿐만 아니라, 경제적 이익을 창출하는 투자처인 것입니다. 가족 봉안묘는 죽은 자와 산 자를 '돈' 으로 묶고 있습니다. 광고는 모든 것이 자본의 논리에 포섭된 현실을 적나라하게 드러내고 있는지도 모르겠습니다. 자본의 시대, 죽음도 자본의 손아귀 아래 놓여 있다는 사실을 말입니다. 예전에 태국 정부가 쓰나미 테마 파크 건립을 계획하고 있다고 발표한 적이 있습니다. 이는 재난을, 그것도 수많은 죽음을 부른 재난을 상업화하겠다는 발상의 발로일 것입니다. 이 역시 죽음의 상업화를 잘 보여주는 사례입니다. 쓰나미의 참상을 기억하고 알리는 목적이라면 굳이 테마 파크라고 하지는 않았겠죠. 그런 거라면 기념 공간이나 전시관이면 충분할 테니까요. 테마 파크라는 표현에서 쓰나미를 관광 상품으로 활용하겠다는 의지를 읽을 수 있습니다.

　죽음의 상업화는 산 자에 의한 죽음의 독점에서 비롯됩니다. 산 자의 세계에서 죽은 자의 자리는 없습니다. 오로지 산 자의 삶이 있을 뿐이죠. 이게 무슨 말일까요? 다음과 같은 여론 조사 결과를 봅시다.

요즘 장례식과 관련하여 좋지 않게 생각되거나 꼭 고쳐야 할 점이 있다면 말씀해주십시오.

항 목	호화 , 사치 장례식	장례식장 장의사의 횡포	화투놀이 카드	지나친 음주	기타	없다/모름
비 율	37.0	22.7	17.4	10.2	7.1	5.6

보고서명 : 장례식에 대한 국민 여론 조사

조사 시기 : 2001/04/11~2001/04/21

의뢰 기관 : 한국 갤럽

죽음이 산 자에 의해 어떻게 이용되고 있는지 알 수 있습니다. 요즘 장례식의 문제점으로 많은 사람이 호화, 사치 장례식을 뽑고 있습니다. 호화, 사치 장례식은 누구를 위한 것일까요? 죽은 자를 위한 것일까요, 산 자를 위한 것일까요? 산 자가 죽은 자를 보내면서 마지막으로 할 수 있는 최선이 호화, 사치 장례식일까요? 사회 지도층의 호화 분묘(무덤)나 억대가 넘는 호화 납골묘 등에서처럼 호화, 사치 장례식은 죽은 자만이 아니라 산 자를 위한 것이기도 합니다. 즉, 산 자의 부와 명예를 과시하기 위한 것이죠. 장례뿐만 아니라 묘지 등을 통해 문중이나 가족, 개인의 부와 명예를 과시하는 것입니다.

모든 것이 상업화한 시대, 죽음의 상업화 그 자체를 나무랄 수는 없을지 모릅니다. 그럼에도 불구하고 상업화의 정도는 여전히 남는 문제일 것입니다. 상업화는 돈을 벌어들이는 사람의 입장에서 성립하는 개념입니다. 상업화의 대척점에는 소비화가 있겠죠. 즉, 지나친 상업화는 동시에 지나친 소비와 연결된다고 볼 수 있습니다. 앞에서 제시한 호화, 사치 장례식처럼 엄청난 돈이 죽음과 관련하여 쓰이고 있다는 것입니다.

고비용 장례 구조 이렇게 개선하자

세계 최고의 장례 서비스를 자랑하는 체코의 경우 물가가 가장 비싼 수도 프라하에 있는 장례 서비스 공사(PUP)의 기본적인 장례 비용만 따져봐도 2500 크로네(약 10만 원), 10년 간 묘지(납골묘)를 임대하는 비용이 1500크로네(약 6만 원) 정도. 모든 체코 국민들이 죽을 때 정부로부터 장례 비용으로 받는 돈이 5000크로네(약 20만 원)니, 정부에서 지급받는 금액으로 장례식을 충분히 치르고도 남는다.

〈한국경제〉, 2003. 7. 24.

이 기사는 우리의 장례 문화를 반성하게 합니다. 체코는 유럽에서 비교적 물가가 싼 편에 속합니다. 그렇다고 우리보다 물가가 형편 없이 낮은 편도 아니랍니다. 우리 나라에서 한 사람의 장례에 드는 비용이 평균적으로 1천만 원이 넘는 것과 비교하면 체코의 장례는 그야말로 검소하기 이를 데 없습니다.

오늘날 삶의 많은 부분을 쾌락의 원칙이 지배한다는 것은 사실이다. 전자 매체와 디지털 기구들은 우리가 원할 때마다 온갖 오락거리와 쾌락을 순식간에 안방까지 배달해준다. 그리하여 삶 속에서 쾌락의 과잉된 풍요로움은 죽음을 잊게 할 수도 있다고 혹자는 생각할지 모른다. 그러나 삶을 구성하는 환경이 아무리 화려해진다고 한들 죽음이 주체에 대한 그의 절대적인 타자성을 상실하는 일이 생길 수 있을까? 그런 일이 불가능하다는 것은, 삶을 구성하는 환경이 어떤 것이든 삶 일반 안에는 죽음을 삶의 타자로서 드러내주는 사건이 필연적으로 내재한다는 점을 밝혀내는 것으로 증명된다. 그 사건이 바로 '고통'이다. 삶의 환경이 어떻건 간에, 그리고 오늘날의 문명이 더할 나위 없는 쾌락과 정신을 깊이 마취시키는 달콤한 이데올로기를 제공할 수 있건 없건 간에, 삶 안에 고통의 체험이 내재해 있다는 것을 우리는 결코 부정할 수 없다. 정도와 종류의 차이는 있겠지만, 신체적 존재로서의 인간에게 고통은 불가피한 것이다.

서동욱, 『차이와 타자』(문학과지성사), 320쪽

• 죽음의 예비적 체험으로서 고통이 지닌 의미를 설명해보세요.

행복은 고통 없는 상태입니다. 고통의 부재는 행복의 전제 조건입니다. 그렇다고 고통이 없다고 다 행복한 것은 아닙니다. 고통의 자리에 기쁨이 들어서야 진정한 행복을 얻을 수 있습니다. 그런데 고통과 행복이 완전히 모순적 관계에 있는 것은 아닙니다. 아무런 고통이 없는 삶이 꼭 행복한 삶은 아니기 때문이죠. 절대적으로 고통받지 않는 삶을 한번 상상해봅시다. 얼핏 생각하면 아무런 육체적, 정신적 고통이 없는 삶은 지극히 행복할 것 같습니다. 그러나 곰곰이 생각해보면 고통의 부재가 행복 너머의 불행에 손짓하고 있음을 알 수 있습니다. 무통증(無痛症, analgesia)이라는 병이 있습니다.

아주 드물지만 고통을 전혀 느끼지 못하는 병이라고 합니다. 무통증을 안고 태어나는 사람은 거의 말을 못한다고 합니다. 어려서 혀를 깨물어 없앴기 때문이죠. 무통증을 앓는 아이는 넘어져 무릎이 깨지고 불에 데어도 전혀 통증을 느끼지 못합니다. 통증을 느끼지 못하므로 통증을 통해 상처를 확인하는 것이 불가능합니다. 결국 통증을 자각해서가 아니라 눈으로 외상을 확인해서 상처를 치료할 수밖에 없죠. 눈으로 확인하기 어려운 상처는 치료조차 받기 어렵습니다. 고통은 신체에 특별한 이상이 발생할 때 그것을 알려주는 경고음과 같습니다. 고통은 다가올 위험과 불행을 미리 경고합니다. 경고음이 없는 사람은 뜨거운 불에 닿아도 손을 뗄 줄 모릅니다. 당연히 생존의 어려움을 겪을 수밖에 없습니다. 고통이 있기 때문에 더 큰 상해를 예방하고 치명적인 병을 치료해 생명을 보존할 수 있는 것입니다. 그러므로 통증을 느끼지 못하는 것은 결코 온전한 행복이라 할 수 없습니다.

고통의 유용성은 생물학적 유용성에만 머무르지 않습니다. 그것은 문화적 유용성도 지니고 있습니다. 인간이 이룩한 문화적 성취와 진보는 고통을 전제로 가능했습니다. 예술가는 창조의 고통을 통과해 위대한 작품을 낳고, 사상가는 사유의 고통을 통과해 위대한 철학을 낳습니다. 고통은 또한 사회적 유용성도 지니고 있습니다. 집단과 사회는 고통을 통해 질서와 안정을 유지할 수 있습니다. 처벌과 교육은 모두 일정한 고통을 수반합니다. 고통은 개인에게는 적절한 교정을, 사회에는 적절한 질서를 가져다주는 것입니다. 게다가 고통은 한 영혼의 깊이를 더해줍니다. 고통이 사람의 마음을 강퍅하게 하기도 하지만, 고통은 사람의 성품을 단련시키기도 합니다. 타인의 고통에 대한 예민한 감성을 갖게 만들기 때문입니다.

강영안, 「타인의 얼굴」(문학과 지성사) 6장 참조

• 고통이 오로지 무의미하지 않은 것처럼 죽음 역시 오로지 무의미하지만은 않습니다. 죽음의 의미를 다양한 측면에서 생각해봅시다.

죽음과 고통의 타자성

서동욱은 같은 책에서 죽음을 다음과 같이 설명하고 있습니다. "1) 죽음은 결코 경험할 수 없다. 그러므로 나의 인식의 틀에 환원할 수 없는 미지의 것으로 남는다. 2) 또한 죽음은 이런저런 관념처럼 나 자신으로부터 유래하는 것이 아니라 어느 날 예고 없이 찾아오는 것이다. 3) 또한 죽음은 내가 그 앞에서 어떻게 해볼 수 없는 전적인 수동성의 경험이다. ……적어도 이와 같은 세 가지 측면에서 죽음은 향유나 인식의 대상에서 볼 수 있었던 것과 같은 '일시적인 타자성他者性'이 아니라 '절대적인 타자성'을 가지고 있다."(『차이와 타자』, 319쪽) 여기서 타자란 내가 이해할 수 없고, 어떻게 할 수 없는 대상입니다. 가령 짝사랑하는 사람의 마음은 나에게 타자입니다. 그 사람의 마음은 항상 내 마음과 빗겨납니다. 그러니 내가 어찌해볼 도리가 없습니다. 그 사람의 마음을 내 마음처럼 움직일 수는 없으니까요. 이처럼 타자(성)이란 '나'의 바깥에 존재하면서 '나'의 지배를 벗어나 있습니다. 즉, 타자는 나에게 철저히 수동적인 체험만을 안겨줄 뿐이죠. 대표적으로 고통이 그러합니다. 고통은 고통을 당하는 사람에게 수동성의 체험으로 다가옵니다. 물론 자기 의지로 선택한 고통은 다르겠지요. 그러나 대부분의 고통은 자기 의지와 무관하게 주어집니다. 의지와 무관하게 주어지는 고통은 고통을 당하는 사람 입장에서는 수동성의 체험입니다. 고통을 당하는 사람에게는 고통을 멈출 힘이 없기 때문입니다. 아무리 발버둥쳐도 빠져 나올 수 없는 고통 속에서, 고통을 당하는 사람은 삶과 자기 존재를 전적으로 지배할 수 없다는 사실을 뼈아프게 발견합니다. 고통과 비슷한 맥락에서 공포 속에서도 수동성의 경험을 하곤 합니다. 물에 대한 공포, 어둠에 대한 공포를 생각해봅시다. 물 그 자체, 어둠 그 자체에서 공포를 느끼는 것도 있지만 물이나 어둠 속에서 자기 의지대로 상황을 제어·지배할 수 없다는 사실이 사람을 두렵게 만듭니다. 수영을 잘하는 사람보다 수영을 못하는 사람이 물에 대한 공포를 강하게 느낍니다. 이는 기본적으로 익사에 대한 두려움과 관계되지만, 물속에서 자유롭게 활동할 수 없다는 무력감과도 관계됩니다.

자기 삶과 자기 존재에 대한 지배를 상실하게 만드는 고통은 죽음의 예비적 체험이라고 할 수 있습니다. 자기 삶과 자기 존재를 마음대로 할 수 없는 가장 극단적인 상황이 바로 죽음이기 때문입니다. 자살이라는 예외적인 경우가 있지만, 죽음은 대개 나의 의지와 무관하게 찾아옵니다. 뿐더러, 죽음은 거스르거나 되돌릴 수 없는 절대성을 지니고 있습니다. 아무리 벗어나고자 갈망한들 절대로 빠져나

에드바르트 뭉크, 〈절규〉

올 수 없는 삶의 구멍이 죽음입니다. 고통은 그 구멍 언저리에서 울려오는 메아리 같은 것이죠. 죽음은 고통을 통해서 고통을 당하는 사람이 마음대로 할 수 없는 절대적 수동성을 경험하게 합니다. 죽음은 일상에서 마주치는 고통 속에서 자신의 얼굴을 드러내는 것입니다.

고통에 대해서 다르게 생각해본 것처럼, 죽음에 대해서도 다르게 생각해볼 수 있을 것입니다. 고통이 우리 삶에 나름의 의미가 있듯이, 죽음도 우리 삶에 나름의 의미가 있겠죠. 앞에서 우리는 불교와 도교의 죽음 이해 방식을 잠깐 살펴보았습니다. 불교는 윤회로, 도교는 자연의 섭리로 죽음을 이해했습니다. 이와 같은 죽음의 이해 방식에서 죽음의 생태학적 의미를 이끌어낼 수 있습니다. 넓게 보자면, 불교와 도교가 공통적으로 순환의 원리로 죽음을 이해하고 있다고 볼 수 있습니다. 이를 현대적으로 해석하자면, 생태계의 순환이라고 볼 수도 있겠죠. 죽음은 한 생명의 끝이 아니라 다른 생명의 시작입니다. 죽음을 통해 새로운 생명이 싹을 틔울 수 있는 것입니다. 동물은 식물을 먹습니다. 죽은 동물은 다른 동물, 가령 하이에나나 독수리에게 먹힙니다. 그리고 개미나 송장벌레, 바퀴벌레 등 여러 벌레에게 먹힙니다. 마지막으로 박테리아에 의해 물과 이산화탄소, 질소 등으로 분해됩니다. 이렇게 분해된 영양분은 식물에 흡수되어 식물을 성장시킵니다. 식물은 햇빛과 이산화탄소를 이용해 녹말을, 햇빛과 질소를 이용해 단백질을 만들어냅니다. 이런 과정을 광합성光合成이라 하죠. 식물이 동물의 먹이가 되고, 죽은 동물의 몸이 다시 식물의 먹이가 되는 것입니다. 이렇게 식물의 세계와 동물의 세계는, 아니 생물의 세계(동물과 식물)와 무생물의 세계(공기, 햇빛, 흙, 물 등)는 한 생명의 '죽음'을 매개로 이어지고 있습니다. 죽음은 이처럼 거대한 자연의 흐름 속에서 자연을 들어올리고 있는 것입니다.

죽음은 삶을 더욱 풍요롭게 합니다. 죽음을 망각할수록 삶은 먼지처럼 가벼워지지만, 죽음을 기억할수록 삶은 우물처럼 웅숭 깊어집니다. 즉, 죽음을 기억하며 살면 하루하루를 보다 의미 있게 살 수 있습니다. 생각해보세요. 오늘이 내 인생의 마지막 날이 될 수도 있다고. 그런 생각이 일상을 우울하게 만들 수도 있겠지만, 대개는 일상을 더욱 생기 있게 만들 것입니다. 불치병에 걸려 시한부 인생을 사는 사람에게 한 줄기 바람, 한 떨기 꽃이 얼마나 아름답고 소중하겠습니까? 죽음을 생각하며 사는 사람과 그렇지 않은 사람은 삶을 대하는 태도가 다를 수밖에 없습니다. 죽음이 삶과 동떨어져 있는 것 같지만, 죽음은 언제나 삶 근처를 배회하고 있습니다. 젊었을 때는 영원히 살 것 같지만, 영원은 없습니다. 우리는 언젠가 죽고, 그 언젠가는 예기치 못하게 도래할지도 모릅니다. 죽음은 도처에 널려 있는 것이죠. 갑작스러운 사고나 천재지변으로 인해 우리는 언제든 죽을 수 있습니다. 그렇게 갑작스럽게 생을 마감할 때 하루하루를 의미 있게 살았다면 후회하지 않고 눈을 감을 수 있겠죠. 그렇지 않은 사람에게 죽음은 더 끔찍할 것입니다. 내가 사는 오늘이 나의 마지막 날일 수 있다는 생각까지는 아니더라도, 언젠가 나도 죽을 수 있다는 생각 정도만 하더라도 삶의 색깔이 조금은 달리 보일 것입니다.

그러나 죽음에 대한 분명한 입장 없이는 삶에 대한 입장도 분명해지지 못하리라는 자각이 이들 사회에서 싹텄다. 그래서 1970년대 이후 미국 등에서는 죽음에 대한 교육이 중고등학교와 대학의 교육 과정에 포함되기에 이르렀다. 예를 들어, 미국의 미네소타 대학에서는 모든 학생이 반드시 이수해야 할 필수 과목으로 죽음학을 포함시키고 있다. 또한 "캐나다나 미국에서는 죽음과 유언에 관한 시민 교양 강좌가 많다"고 하며, 미국 캘리포니아 지역을 중심으로는 평안한 죽음과 경건한 장례 절차를 맞이할 수 있도록 도와주는 영면永眠 상담사가 활발히 활동중이라고 한다. 해지펀드로 유명한 조지 소로스는 1994년 죽음의 육체적·정신적 고통을 줄일 수 있는 방법을 연구하는 프로젝트에 거액을 기부하기도 했다.

유호종, 『떠남 혹은 없어짐 ― 죽음의 철학적 의미』(책세상), 30쪽

존엄사 허용, 진지하게 논의해보자

말기 간경변 환자의 산소 공급 호스를 제거해달라고 요청한 자녀와 집행한 의사들에 대해 경찰이 며칠 전 무혐의 처분을 내렸다고 한다. 환자가 먼저 수 차례 부탁했고, 더 이상 환자의 생존 가능성이 없고, 대한 의사 협회가 문제없다고 감정한 점 등을 감안한 결과였다. 우리 사법 당국이 처음 존엄사尊嚴死를 인정한 사례다.

인간의 생명은 무엇보다 소중하다. 어떻게든 생명을 살리는 것은 당연하다. 우리 사법 당국도 가족들의 요구가 있다 하더라도 환자 진료를 중단한 의사들을 살인 방조죄 등으로 처벌해왔다. 그러나 현실은 단순하지 않다. 사실상 회복 가능성이 없는 데도 중환자실에서 인공 호흡기 등 기계의 힘으로 연명하는 환자가 매우 많다. 가족들의 정신적 고통과 금전적 부담도 무시할 수 없다. 참다못해 먼저 존엄사를 요청하는 환자도 적지 않다고 한다.

세계적으로도 중환자들이 품위 있게 죽을 권리를 인정하는 국가가 늘고 있다. 프랑스, 홍콩, 대만은 존엄사를 법이나 제도로 인정하고 있다. 영국, 네덜란드는 약물 등으로 중환자가 편안하게 숨지게 하는 안락사安樂死까지 허용하고 있다. 미국 대법원도 지난해 검찰의 무조건적인 안락사 처벌에 제동을 걸었다.

우리 의료계에서도 존엄사를 인정하자는 목소리가 높다. 대한 의사 협회는 2002년 소생 불가능한 환자의 진료를 중단하는 의사 윤리 지침을 제안했다. 지난해는 이 같은 내용의 의료법 개정안이 국회에 발의됐다. 종교계 등의 반대로 실질적인 진전은 없지만, 공감하는 국민은 많다고 한다. 한림대 교수가 2005년 실시한 설문 조사에선 약 70%가 찬성했다. 존엄사를 허용할 경우 남용될 우려도 있다. 그러나 고통받는 환자와 가족들을 위해 대상 기준과 절차를 엄격히 정한 후 허용하는 방안을 우리 사회가 진지하게 논의할 필요가 있다고 본다.

〈중앙일보〉, 2007. 06. 11.

• 존엄사와 안락사는 어떻게 다를까요?

• 존엄사를 허용할 경우에 어떤 비윤리적 악용 사례가 있을지 밝히고, 부작용을 막을 조건이나 제도적 장치에 대해 말해보세요.

품위 있게 죽을 권리

존엄사는 안락사와 다릅니다. 더 정확히, 존엄사는 안락사에 포함되죠. 안락사를 구분지어 설명하는 기준이 여럿 있습니다. 환자의 동의 여부에 따라 자의적 안락사와 비자의적 안락사, 반자의적 안락사로 나누고, 안락사를 시행한 주체에 따라 능동적 안락사와 수동적 안락사로 나눕니다. 그리고 안락사를 시행한 방법에 따라 적극적 안락사와 소극적 안락사로 나누기도 합니다. 환자가 동의한 경우에는 자의적 안락사, 환자가 의사 표시를 하지 않은 경우는 비자의적 안락사, 환자가 죽음을 원하지 않는다는 의사 표시를 했는데 환자의 의사 표시에 반하여 안락사를 시행한 경우는 반자의적 안락사라 합니다. 안락사를 시행한 주체가 환자 본인이면 능동적 안락사이고, 의사와 같은 타인이면 수동적 안락사입니다. 약물 투입 등의 수단을 통해 적극적으로 죽음에 이르게 하는 방법을 적극적 안락사, 치료를 중단함으로써 소극적으로 죽음에 이르게 하는 방법을 소극적 안락사로 구분합니다. 여기서 소극적 안락사가 바로 존엄사를 뜻합니다.

존엄사는 지극히 현대적인 문제입니다. 전통 사회에서 존엄사를 포함한 안락사 문제는 제기되지 않았습니다. 의학 기술이 발전하기 이전에는 안락사라는 개념이 성립하지 않았습니다. 과거에는 죽음에 이르렀던 환자들이 의학의 발달로 삶을 연장할 수 있게 되었습니다. 현대 의학은 인공 영양, 인공 호흡, 심폐 소생, 신장 투석 등 생명 유지 기술을 놀라우리만큼 발전시켰습니다. 이런 기술의 도움으로 회복이 불가능한 말기 환자가 죽음에 이르는 과정을 지연시킬 수 있게 되었죠. 죽음에 이르는 과정이 지연된 만큼 환자가 느끼는 고통도 연장되었습니다. 뿐만 아니라 환자 못지않게 그 가족들도 어려움에 시달리게 되었습니다. 환자의 고통을 옆에서 지켜봐야 하는 어려움뿐만 아니라 오랫동안 환자를 돌보면서 정신적, 경제적 어려움을 겪기도 한답니다.

존엄사를 포함한 안락사는 전 세계적으로 논쟁거리입니다. 찬반의 핵심 쟁점은 생명에 대한 자기 결정권 유무입니다. 자기의 생명(목숨)의 최종적인 결정권이 본인에게 있는지, 그렇지 않은지가 바로 그것이죠. 찬성 입장에서는 환자 본인의 고통, 가족의 고통 등을 내세우지만 그 이면에는 생명에 대한 자기 결정권에 대한 인정이 있습니다. 반대 입장에서는 생명은 절대적이고 본질적인 가치를 지니며 본인은 물론, 타인이 생명에 대한 소유권이나 결정권을 가지고 있지 않다고 봅니다. 생명에 대한 자기 결정권은 헌법이 보장하는 기본권이라 할 수 있습니다. 자살 미수자를 처벌하지 않는 이유도 그 때문이죠. 그러나 자살에 관여한 사람, 즉 자살을 돕거나 내버려두는 행위는 자살 교사敎唆, 방조傍助 혐의로 처벌합니다. 그만큼 생명을 절대적인 가치, 즉 신성 불가침의 가치로 보는 것이죠. 존엄사가 자살의 방조에 해당하는지는 논란거리입니다.

적극적 안락사나 반자의적 안락사는 윤리적으로 많은 문제가 있어 유보한다 하더라도, 소극적 안락사만큼은 심각하게 고민할 필요가 있습니다. 의학적으로 치료 가능하고 회복 가능한 환자가 아니라면, 환자의 고통을 덜어주고 환자가 존엄하게 죽을 있게 해주는 것도 하나의 방법일 수 있겠죠. 대한 의사 협회의 의사 윤리 지침은 다음과 같이 존엄사에 대해 명시하고 있습니다. 30조는 회생 가능성이 없는 환자에 대한 치료 중단('존엄사')을 어느 정도 허용하는 것으로 보입니다.

제30조(회복 불능 환자의 진료 중단)

① 의사는 의학적으로 회생의 가능성이 없는 환자의 경우라도 생명 유지 치료를 비롯한 진료의 중단이나 퇴원을 결정하는 데 신중하여야 한다.

② 의학적으로 회생의 가능성이 없는 환자의 자율적 결정이나 그것에 준하는 가족 등 환자 대리인의 판단에 의하여 환자나 그 대리인이 생명 유지 치료를 비롯한 진료의 중단이나 퇴원을 문서로 요구하는 경우, 의사가 그러한 요구를 받아들이는 것은 허용된다.

③ 의사의 충분한 설명과 설득 이후에도 환자 또는 가족 등 환자 대리인이 회생의 가능성이 없는 환자에 대하여 의학적으로 무익하거나 무용한 진료를 요구하는 경우, 의사는 그것을 받아들이지 않을 수 있다.

다만, 안락사나 자살 조력에 대해서는 엄격하게 금지하고 있습니다.

제58조(안락사 금지)

① '안락사'라 함은 환자가 감내할 수 없고 치료와 조절이 불가능한 고통을 없애기 위한 목적으로 환자 본인 이외의 사람이 환자에게 죽음을 초래할 물질을 투여하는 등의 인위적·적극적인 방법으로 자연적인 사망 시기보다 앞서 환자를 사망에 이르게 하는 행위를 말한다.

② 의사는 '안락사'에 관여하여서는 아니된다.

제59조(의사 조력 자살 금지)

① '의사 조력 자살'이라 함은 환자가 자신의 생명을 끊는 데 필요한 수단이나 그것에 관한 정보를 의사가 제공함으로써 환자의 죽음을 촉진하는 것을 말한다.

② 의사는 '의사 조력 자살'에 관여하여서는 아니된다.

물론, 존엄사를 허용하는 경우에도 엄격한 조건을 마련하여 부작용을 최소화해야 할 것입니다. 크게 세 가지 조건을 제시할 수 있겠습니다.

첫째, 현대 의학 지식과 기술로 치료가 불가능하고 회생이 불가능하다고 의사에 의해서 판정된 환자.

둘째, 환자의 고통을 제거, 완화하기 위한 모든 방법을 썼으나 환자의 극심한 고통을 덜어주기 어렵거나 불가능한 경우.

셋째, 환자 본인이 의식이 분명한 상태에서 존엄사에 대한 의사를 분명히 표시한 경우.

생각 해 볼 문 제

• 김열규가 쓴 『메멘토 모리』(궁리)를 보면 아파트에서 관을 크레인에 매달아서 내리는 장면이 나옵니다. 저자는 이것을 두고 "편의성, 간략함이 의례 절차"를 간소화한 것이라고 비판합니다. 즉, 상주喪主들이 관을 직접 들고 계단을 이용해 내릴 수도 있는데, 좀 더 간편하게 내리려고 크레인을 이용한다는 것입니다. 전 세계적으로 장례식장이 있는 나라가 얼마 안 된다고 합니다. 우리 나라에 장례식장이 많은 이유가 무엇일까요? 아파트에서 관을 크레인으로 내리는 풍경과 과거에는 우리 나라에도 장례식장이 없었다는 점을 참고하여 설명해보세요.

• 여러분은 죽음을 별로 생각해보지 못했을 것입니다. 사람은 대개 어리고 젊을 때는 미래를 꿈꾸고, 나이가 들면 과거를 추억합니다. 나이가 들면 또한 죽음을 더 많이 생각하게 됩니다. 종이 한 장을 꺼내 가족에게 남기는 유서를 써보세요.

읽어 볼 책

김열규, 『메멘토 모리』, 궁리
64~145쪽, 〈2부 한국인의 죽음, 그 자화상〉을 읽어보세요.
한국인이 보는 죽음과 죽음에 투영된 한국인의 의식을 살펴볼 수 있습니다.

노베르트 엘리아스, 『죽어가는 자의 고독』, 문학동네